# लोक व्यवहार

## प्रभावशाली व्यक्तित्व की कला

डेल कारनेगी



ट्रू साइन

प्रकाशक : ट्रू साइन पब्लिशिंग हाउस

पता : SY.N0.21/2 & 21/3, सोननहल्ली,

कृष्णराजपुरा, बेंगलुरु, कर्नाटक - 560049 भारत

ईमेल : truesignbooks@gmail.com

वेबसाइट : www.truesign.in



**लोक व्यवहार**
**प्रभावशाली व्यक्तित्व की कला**

लेखक: डेल कारनेगी

ISBN: 978-93-90852-51-2

संस्करण: 2023

# अनुक्रम

# प्रस्तावना

हाऊ टु विन फ्रेंडस एंड इन्फ्लुएंस पीपुल का पहला संस्करण 1936 में छपा। इसकी केवल पाँच हजार प्रतियाँ छापी गईं। न तो डेल कारनेगी को, न ही प्रकाशकों साइमन एंड शुस्टर को उम्मीद थी कि इस पुस्तक की इससे ज्यादा प्रतियाँ बिकेंगी। उन्हें बहुत हैरानी हुई, जब यह पुस्तक रातों-रात लोकप्रिय हो गई और जनता ने इसकी इतनी माँग की कि इसके एक के बाद एक संस्करण छापने पड़े। हाऊ टु विन फ्रेंडस एंड इन्फ्लुएंस पीपुल पुस्तकों के इतिहास में सार्वकालिक अंतर्राष्ट्रीय बेस्टसेलर बन चुकी है। हम यह नहीं कह सकते कि इसकी लोकप्रियता का कारण यह था कि उस समय मंदी का दौर खत्म हुआ ही था। दरअसल इसने जनमानस की ऐसी नस को छुआ है, एक ऐसी इंसानी जरूरत को पूरा किया है कि यह आधी सदी बाद भी लगातार बिक रही है।

डेल कारनेगी कहा करते थे कि दस लाख डॉलर कमाना आसान है, परंतु अंग्रेजी भाषा में एक वाक्यांश लोकप्रिय करना मुश्किल है। हाऊ टु विन फैंड्स एंड इन्फ्लुएंस पीपुल एक ऐसा ही वाक्यांश है, जिसे लोगों ने उद्धृत किया है, पैराफ्रैज किया है, पैरोडी किया है और राजनीतिक कार्टूनों से लेकर उपन्यासों तक अनंत संदर्भों में प्रयुक्त किया है। इस पुस्तक का अनुवाद लगभग सारी लिखी जाने वाली भाषाओं में हो चुका है। हर पीढ़ी ने इसे नए सिरे से खोजा है और इसकी प्रासंगिकता और इसके मूल्य को पहचाना है।

अब हम तार्किक प्रश्न पर आते हैं : ऐसी पुस्तक को रिवाइज करने की जरूरत थी, जो इतनी लोकप्रिय और शाश्वत महत्व की है? सफलता के साथ छेड़छाड़ क्यों?

इसका जवाब जानने के लिए हमें यह एहसास होना चाहिए कि डेल कारनेगी स्वयं जीवन-भर अपनी पुस्तकों को रिवाइज करते रहे हाऊ टु विन फ्रेंड्स एंड इन्फ्लुएंस पीपुल एक पाठ्यपुस्तक के रूप में लिखी गई थी, इफेक्टिव स्पीकिंग एंड सूमन रिलेशन्स के कोर्सेज की पाठ्यपुस्तक के रूप में। यह पुस्तक आज भी इसी रूप में प्रयुक्त हो रही है। 1955 में अपनी मृत्यु तक वे लगातार कोर्स को सुधारते और रिवाइज करते रहे, ताकि बदलती हुई दुनिया की बदलती हुई जरूरतों का बेहतर ध्यान रखा जा सके। वर्तमान दुनिया के बदलते हुए स्वरूप के प्रति डेल कारनेगी से ज्यादा संवेदनशील कोई नहीं था। उन्होंने अपने शिक्षा देने के तरीकों को भी लगातार सुधारा। उन्होंने इफैक्टिव स्पीकिंग की अपनी पुस्तक को कई बार अपडेट किया। अगर वे कुछ समय और जीवित रहते, तो उन्होंने खुद ही हाऊ टु विन फैंड्स एड इन्फ्लुएंस पीपुल को रिवाइज किया होता, ताकि यह बदलती हुई दुनिया में अधिक प्रासंगिक हो सके।

पुस्तक में दिए गए कई महत्त्वपूर्ण लोगों के नाम इसके प्रथम प्रकाशन के समय जाने-पहचाने थे, परंतु आज के पाठक उन्हें नहीं पहचान सकते। कुछ उदाहरण और वाक्यांश अब पुराने लगते हैं, उसी तरह से जिस तरह हमें किसी विक्टोरियन उपन्यास का सामाजिक माहौल पुराना लगता है। इस पुस्तक का महत्त्वपूर्ण संदेश और संपूर्ण प्रभाव उस हद तक कमजोर हो गया था।

इस रिवीजन में हमारा उद्देश्य इस पुस्तक को आधुनिक पाठक के लिए स्पष्ट और सुदृढ़ करना है, इसके मूल भाव से छेड़छाड़ किए बिना। हमने हाऊ टु विन फैंड्स एंड इन्फ्लुएंस पीपुल को 'बदला' नहीं है, हमने इसमें से छिटपुट चीजें हटाई हैं और कुछ समकालीन उदाहरण जोड़े हैं। कारनेगी की उतावली, जोशीली शैली अब भी बरकरार है, यहाँ तक कि तीस के दशक का सलैंग भी मौजूद है। डेल कारनेगी ने उसी तरह लिखा, जिस तरह वे बोलते थे, उत्साही, बातूनी, चर्चा करने वाली शैली में।

तो उनकी आवाज में, इस पुस्तक में अब भी उतना ही दम है, जितना पहले था। दुनिया-भर में लोग कारनेगी कोर्सेज में प्रशिक्षित हो रहे हैं और इनकी संख्या हर साल बढ़ रही है और लाखों लोग हाऊ टू विन फैड्स एड इन्फ्लुएंस पीपुल को पढ़कर अपने जीवन को सुधारने के लिए प्रेरित हो रहे हैं। उन सभी के सामने हम यह रिवाइज्ड पुस्तक प्रस्तुत कर रहे हैं, जिसमें हमारा योगदान सिर्फ इतना-सा है कि हमने एक सुंदर उपकरण को थोड़ा-सा चमका दिया है और तराश दिया है।

**-डोरोथी कारनेगी**
**(मिसेज डेल कारनेगी)**

# पुस्तक लेखन की रूपरेखा

बीसवीं शताब्दी के प्रारंभिक पैंतीस वर्षों में अमेरिका में दो लाख से ज्यादा पुस्तकें प्रकाशित हुईं, लेकिन अधिकतर प्रभावहीन एवं नीरस थीं, इसीलिए ब्रिकी के हिसाब से भी वे लाभ का सौदा नहीं थीं। यह केवल मेरा ही विचार नहीं था, अपितु एक बड़े प्रकाशन समूह के अध्यक्ष ने भी इस बात को स्वीकार किया था।

लेकिन अब सवाल यह उठता है कि यह सब जानने के बाद भी मैं यह पुस्तक क्यों लिख रहा हूँ और आप इसे पढ़ने की भूल क्यों कर रहे हैं?

दोनों ही प्रश्न एकदम सटीक हैं तथा इन दोनों ही प्रश्नों के जवाब देने का मैं पूरा-पूरा प्रयास करूँगा।

सन् 1912 से मैं न्यूयॉर्क में व्यापार से जुड़े व्यक्तियों एवं व्यावसायिक लोगों के लिए अपना शैक्षणिक पाठ्यक्रम चला रहा हूँ। प्रारम्भिक दिनों में मैं लोगों को सार्वजनिक रूप से बोलने की कला सिखाता था, लेकिन फिर मुझे महसूस हुआ कि प्रभावी ढंग से बोलने की कला के साथ-साथ यह भी जरूरी है कि हर व्यक्ति यह जान जाये कि प्रतिदिन के व्यापारिक तथा सामाजिक जीवन में लोगों के साथ किस प्रकार व्यवहार किया जाये।

हर व्यक्ति के लिए अपने क्षेत्र से जुड़े व्यक्ति को प्रभावित करना सबसे बड़ी चुनौती होती है, फिर चाहे वह इंजीनियर हो, डॉक्टर हो या फिर मामूली-सा धोबी या दर्जी ही क्यों न हो।

अब क्या आपको नहीं लगता कि इस कीमती कला को सिखाने के लिए दुनिया के प्रत्येक कॉलेज में विशेष पाठ्यक्रम चलाये जाने चाहिए, लेकिन मैंने तो आज तक ऐसे किसी पाठ्यक्रम या कॉलेज का नाम नहीं सुना।

चूँकि आज तक लोकव्यवहार की कला से सम्बन्धित कोई भी पुस्तक नहीं लिखी गयी है, इसलिए इस पुस्तक को तैयार करने में मैंने अथक परिश्रम किया है। मैंने अखबारों व पत्रिकाओं के लेख, पारिवारिक अदालतों के रिकार्ड तथा नये पुराने सभी दार्शनिकों को पढ़ डाला। अकेले थियोडोर रूजवेल्ट की ही मैंने सौ जीवनियाँ पड़ी।

मैंने कितने ही सफल व्यक्तियों, जैसे मार्कोनी तथा एडीसन जैसे आविष्कारक, फ्रैंकलिन डी. रूजवेल्ट तथा जेम्स फार्ले जैसे राजनीतिज्ञ, ओवेन डी. यंग जैसे बिजनेस लीडर, क्लार्क गेबल तथा पिकफोर्ड जैसे मूवी स्टार्स तथा मार्टिन जॉनसन जैसे खोजी लोगों के व्यक्तिगत साक्षात्कार ले डाले।

यह पुस्तक उस तरह नहीं लिखी गयी है, जैसे आमतौर पर पुस्तकें लिखी जाती हैं। यह तो उसी तरह धीरे-धीरे बड़ी हुई है, जैसे कोई बच्चा माँ-बाप की छत्रछाया में बड़ा होता है। यह एक प्रयोगशाला में बड़ी हुई है और इसमें अनगिनत वयस्कों के अनुभवों का जीवन्त निचोड़ है।

यहाँ जो नियम दिये गये हैं, वे कोरे सिद्धान्त या अँधेरे में छोड़े गये तीर नहीं हैं, वरन् वे तो जादू की भाँति मंत्रमुग्ध कर देने वाले हैं।

इस पुस्तक का एकमात्र लक्ष्य यही है कि आप अपनी सोई हुई क्षमताओं तथा शक्तियों से भली भाँति परिचित हों, ताकि आपका जीवन सुखमय बन सके। प्रिंस्टन यूनिवर्सिटी के भूतपूर्व अध्यक्ष डी. जॉन जी. हिब्बन का मत था- 'शिक्षा जीवन की स्थितियों का सामना करने की योग्यता है।'

यदि प्रथम तीन अध्याय पढ़ने के पश्चात् आपको लगे कि आपने कुछ भी नहीं सीखा है या फिर आप जीवन की स्थितियों का सामना करने के योग्य नहीं बन पाये हैं, तो मैं समझ लूँगा कि आपको समझाने में यह पुस्तक सफल नहीं हुई है, क्योंकि जैसा हरबर्ट स्पेंसर ने लिखा है- 'शिक्षा का उद्देश्य ज्ञान नहीं, बल्कि कर्म है।'

**यह पुस्तक कर्म के बारे में लिखी गई है।**

**— डेल कारनेगी**

# भाग — एक

# लोगों को प्रभावित करने के अच्छे नुस्खे

# 1

# शहद इकट्ठा करने के लिए मधुमक्खी के छत्ते पर लात नहीं मारते

सन् 1931 की सात मई को न्यूयार्क में एक बड़ी मुठभेड़ हो रही थी। यह मुठभेड़ उस समय अपने अन्तिम पड़ाव पर थी, इसलिए लोगों के बीच इसका बहुत रोमांच था। महीनों तक लुका-छिपी का खेल खेलने के बाद अन्त में हत्यारे क्रॉले को चारों ओर से घेर लिया गया था। वहाँ पर वह 'दुनाली बंदूक' नाम से मशहूर था। जो हत्यारा इस समय चारों ओर से घिरा हुआ था और वेस्ट एवेन्यू में अपनी प्रेमिका के घर छिपा हुआ था, वह हत्यारा न तो सिगरेट पीता था, न शराब को हाथ तक लगाता था।

वह ऊपर की मंजिल में छिपा हुआ था और 150 से अधिक पुलिसवाले और जासूस धरती से लेकर छत तक उसे चारों ओर से घेरे हुए थे। पुलिस वालों ने छत में छेद करके तथा टियरगैस को इस्तेमाल करके 'इस पुलिस वालों के कुख्यात हत्यारे को निकालना चाहा। आस-पास की इमारतों पर भी मशीनगनें तैनात थीं तथा एक घण्टे तक न्यूयॉर्क के इस इलाके में मशीनगनों तथा बन्दूकों से गोलियों की बरसात होती रही। क्रॉले एक कुर्सी के पीछे छिपकर पुलिस पर लगातार गोलियाँ बरसा रहा था। हजारों लोग पुलिस और हत्यारे की इस मुठभेड़ का रोमांचक आनंद ले रहे थे। शायद ही इससे पहले न्यूयॉर्क शहर में ऐसा दृश्य सामने आया हो।

अन्त में क्रॉले को पकड़ लिया गया। पुलिस कमिश्नर ई. पी. मलरूनी ने बताया कि वह न्यूयॉर्क के इतिहास में अब तक के सबसे खतरनाक अपराधियों में से एक था। कमिश्नर ने कहा- 'वह इतना चौकन्ना और चुस्त था कि पंख फड़फड़ाने की आहट पर ही किसी को भी मार देता था।'

लेकिन 'दुनाली बन्दूक' खुद अपनी नजरों में क्या था? हमें इस बात की जानकारी इसलिए मिल सकी, क्योंकि जब पुलिस उस पर गोलियों की बौछार कर रही थी, उस समय क्रॉले ने एक चिट्ठी लिखी। चिट्ठी लिखते समय उसके घावों से लगातार बहते खून के निशान उस चिट्ठी पर भी लग गये थे। इस चिट्ठी में क्रॉले ने लिखा था- 'मेरी कमीज के नीचे एक अत्यन्त ही दयालु, परन्तु दुखी दिल है, एक ऐसा कोमल दिल, जो किसी को भी नुकसान नहीं पहुँचाना चाहता।'

पत्र लिखने के कुछ समय पहले की यह बात है, एक बार क्रॉले लीग आइलैण्ड पर गाँव की सुनसान सड़क पर अपनी प्रेमिका के साथ मौजमस्ती कर रहा था। अकस्मात् ही एक पुलिस वाला उसकी कार के पास आकर उससे लाइसेंस दिखाने के लिए कहने लगा। इतनी-सी बात की सजा पुलिस वाले को अपनी मौत से चुकानी पड़ी। क्रॉले ने कुछ भी नहीं कहा और अपनी रिवॉल्वर निकाल कर पुलिसवाले के सीने को गोलियों से छलनी कर दिया। जैसे ही पुलिस वाला जमीन पर गिर गया, तो क्रॉले ने एक और गोली उस मरे हुए अफसर के सीने में दाग दी। सोचिए इतना क्रूर और जालिम व्यक्ति यह कह रहा था, ''मेरी इस कमीज के नीचे एक अत्यन्त ही दयालु, परन्तु दु:खी दिल है। एक ऐसा दिल, जो किसी को भी हानि नहीं पहुँचाना चाहता है।'

क्रॉले को मौत की सजा सुना दी गई। जिस समय उसे सिंग-सिंग कैदखाने में मृत्युदण्ड के लिए ले जाया जा रहा था, तो सोचिए उसने क्या कहा होगा? क्या यह 'कि यह लोगों की जान लेने की सजा है।' नहीं, उसने तो कहा था- 'यह स्वयं को बचाने की सजा है।'

तो इस कहानी का सार यह निकला कि 'दुनाली बदूक' क्रॉले स्वयं को किसी बात के लिए भी दोषी नहीं ठहराता था, तो क्या आपको ऐसा लगता है कि अपराधियों में यह असामान्य-सी बात है? अब मैं आपको एक और कहानी सुनाता हूँ-

'मैंने अपने जीवन के स्वर्णिम दिन लोगों की भलाई करने में गँवा दिये, ताकि वे सुखी जीवन जी सकें, लेकिन इसके बदले में मुझे केवल गालियाँ ही सुनने को मिलती हैं और पुलिस से छिप-छिपकर भागना पड़ता है।'

ये शब्द अमेरिका के सबसे कुख्यात बदमाश अल केपोन के हैं। वह शिकागो का सबसे खतरनाक गैंग लीडर था, लेकिन अन्य अपराधियों की भाँति अल केपोन भी अपने आपको दोषी नहीं मानता था। वह तो स्वयं को सच्चा परोपकारी मानता था, जिसे लोग गलत समझ बैठे थे।

न्यूयॉर्क के सबसे कुख्यात अपराधियों में से एक डच शुल्ट्ज भी ऐसा ही कहता था। अपने एक साक्षात्कार में उसने कहा था कि वह तो लोगों की भलाई करता है और अपनी कही इस बात पर उसे पूरा यकीन भी था। इस विषय पर अधिक जानकारी प्राप्त करने के लिए मैंने न्यूयॉर्क के सबसे कुख्यात और जेल सिंगसिंग के वार्डन लुइस लीस से काफी लम्बा पत्राचार किया। उनका कहना है कि 'इस जेल के बहुत कम अपराधी स्वयं को बुरा समझते हैं। वे भी वैसे ही इन्सान हैं, जैसे हम सब हैं। इसीलिए तो वे स्वयं को सही प्रमाणित करने के लिए तर्क-वितर्क करते हैं। उनके पास यह बात साबित करने के पर्याप्त ठोस कारण होते हैं कि उन्होंने किसी पर गोली क्यों चलाई थी या फिर किसी तिजोरी को क्यों तोड़ा था? इन्हीं तर्कों के आधार पर प्रत्येक अपराधी स्वयं को सही प्रमाणित करने की पूरी कोशिश करता है और स्वयं को सजा का हकदार भी नहीं मानता।'

अब यदि अलकेपोन, 'दुनाली बंदूक' क्रॉले, डच शुल्ट्ज या फिर जेल की चार दीवारियों में चक्की पीस रहे अनगिनत अपराधी अपने आपको ' दोषी नहीं मानते, तो फिर वे लोग क्या करते हैं, जिनसे हम सब प्रतिदिन मिलते हैं?

जॉन वानामेकर जो अमेरिकी स्टोर्स की चेन के संस्थापक थे, उन्होंने यह स्वीकार किया था- 'बहुत वर्षो पहले मैंने यह समझ लिया था कि किसी और को दोष देना केवल मूर्खता है। मेरे पास अपनी स्वयं की सीमाओं को ही पार करने की कितनी बड़ी मुसीबत है, तो फिर मैं इस बात पर अपना सिर क्यों पीटू कि भगवान ने एक जैसी बुद्धि का उपहार सबको नहीं दिया है।

वानामेकर ने तो यह सबक जल्दी ही सीख लिया था, लेकिन मैं यह तैंतीस सालों में सीख पाया, जिस दौरान मुझसे ढेरो गलतियाँ हुई थीं और तब जाकर मैं यह समझ पाया कि सौ में से निन्यानवे लोग ऐसे होते हैं, जो कभी भी अपने आपको दोष नहीं देते। चाहे वे कितनी भी गलतियाँ कर लें, परन्तु कभी भी उन्हें अपनी वह गलती दिखाई नहीं देती। कभी भी वे स्वयं की आलोचना नहीं करते। किसी की भी आलोचना करने से कोई भी लाभ नहीं होता, क्योंकि इससे सामने वाला व्यक्ति अपना बचाव करना शुरू कर देता है, बहाने बनाकर तर्क देने लगता है। आलोचना बहुत खतरनाक भी होती है, क्योंकि उससे व्यक्ति के आत्मसम्मान को बहुत ठेस पहुँचती है और फिर उस व्यक्ति के दिल में आपके लिए दुर्भावना भर जाती है।

विश्वविख्यात मनोवैज्ञानिक बी. एफ. स्किनर ने अपने प्रयोगों से यह प्रमाणित कर दिया है कि आलोचना से कोई सुधरता नहीं है। ही, आपके उस व्यक्ति से सम्बन्ध जरूर बिगड़ जाते हैं। यही बात जानवरों पर भी लागू होती है। जिस जानवर को उसके अच्छे व्यवहार के लिए पुरस्कृत किया जाता है, वह उस जानवर से ज्यादा तेजी से सीखता है, जिसे खराब व्यवहार के लिए दण्डित किया जाता है।

महान् मनोविश्लेषक हैंस सेल्वे ने भी कहा है- 'हर व्यक्ति सराहना, प्रशंसा का भूखा होता है, हर व्यक्ति निन्दा से डरता है।' निन्दा या आलोचना से परिवारों के सदस्यों, मित्रों, कर्मचारियों, सहकर्मियों सभी का मनोबल कम हो जाता है, उनकी स्थिति में कोई सुधार नहीं होता।

एनिड, ओकलाहामा के जॉर्ज बी. जांसटन एक इंजीनियरिंग कम्पनी में सुरक्षा प्रभारी के पद पर कार्यरत थे। उनका काम था फील्ड में काम कर रहे हर कर्मचारी का ध्यान रखना। प्रत्येक कर्मचारी के लिए फील्ड में हेलमेट पहनना जरूरी होता था। पहले जब कोई भी कर्मचारी बिना हेलमेट लगाये होता था, तो वे आग-बबूला हो जाते थे और उसे नियमों का उदाहरण देते थे। उसका परिणाम यह निकलता था कि कर्मचारी मरे मन से उसके आदेश का पालन करते हुए, उसके सामने तो हेलमेट पहन लेते थे, लेकिन उसके जाने के बाद तुरन्त हेलमेट निकाल देते थे। उसने कोई नई युक्ति परीक्षण करने के बारे में सोचा। अब जब भी वह किसी कर्मचारी को बिना हेलमेट के देखता था, तो उससे पूछता था कि क्या वह हेलमेट आरामदायक नहीं है या फिर उसके सिर पर सही से फिट नहीं हो रहा है। उसने बातों-बातों में उन कर्मचारियों को यह भी आभास करा दिया कि हेलमेट उनकी सुरक्षा के लिए है, न कि कोई बोझ के परिणामस्वरूप। सभी कर्मचारियों ने अपनी सुरक्षा को ध्यान में रखते हुए हेलमेट पहनने शुरू कर दिये और मि. एनिड के प्रति उनके मन में कोई दुर्भावना भी नहीं आई।

इतिहास इस बात का गवाह है कि निंदा या आलोचना से किसी समस्या का कोई हल नहीं निकलता। पहला सबसे बड़ा उदाहरण थियोडोर रूजवेल्ट तथा राष्ट्रपति टैफ्ट के विवाद का है। एक ऐसा विवाद जिसने रिपब्लिकन पार्टी में बटवारा करवा दिया। वुडरो विल्सन को व्हाइट हाउस में बैठने के लिए मजबूर कर दिया तथा पहले विश्वयुद्ध में बड़े-बड़े शब्दों में कुछ लाइनें दर्ज करवा दीं तथा इतिहास का तो रुख ही बदल डाला। सन् 1908 में रूजवेल्ट व्हाइट हाउस से बाहर चले गए तथा उन्होंने टैफ्ट को पूर्ण सहयोग दिया, जो राष्ट्रपति चुन लिये गये, फिर शेरों का शिकार करने के लिए रूजवेल्ट अफ्रीका चले गये। उनके लौटने तक परिस्थितियाँ बदल चुकी थीं, जिनको देखकर वे आगबबूला हो गये, फिर अनुदारवाद के लिए उन्होंने टैफ्ट की आलोचना करना आरम्भ कर दिया और फिर तीसरी बार स्वयं ही राष्ट्रपति बनने की कोशिश करने लगे, फिर उन्होंने बुल मूस नामक पार्टी का गठन किया और जी.ओ.पी. को लगभग धराशायी ही कर दिया। अगले चुनावों में विलियम हॉवर्ड टैफ्ट तथा उनकी रिपब्लिकन पार्टी की बुरी तरह पराजय हुई और केवल दो राज्यों ऊटा तथा वरमॉण्ट में ही विजय प्राप्त हुई। यह इस पार्टी की अब तक की सबसे लज्जाजनक पराजय थी।

रूजवेल्ट ने इस पराजय के लिए टैफ्ट को दोषी माना, लेकिन क्या स्वयं राष्ट्रपति टैफ्ट ने भी अपने आप को दोषी माना होगा? शायद बिल्कुल भी नहीं। भरे गले से आँखों में आँसू भर कर टैफ्ट ने बस इतना ही कहा- 'मैंने जो कुछ भी किया, उसके अलावा मैं और कर भी क्या सकता था ?' आखिर दोष किसका था? टैफ्ट का या फिर रूजवेल्ट का? कोई भी नहीं जानता, मैं भी

नहीं। मैं इस बात की चिन्ता भी नहीं करता। मैं तो केवल इतना बताना चाहता हूँ कि रूजवेल्ट की इतनी निन्दा भी टैफ्ट से यह मनवाने में कामयाब नहीं हो सकी कि दोष उनका था। तो क्या लाभ हुआ इन सब भर्त्सनाओं का? कुछ भी नहीं। दोनों के मन में एक-दूसरे के लिए कड़वाहट भर गई और टैफ्ट तो अपने पक्ष में तर्क देने लगे। दूसरा उदाहरण हम टीपीट डोम ऑइल स्कैण्डल का ही ले सकते हैं। सन् 1920 के दशक में यह खबर अखबारों की सुर्खियों में छाई रहती थी। इस स्कैण्डल को अमेरिकी वासी हमेशा ही अपने जेहन में रखेंगे। इस स्कैण्डल के कुछ तथ्य इस प्रकार से हैं-हार्डिंग की केबिनेट में मन्त्री अल्वर्ट बी. फाल को एल्फ हिल एवं टीपाट डोम में तेल के सरकारी भण्डारों को लीज पर देना था। कुछ ऐसे तेल के भण्डार, जिन्हें नौसेना के भविष्य के उपयोग हेतु अलग रख दिया गया था, लेकिन फील ने न तो इनकी नीलामी की या इनके लिए टेण्डर बुलवाये। उन्होंने तो अपने मित्र एडबर्ड एल. डोहेनी को यह लाभकारी ठेका प्लेट में रखकर दे दिया। डोहेनी ने भी तुरन्त ही फील को दस लाख डॉलर 'लोन' का नाम देकर पुरस्कार रूप में दे दिये, फिर उसके बाद फील ने जिले की यूनाइटेड स्टेट्स मैरींस को यह आदेश दे दिया कि वे एल्क हिल भण्डारों से रिसने वाले तेल का लाभ उठा रहे प्रतियोगियों को वहाँ से हटा दें, फिर जब प्रतियोगी कम्पनियों को संगीनों और बन्दूकों की नोंक पर वहाँ से हटाया गया, तो उन्होंने निराश और दुःखी होकर न्यायालय की शरण ली और फिर तो टीपीट होम स्कैण्डल का सारा भण्डाफोड़ हो गया, फिर तो जैसे कोहराम ही मच गया। हार्डिंग सरकार पर खतरे के बादल मँडराने लगे, पूरा देश काँप उठा, रिपब्लिकन पार्टी का भविष्य अंधकारमय होने लगा तथा परिणामस्वरूप अल्वर्ट टी. फील को जेल की हवा खानी पड़ी।

फील के ऊपर तो जैसे निन्दाओं का पहाड़ टूट पड़ा। इतनी सार्वजनिक निन्दा किसी-किसी को ही सहनी पड़ती है; परन्तु क्या कभी भी उन्हें कोई पश्चाताप हुआ, क्या कभी उन्होंने अपनी गलती मानी? कभी भी नहीं। वर्षों बाद हरबर्ट हूवर ने एक सामाजिक भाषण में यह कहा कि राष्ट्रपति हार्डिंग की मृत्यु किसी मानसिक आघात के कारण हुई थी, क्योंकि उनके एक दोस्त ने उनके साथ विश्वासघात किया था। श्रीमती फील तो सुनकर सन्त रह गईं। रोते हुए उन्होंने कहा- 'क्या! हार्डिंग के साथ फील विश्वासघात करेंगे? नामुमकिन। मेरे पति तो कभी किसी के साथ भी विश्वासघात करने के बारे में सोच भी नहीं सकते। सोने-चाँदी, हीरे मोतियों से भरा घर भी मेरे पति का ईमान डाँवाडोल नहीं कर सकता, उनसे कोई भी गलत काम नहीं करवा सकता। विश्वासघात तो उल्टे उन्हीं के साथ हुआ है और उन्हीं को बलि का बकरा बनाकर सूली पर लटकाया गया है।'

यही तो मानव स्वभाव है। हर कोई यही तो करता है। प्रत्येक अपराधी अपना दोष दूसरे के सिर पर थोप देता है। कभी वह विपरीत परिस्थितियों को दोषी ठहराता है, परन्तु अपने ऊपर कभी भी कोई कलंक नहीं लगने देता। इसीलिए अगली बार किसी की भी आलोचना करने से पहले अल-केपोने, 'दुनाली बन्दूक' क्रॉले तथा अल्वर्ट हॉल को जरूर याद कर ले। आलोचना तो बूमरैंग की भाँति लौटकर हमारे पास ही आती है, अर्थात् आलोचना करने वाले को स्वयं अपनी ही आलोचना का सामना करना पड़ता है। हमें यह बात भी अपने मस्तिष्क में बिठाकर रखनी चाहिए कि जिस व्यक्ति की हम आलोचना कर रहे हैं या फिर जिसे सुधारने की हम कोशिश कर रहे हैं, वह उसके अन्तर में या तो अपने पक्ष में कोई तर्क प्रस्तुत करेगा या फिर शिष्ट व विनम्र टैफ्ट की भाँति यह कह देगा- 'जो कुछ भी मैंने किया, उसके अतिरिक्त मेरे पास और कोई उपाय भी तो नहीं था।'

15 अप्रैल सन् 1865 की सुबह अब्राहम लिंकन का पार्थिव शरीर एक सस्ते लीजिंग हाउस के एक बड़े से कमरे में रखा हुआ था। यह कमरा फोर्ड थियेटर के ठीक सामने था और यहीं पर जॉन विल्कीस बूथ ने लिंकन को गोलियों से छलनी कर दिया था। लिंकन का वह बिस्तर उनके हिसाब से काफी छोटा था। रोजा बोन्हर की विख्यात पेंटिंग 'द हॉर्स फेयर' की सस्ती नकल उनके बिस्तर के ऊपर टँगी हुई थी और एक गैसबत्ती पीली रोशनी फेंक रही थी। रक्षामन्त्री स्टैटन ने लिंकन के पार्थिव शरीर के समक्ष खड़े होकर लोगों से कहा- 'लोगों के हृदय पर राज करने वाला संसार का सर्वश्रेष्ठ शासक अब हमें छोड़कर चला गया है।'

लिंकन में लोगों का दिल जीतने की ऐसी कौन-सी कला थी? क्या रहस्य था उनकी सफलता का? पूरे दस सालों तक मैंने लिंकन की अनेक जीवनियाँ पढ़ी हैं तथा एक पुस्तक 'लिंकन द अननोन' लिखने में तो मुझे पूरे तीन वर्ष लग गये थे। मेरा यह विश्वास है कि लिंकन के घरेलू और सामाजिक जीवन तथा उनके पूरे व्यक्तित्व का जितना अध्ययन मैंने किया है, शायद ही किसी अन्य ने किया हो। मैंने यह भी अध्ययन किया है कि लिंकन लोगों के साथ कैसे व्यवहार करते थे? क्या वे दूसरों की निन्दा करते थे। हां, बिलकुल, अपनी युवावस्था में इण्डियाना की पिजियन क्रीक वैली में न केवल लोगों की आलोचनाएँ करते थे, वरन् पत्रों तथा कविताओं के माध्यम से लोगों का उपहास करते हुए वे उन्हें प्रकाशित भी करवाते थे। एक ऐसे ही पत्र से एक बार घृणा की आग ऐसी भड़की कि वह जीवन-भर जलती रही।

इलिनॉय में वकील के तौर पर प्रैक्टिस करते समय भी लिंकन खुलकर अपने विरोधियों पर आक्रमण करते हुए पत्र लिखते थे तथा उन्हें समाचार-पत्रों में प्रकाशित करवाते थे, लेकिन एक बार तो बात कुछ ज्यादा ही बिगड़ गई थी।

सन् 1842 में लिंकन ने जेम्स शील्ड्स नाम के घमण्डी तथा चिड़चिड़े राजनेता पर एक व्यंग्य भेजा, जो स्प्रिगफील्ड के समाचार-पत्र 'स्प्रिंगफील्ड जर्नल' में छप गया। सारा शहर शील्डस का मजाक उड़ा रहा था। ऐसे में शील्ड्स तो क्रोध के मारे आग-बबूला हो गया, फिर उसने पता लगा ही लिया कि यह पत्र लिंकन ने लिखा था। शील्ड्स घोड़े पर सवार होकर लिंकन के सामने गया तथा उसके सामने द्वन्द्व युद्ध का प्रस्ताव रख दिया। लिंकन द्वन्द्व युद्ध के पक्ष में नहीं थे, लेकिन अपना आत्मसम्मान बचाने के लिए उन्हें ऐसा करना पड़ा। उन्हें कई हथियारों के विकल्प दिये गये और बाँहें लम्बी होने के कारण लिंकन ने तलवार बाजी को चुना। इसके लिए वेस्ट पॉइण्ट ग्रेजुएट से तलवार बाजी का प्रशिक्षण भी लिया। जिस दिन द्वंद्व युद्ध होना था, उस दिन वे और शील्ड्स और लिंकन का आमना-सामना मिसिसिपी नदी के तट पर हुआ। ऐसे में एक की मौत तो निश्चित थी, लेकिन आखिरी क्षणों में उनके मित्रों के बीच-बचाव के कारण द्वन्द्व युद्ध टल गया।

हालाँकि लिंकन के जीवन की यह सबसे दु:खद घटना थी, लेकिन इस घटना से उन्होंने एक सबक भी सीख लिया। इसके बाद उन्होंने कभी भी किसी को अपमानजनक पत्र कभी भी नहीं लिखे। लोगों का मजाक उड़ाना छोड़ दिया, फिर तो उन्होंने अपने शब्दकोश में आलोचना शब्द को ही निकाल फेंका, फिर लिंकन ने गृह-युद्ध के समय पोटोमैक की सेना के लिए एक के बाद एक कई नये जनरल नियुक्त किये और प्रत्येक जनरल मैक्लेलन, पोप, बर्नसाइड हुकर, मीड़ सभी ने बड़ी-बड़ी गलतियाँ कीं। लिंकन हताश होकर फर्श पर इधर से उधर घूमते रहते थे लेकिन लिंकन, 'जिनका हृदय दुर्भावनाओं से नहीं, बल्कि सद्भावनाओं से परिपूर्ण था' एकदम

शान्त रहे। किसी की भी आलोचना नहीं की। उनके प्रिय शब्द तो ये थे- 'किसी की भी आलोचना भूल कर भी मत करो। इससे आपको भी आलोचनाओं का सामना नहीं करना पड़ेगा।'

जब कभी भी लिंकन की पत्नी तथा दूसरे लोग दक्षिणी प्रांतों की निन्दा करते थे, तो लिंकन यही कहते थे, 'उनकी निन्दा मत करो; उनकी जैसी परिस्थितियों में हम भी वैसे ही होते।' लेकिन लिंकन के पास लोगों की आलोचना करने के सारे अवसर मौजूद थे। केवल एक उदाहरण से आप यह बात समझ सकते हैं। गोटिसबर्ग का युद्ध जुलाई सन् 1863 के पहले तीन दिनों में लड़ा गया था। 4 जुलाई की रात में ही जनरल 'ली' दक्षिण दिशा में पीछे हटने लगे थे। अचानक ही तूफानी बादलों के कारण हुई तीव्र वर्षा से बाढ़ आ गई। जैसे ही 'ली' अपनी हारी हुई सेना के साथ पोटोमैक पहुँचा, तो उसने देखा कि उसके सामने तो बाढ़ से उफनती हुई नदी है, जिसे पार करना असम्भव है और उसके पीछे विजेता यूनियन आर्मी है। 'ली' चारों ओर से फँस चुका था, बचने का कोई रास्ता नहीं था। लिंकन भी यह समझ गये थे कि भगवान् की कृपा से मिला यह एक सुअवसर था। 'ली' की सेना को पराजित करने का सुनहरा मौका, जिससे युद्ध तुरन्त समाप्त हो सकता था। इसी आशा में लिंकन ने जनरल मीड को यह आदेश दिया कि वे युद्ध से सम्बन्धित कोई मीटिंग न बुलाये, सीधे 'ली' की सेना पर हमला कर दें। लिंकन ने अपने आदेशों को तो टेलीग्राफ कर दिया तथा एक संदेशवाहक को मीड के पास भेजकर तुरन्त कार्यवाही करने के लिए कहा।

लेकिन जनरल मीड ने लिंकन के आदेश के विरुद्ध काम किया। मना करने के बावजूद उसने सैन्य सभा की एक मीटिंग बुलाई। वह 'ली' पर हमला करने से झिझक रहा था और इस बात के लिए उसने बहाने बनाकर लिंकन को टेलीग्राफ कर दिया कि वह 'ली' पर हमला नहीं कर सकता, फिर बाढ़ का पानी भी उतर गया और 'ली' अपनी सेना के साथ सुरक्षित नदी पार कर गया। लिंकन का क्रोध सातवें आसमान पर था। लिंकन अपने बेटे के सामने चीख-चीख कर कह रहे थे- 'हे भगवान्! इसका क्या मतलब है? दुश्मन पूर्णतया हमारे चंगुल में था। कितना सुनहरा अवसर था। हमें तो केवल अपने हाथ फैलाकर उसे पकड़ना था और फिर भी हमने उसे नहीं पकड़ा। मेरी बात किसी ने नहीं मानी। परिस्थितियाँ हमारे अनुकूल थीं तथा 'ली' के प्रतिकूल। अगर मैं वहाँ होता, तो 'ली' हमारे शिकंजे में होता और मैं स्वयं उसे अपने हाथों से कोड़े मारता।'

अपार निराशा के बीच लिंकन ने मीड को यह पत्र लिखा। याद रहे, अपने जीवन के इस पड़ाव में लिंकन अत्यन्त शील, संयत थे तथा उनकी भाषा बेहद संयमित एवं शिष्ट होती थी। सन् 1863 में लिंकन द्वारा लिखित यह पत्र गम्भीर आलोचना से परिपूर्ण था-

**मेरे प्रिय जनरल-**

मुझे लगता है कि आप 'ली' के बच निकलने को गम्भीरता से नहीं ले रहे हैं। वह पूर्णतया हमारे जाल में था और उसको बन्दी कर लेने से यह युद्ध ही समाप्त हो जाता, लेकिन अब तो युद्ध न जाने कब तक चलेगा? जब आप नदी के इस पार ही 'ली' पर हमला नहीं कर पाये, तो अब आप ऐसा कैसे कर पायेंगे? अब तो 'ली' नदी के उस पार सुरक्षित है और आप अपनी दो तिहाई से अधिक सेना को तो नदी के उस पार ले जा नहीं सकते। यह बात तो एकदम तथ्य हीन है। मुझे नहीं लगता कि अब आप ज्यादा कुछ कर पायेंगे। मुझे इस बात का बहुत दुःख है कि हम सुनहरा अवसर गँवा चुके हैं और अब हम केवल हाथ ही मल सकते हैं।'

सोचिए जनरल मीड को यह पत्र पढ़कर कैसा लगा होगा?

आश्चर्य, मीड को यह पत्र कभी मिला ही नहीं। कारण, लिंकन ने तो कभी इसे भेजा ही नहीं। यह पत्र तो लिंकन की मृत्यु के पश्चात् उनकी फाइलों के बीच पड़ा था।

मुझे तो ऐसा लगता है कि लिंकन ने यह पत्र लिखने के बाद अपने कमरे की खिड़की के बाहर झाँककर देखा होगा और फिर स्वयं से कहा होगा- 'लिंकन' एक मिनट रुको। संभवत: मैं कुछ अधिक ही उतावला हो रहा हूँ। मैं मीड को 'ली' पर आक्रमण करने की मन्त्रणा इसलिए दे रहा हूँ क्योंकि मैं व्हाइट हाउस के शान्त वातावरण में जी रहा हूँ। मेरे लिए ऐसी मन्त्रणा देना एकदम सरल है, लेकिन अगर मैंने भी गेटिसबर्ग में रहकर पिछले हफ्ते के दौरान हुए खून-खराबे को देख होता, जैसा कि मीड ने देखा है, अगर मेरे कानों में भी मरने वालों और घायलों की चीख-पुकारें गूँज रही होतीं, तो निश्चित रूप से मैं भी हमला करने के लिए इतना तत्पर कभी भी नहीं होता। यदि मेरी प्रवृत्ति भी मीड की तरह सुरक्षात्मक होती, तो मैंने भी वही किया होता, जैसा कि मीड ने किया था। यदि मैं इस पत्र को अब भेजता भी हूँ तो मेरे मन की भड़ास तो निकल जायेगी, पर मीड के दिल को बहुत चोट पहुँचेगी। वह भी मेरी निन्दा करेगा और फिर स्वयं को सही साबित करने में समय गँवायेगा। इससे हम दोनों के मन में एक-दूसरे के प्रति दुर्भावना पैदा हो जायेगी और फिर एक सेनापति के रूप में मीड की छवि भी खराब हो जायेगी। हो सकता है कि मीड अपने पद से त्यागपत्र ही दे दे।'

मैं आपको पहले ही बता चुका हूँ कि लिंकन ने उस पत्र को उठाकर एक तरफ रख दिया था। लिंकन का कटु अनुभव इस बात का गवाह था कि तीखी आलोचना हमेशा ही व्यर्थ होती है और उससे किसी को भी लाभ नहीं होता। महान् लेखक मार्क टवेन कभी-कभी तो क्रोध में आकर पागल से हो जाते थे और फिर क्रोध से इतना गर्म पत्र लिखते थे कि पेपर तक जल उठता था। उदाहरणतया, एक बार क्रोध में भरे मार्क ने एक व्यक्ति को लिखा- 'मेरा मन चाहता है कि तुम्हें जीवित दफन कर दिया जाये। अगर तुम भी ऐसा ही चाहते हो, तो मुझे बता दो, शेष व्यवस्था मैं स्वयं कर लूँगा।' एक अन्य अवसर पर उन्होंने एक संपादक को पत्र लिखकर यह बताया कि उनका प्रुफरीडर 'मेरी स्पेलिंग तथा विराम-चिह्नों' को सुधारने की कोशिश करता है। टवेन ने तुरन्त ऑर्डर दिया- 'आप अगली बार मेरे लिखे अनुसार ही छापें और प्रुफरीडर से कह दें कि वह अपने सुझावों को अपने घिसे-पीटे, सड़े हुए मस्तिष्क में ही रहने दे।'

इसी प्रकार के विषैले पत्र लिखकर मार्क टवेन राहत की साँस लेते थे। इससे उनके मन का सारा उफान बाहर आ जाता था और किसी को कोई हानि भी नहीं होती थी, क्योंकि उनकी पत्नी इतनी समझदार थीं कि चुपके से उन पत्रों को फाड़कर कूड़ेदान में फेंक देती थी। उन पत्रों ने कभी भी डाक के डिब्बे की शक्ल नहीं देखी थी। तो क्या आप किसी ऐसे व्यक्ति को जानते हैं, जिसे आप परिवर्तित करना, सुधारना या फिर कुछ अच्छा बनाना चाहते हैं। बहुत से बेहतरीन विचार हैं। मैं भी इसका पक्षधर हूँ लेकिन क्यों न इसका शुभारंभ स्वयं से ही कर लिया जाये। यदि स्वार्थहीन होकर सोचोगे, तो तुम सबसे पहले स्वयं को सुधारना चाहोगे। यह कोई खतरनाक खेल भी नहीं होगा। दार्शनिक कन्फ्युशियस ने कहा भी था- 'अपने पड़ोसी की छत पर पड़ी बर्फ के बारे में शिकायत तब तक मत करो, जब तक कि आपके स्वयं के घर की सीढ़ियाँ साफ न हों।'

एक बार अपनी युवावस्था में मैंने रिचर्ड हार्डिंग डेविस नामक लेखक को एक मूर्खतापूर्ण पत्र लिखा, क्योंकि उन दिनों मैं सभी को प्रभावित करने की नाकाम कोशिश में लगा रहता था। मैं लेखकों के बारे में एक पत्रिका के लिए लेख तैयार कर रहा था तथा मैंने डेविस से उनके काम करने की शैली के बारे में पूछा। कुछ हफ्ते पहले ही मुझे एक खत मिला था, जिसके अन्त में लिखा था- 'डिक्टेट किया गया, लेकिन पढ़ा नहीं गया।' इस वाक्य ने मुझे बेहद प्रभावित किया। मैं सोचने लगा कि इसका लेखक निश्चित ही कोई महान् तथा व्यस्त आदमी होगा, तभी तो उसने ऐसा लिखा है। अब मेरी मूर्खता देखिए, मैं व्यस्त बिलकुल भी नहीं था, लेकिन रिचर्ड हार्डिंग डेविस पर रौब मारना चाहता था, इसीलिए मैंने भी अपनी छोटी-सी चिट्ठी के अन्त में ये शब्द लिखकर भेज दिये, 'डिक्टेट किया गया, लेकिन पढ़ा नहीं गया।'

उसने तो मेरे खत का जवाब तक देना उचित नहीं समझा, बल्कि मेरे ही पत्र के आखिर में एक लाइन और जोड़कर लौटती डाक से मेरे पास भिजवा दिया- 'आपके बैड मैनर्स का तो कोई जवाब ही नहीं है।' वह सही थे। गलती मेरी ही थी और इसके लिए मेरी निन्दा भी होनी चाहिए थी, लेकिन अपनी गलती होते हुए भी मुझे इस बात का बहुत बुरा लगा। दस सालों बाद जब मैंने मि. डेविस की मौत का समाचार सुना, तब भी मेरे मस्तिष्क में वही विचार घूम रहा था, उन्होंने मेरी बेइज्जती की थी।

अब यदि हममें से कोई भी किसी के लिए अपने मन में घृणा और द्वेष की भावना पैदा कर लेता है, तो यह दशकों तक चलती रहती है और शायद उस व्यक्ति की मौत के बाद भी यह समाप्त नहीं होती, तो इसके लिए हमें केवल इतना करना चाहिए कि हम कुछ गिने-चुने शब्दों में उस व्यक्ति की आलोचना कर दें, चाहें हमारी आलोचना तर्कसंगत हो या अतर्कसंगत।

जब भी अन्य लोगों के साथ मेल जोल बढ़ायें , उसके साथ व्यवहार करें, तो हमें यह बात हमेशा अपने मस्तिष्क में रखनी चाहिए कि हमारा सामना केवल तार्किक बुद्धि वाले लोगों के साथ नहीं होगा। हर व्यक्ति में कुछ भावनात्मक गुण अवश्य होते हैं, कुछ खामियाँ की जरूर होती हैं, गर्व भी होता है, तो अहंकार भी जरूर ही होता है।

अंग्रेजी साहित्य के महान् उपन्यासकार थॉमस हार्डी ने कठोर आलोचना के कारण ही तो उपन्यास लेखन से संन्यास ले लिया था। अंग्रेज कवि थॉमस चैटरटन की आत्महत्या की वजह भी तो निंदा ही थी। अपनी युवावस्था में अति अभद्र रह चुके बेंजामिन फ्रेंकलिन आगे जाकर इतने कूटनीतिक बन गये, इतने व्यवहार-कुशल बन गए कि उनको फ्रांस में राजदूत के रूप में भेजा गया था। आखिर क्या था उनकी सफलता का रहस्य? उनका कथन था... 'मैं किसी के भी विषय में बुरा नहीं बोलूँगा, हर किसी के बारे में केवल अच्छी बात ही बोलूँगा।'

तो बुराई करना, निन्दा करना, शिकायत करना, आलोचना करना, ये सब करना बहुत आसान होता है। कोई मूर्ख ही ऐसा कर सकता है या फिर यूँ कहें कि ज्यादातर मूर्ख यही तो करते हैं, लेकिन लोगों को समझने तथा उनको क्षमा करने के लिए व्यक्ति को बहुत समझदारी तथा संयम की आवश्यकता होती है। वही व्यक्ति तो महान् होता है। कार्यालय ने इसीलिए तो कहा था, 'महान् व्यक्ति छोटे लोगों के साथ व्यवहार करने में अपनी महानता का परिचय देते हैं।

एक प्रसिद्ध टेस्ट पायलट बॉब हूवर प्रायः ही 'एयर शो' में प्रदर्शन करते थे। एक बार वे सैब डियेगो से 'एयर शो' में भाग लेने के पश्चात् लॉस एंजेलिस में अपने घर की ओर लौट रहे थे। अचानक ही हवा में तीन सौ फीट की ऊँचाई पर दोनों इंजन बन्द हो गये। कुशल तकनीक से

उन्होंने हवाई जहाज को तो नीचे उतार लिया, लेकिन इससे किसी व्यक्ति को चोट नहीं आई। हाँ जहाज का तो काफी नुकसान हो गया। नीचे उतरने पर बॉब हूवर ने सबसे पहले हवाई जहाज के ईंधन की जाँच-पड़ताल की। वह यह देखकर चकित रह गये कि उनके दूसरे विश्वयुद्ध वाले प्रोपेलर जहाज में गैसोलीन के स्थान पर जेट का ईंधन डाल दिया गया था।

फिर उन्होंने उस मैकेनिक के बारे में पता लगाया, जिसने उनके हवाई जहाज की सर्विस की थी। वह एक युवा मेकेनिक था और स्वयं ही अपनी गलती पर शर्म से पानी पानी हो रहा था। जैसे ही हूबर उसके समीप पहुँचे, तो उसकी आँखों से आंसू बहने लगे। उसकी जरा-सी लापरवाही की वजह से तीन जिन्दगियाँ भी जा सकती थीं और हवाई जहाज का तो काफी नुकसान हो ही चुका था।

सोचिए, उस समय उस मैकेनिक की शक्ल देखकर हूबर को कितना क्रोध आया होगा? उसे फटकार लगाने, यहाँ तक कि उसे मारने का भी मन किया होगा, लेकिन हूबर ने मेकेनिक को डाँट लगाना तो दूर, उसकी आलोचना तक नहीं की। इसके बजाय उन्होंने उससे कहा- 'तुम्हें यह बताने के लिए कि मैं तुम पर कितना भरोसा करता हूँ तथा तुम दोबारा कभी ऐसा नहीं करोगे, मेरी इच्छा है कि कल ही तुम मेरे एफ-51 हवाई जहाज की सर्विसिंग करो।'

अधिकतर माता-पिता अपने बच्चों की आलोचनाएँ करते नहीं थकते। क्या आप सोच रहे हैं कि मैं आपको ऐसा करने से रोक रहा हूँ। नहीं, मेरा ऐसा कोई इरादा नहीं है। मैं सिर्फ यह बताना चाहता हूँ कि आप उनकी आलोचना करने से पहले अमेरिकी पत्रकारिता के एक प्रसिद्ध लेख 'फादर फॉरगेट्स' को अवश्य पढ़ लें। पहली बार यह लेख 'पीपुल होम जरनल' के एक संपादकीय के रूप में प्रकाशित हुआ था। 'रीडर्स डाइजेस्ट' में इसका लघु रूपांतरण इस प्रकार प्रकाशित हुआ था-

'कुछ लेख गहन अनुभूति के किसी विशेष क्षण में लिखे जाते हैं और वही लेख पाठकों के दिल को छू जाते हैं। ऐसा ही एक लेख 'फादर फॉरगेट्स' भी है। अब यह लेख लगातार पुन: प्रकाशित हो रहा है। इसके लेखक डब्ल्यू लिविंगस्टोन लारनेड का कहना है कि यह लेख हजारों अखबारों और पत्रिकाओं में प्रकाशित हो चुका है। कई विदेशी भाषाओं में भी यह लेख उतना ही सफल हुआ है। मैंने हजारों लोगों को व्यक्तिगत तौर पर यह अनुमति दी है कि वे इसका प्रयोग चर्च, स्कूल तथा लेक्चर प्लेटफार्म में कर सकें। यह अनेक बार असंख्य कार्यक्रमों में रेडियो पर प्रसारित हो चुका है। कॉलेज की पत्रिकाओं तथा हाईस्कूल की पत्रिकाओं में भी यह लेख छप चुका है। कई बार एक लघु लेख ही रहस्यमय कारणों से 'क्लिक' हो जाता हैं। इस लेख के साथ भी कुछ ऐसा ही हुआ है।

## फादर फॉरगेट्स (प्रत्येक पिता यह याद रखे)

## -डब्ल्यू लिविंगस्टोन लारनेड

जरा सुनो बेटे? मैं तुमसे कुछ बातें करना चाहता हूँ? तुम तो गहरी नींद में सोये हुए हो। तुम्हारा प्यारा-सा छोटा-सा हाथ तुम्हारे कोमल गाल के नीचे दबा हुआ है? तुम्हारे पसीने में तर माथे पर घुंघराले बाल बिखरे हुए हैं? मैं अकेला हूँ और चुपचाप तुम्हारे कमरे के अन्दर आया हूँ? अभी कुछ मिनटों पहले मुझे बहुत पश्चाताप हुआ जब मैं पुस्तकालय में अखबार पड़ रहा।

इसीलिए तो मैं आधी रात के समय किसी अपराधी की तरह तुम्हारे बिस्तर के पास खड़ा हुआ हूँ। ये हैं वे बातें जिनके बारे में मैं सोच रहा था, बेटे, आज मैंने तुम पर बहुत क्रोध किया था। जब तुम विद्यालय जाने के लिए तैयार हो रहे थे, तो मैंने तुम्हें खूब डाँट पिलाई थी. ..तुमने तौलिये की जगह पर्दे में हाथ पोंछ लिये थे। तुम्हारे गंदे जूते देखकर भी मैं तुम पर क्रोधित हुआ था। सारा फर्श तुम्हारे द्वारा बिखेरी गई चीजों से भरा पड़ा था:. .इसके लिए भी तुम्हें बहुत कोसा था। जब तुम नाश्ता कर रहे के तब भी मैंने तुम्हें भला-बुरा कहा था। कारण? तुमने खाने की मेज़ पर खाना बिखेर दिया था। खाते समय तुम्हारा मुँह खुला या और चपड़-चपड़ की आवाज आ रही थी।

तुम्हारी कुहनियां मेज़ पर थीं। तुमने टोस्ट पर कुछ ज्यादा ही मक्खन लगा लिया था। केवल इतना ही नहीं मेरे ऑफिस जाते वक्त भी जब तुम खेलने जा रहे थे और तुमने मुझे गुड बॉय डैडी' बोला था, तब भी मैंने तुम्हें गुस्से में टोक दिया था- 'जरा अपना कॉलर तो ठीक कर लो' ऑफिस से लौटने पर भी मैंने देखा कि तुम अपने साथियों के साथ मिट्टी में खेल रहे थे। तुम्हारी जुराबों में छेद हो गये के और तुम्हारे कपड़े बहुत गंदे थे मैं अपने क्रोध पर नियन्त्रण न रख पाया और तुम्हारे साथियों के सामने ही तुम्हें अपमानित कर दिया था। पता है जुराबें कितनी महँगी हो गयी हैं कपड़े कितने कीमती हैं जब स्वयं अपनी कमाई से खरीदों, तब पता चलेगा। यही सब तो मैंने कहा था और एक पिता अपने बच्चे का इसमें अधिक दिल किस प्रकार दु:ख सकता है?

तुम्हें तो याद ही होगा कि रात को जब मैं लाइब्रेरी में पढ़ रहा था और तुम मेरे कमरे में आये के तो तुम कितने सहमे हुए और आतंकित थे।। तुम्हारी आंखों में झलक रही थी? तुम्हारे सीने की चोट? तब भी मैंने अखबार के ऊपर से देखते हुए पढ़ने में रुकावट डालने के लिए तुम्हें बुरी तरह झिड़क दिया था- 'कभी तो चैन से जीने दिया करो।' और तुम दरवाजे पर ही मूर्ति बन गये थे।

तुम कुछ भी बोले नहीं थे? मेरे पास भागकर आये के और मेरे गले में अपनी बाँहें डाल दी वीं और मुझे चूमा था और फिर 'गुड नाइट डैडी' कहकर एकदम गायब हो गये के तुम्हारी नन्ही बाँहों की पकड़ ऐसी मजबूत थी कि वह यह अहसास करा रही थी कि इतनी उपेक्षा के बावजूद तुम्हारे मन-मन्दिर में खिला प्रेम-रूपी पुष्प अभी तक मुरझाया नहीं है और फिर तुम सीढ़ियों पर जोर-जोर से खट-खट करके चढ़ गए थे। हां बेटे, इस घटना के कुछ क्षणों बाद ही मेरे हाथों से अखबार छूट गया और मैं आत्मग्लानि में डूब गया? आखिर मैं ऐसा क्यों होता जा रहा हूं?? मेरी आदत डाँटने-फटकारने की पड़ती जा रही है? अपने बच्चे को मैं यह कैसा बचपन दे रहा हूं?? ऐसा तो नहीं है कि मैंने तुम्हें प्यार करना छोड़ दिया है लेकिन मुझे तुममें कुछ अधिक ही आशाएँ हैं और मैं तुम्हारे बचपने को अपनी उम्र के तराजू पर तौलने लगा हूँ।

तुम बहुत प्यारे, सच्चे और अच्छे हो? तुम्हारा नन्हा-सा मासूम-सा हृदय तो चौड़ी पहाड़ियों के पीछे से उगती सुबह की भाँति विशाल है। तुम्हारे में तो बहुत बड़प्पन है? तभी तो इतनी डाँट के बावजूद तुम मुझ गुड नाइट किस' देन आ गये थे। तुममें कोई मैल नहीं है यह रात बस इसीलिए इतनी खास है मेरे बेटे। मैं अँधेरे में तुम्हारे बिस्तर के सिरहाने घुटनों के बल बैठा हूँ लज्जित, अपमानित, तुमसे बहुत छोटा।

यह तो केवल एक दुर्बल पश्चाताप है। मुझे मालूम है कि अगर मैं अभी तुम्हें जगाकर यह बताऊँगा तो तुम कुछ भी नहीं समझो, लेकिन मैंने सोच लिया है कल से मैं तुम्हें प्यारा पापा

बनकर दिखाऊँगा। मैं तुम्हारे साथ खेलूंगा तुम्हारी प्यारी-प्यारी बातें पूरे दिल से सुनूंगा, तुम्हारे सुख-दु:ख सब बाटूंगा। अगली बार तुम्हें डाँटने में पहले अपनी जीभ को अपने दाँतों के नीचे दबा लूंगा। यह मन्त्र हमेशा रटता रहूँगा.. मेरा बेटा तो अभी बच्चा है छोटा-सा, प्यारा-सा, नन्हा-सा मासूम बच्चा। अब मुझे अपनी इस सोच पर बहुत दु:ख होता है कि मैं तुम्हें बहुत बड़ा मानने लगा था। लेकिन आज जब मैंने देखा कि तुम कैसे थके-थके मासूम से पलंग पर सो रहे हो एकदम निश्चितता के साथ, तो बेटे, मुझे यह एहसास हो गया है कि तुम अभी छोटे-से बच्चे ही तो हो। कल तक तुम अपनी माँ की बाँहों में झूलते थे उसके कंधे पर सिर रखकर सो जाते थे। मैंने तुमसे कुछ ज्यादा ही उम्मीद बाँध ली थी, कुछ ज्यादा ही।

तो इस लेख का भी यही सार निकला कि लोगों की आलोचना करने के बजाय हमें यह जानने, समझने की कोशिश करना चाहिए कि जो काम वे करते हैं, उसके पीछे कारण क्या हैं? परिस्थितियों पर ध्यान देना बहुत रोचक व लाभदायक सिद्ध होगा। इससे माहौल हलका-फुलका बना रहेगा। सबको समझ लेने का मतलब सबको माफ कर देना ही तो होता है।

'भगवान स्वयं आदमी की मृत्यु से पहले उसका निर्णय नहीं करता-' ऐसा डा. जॉनसन का कहना था।

तो फिर मैं या आप ऐसा कैसे कर सकते हैं?

## सिद्धान्त- 1

### कभी भी बुराई मत करो, आलोचना मत करो, निन्दा मत करो, शिकायते मत करो।

# 2

# व्यवहार-कुशल बनने के सफल उपाय

इस पूरे संसार में केवल एक तरीका अपनाकर ही हम किसी से कोई काम करवा सकते हैं। सोचिए, क्या है वह तरीका? यह आसान-सा तरीका है, उस विशेष व्यक्ति में उस विशेष काम को करने की इच्छा जाग्रत करना। यह बात मस्तिष्क में रख लें कि इसके अतिरिक्त अन्य कोई तरीका नहीं है, दूसरों से काम करवाने का।

हां, यह अलग बात है कि आप किसी के सीने पर बन्दूक तानकर बैठ जायें और उससे अपनी घड़ी आदि निकालने के लिए कहने लगें या फिर अपने से नीचे के कर्मचारी को नौकरी से निकालने की धमकी देकर उसे कोई काम करने के लिए विवश कर सकते हैं। एक बच्चे से भी आप कोई काम जबर्दस्ती नहीं करवा सकते। हां, अगर आप उसे बुरी तरह पीट डालें या फिर किसी अन्य तरह से ब्लैकमेल करें, तो वह कोई काम जरूर कर सकता है, लेकिन इन जंगली तरीकों के परिणाम दु:खद ही होते हैं।

इस प्रकार सिर्फ एक तरीके से मैं आपसे कोई चीज हासिल कर सकता हूँ। और वह तरीका है, आपको वह चीज देना, जिस चीज के आप इच्छुक हैं। आखिर आप किस चीज के इच्छुक हैं?

अमेरिकी लेखक सिगमंड फ्रॉयड ने तो कहा था कि 'किसी भी कार्य को करने के पीछे व्यक्ति की दो मूल इच्छाएँ होती हैं। महान् बनने की अभिलाषा और सेक्स की आकांक्षा'।

इसी बात को कुछ अलग ढंग से अमेरिका के महान् दार्शनिक जॉन ड्यूई ने इस प्रकार कहा था- 'मानव प्रकृति में महानतम आकांक्षा महान् बनने की आकांक्षा होती है।'

मैं आपसे फिर पूछता हूँ आप क्या चाहते हैं? वैसे तो हम अनगिनत चीजें चाहते हैं, लेकिन बहुत कम चीजें ऐसी होती है, जिन्हें हम इतनी आतुरता से चाहते हैं कि उनके बिना हमारा जीवन जीना ही असंभव हो जाता है। अधिकतर लोग निम्न लिखित चीजों के इच्छुक होते हैं-

1. अच्छा भोजन
2. भरपूर नींद
3. अच्छा स्वास्थ्य तथा जीवन का पूर्ण संरक्षण
4. परलोक का सुधार
5. सेक्स की आत्म-संतुष्टि
6. इतना पैसा कि हम अपनी इच्छाएँ पूरी कर सकें
7. बच्चों का बेहतर भविष्य और उनके जीवन का कल्याण
8. महत्व की प्रबल इच्छा

ऊपर लिखी लगभग सारी आकांक्षाएं, तो पूरी हो जाती, केवल एक को छोड़कर। वह आकांक्षा अन्य आकांक्षाओं से भी ज्यादा प्रबल होती है और वह आकांक्षा बढ़ती ही रहती है, कभी सन्तुष्ट नहीं होती। वह आकांक्षा है- 'महत्त्व की प्रबल इच्छा'।

एक बार अब्राहम लिंकन ने अपने एक पत्र की शुरूआत इस प्रकार की थी- 'हर किसी को अपनी प्रशंसा अच्छी ही लगती है।' विलियम जेम्स ने इस बात को कुछ इस प्रकार कहा था- 'हर व्यक्ति मन की गहराई से यही चाहता है कि उसे प्रशंसा मिले, उसे सराहा जाये।' इस बात का भी तो वही अर्थ हुआ, जो बात फ्रायड या जॉन ड्यूई ने कही थी। अन्य सारी तृष्णाएँ तो शान्त हो जाती हैं, केवल यही वह मानवीय भूख है, जो स्थायी है और वह दुर्लभ व्यक्ति जो लोगों की इस प्रशंसा की भूख को सन्तुष्ट करने में सफल हो जाता है, लोग पूर्ण रूप से इसकी मुट्ठी में बन्द हो जाते हैं। दूसरे लोग उससे इतना प्रेम करने लगेंगे कि उसके शव को दफनाने वाले तक उसकी मौत पर शोक मनायेंगे।

यही तो मुख्य अन्तर होता है इन्सानों और जानवरों में। यह उस समय की बात है, जब मैं मिसूरी के फॉर्म पर काम करता था तथा मेरे पिताजी बढ़िया नस्ल के शानदार डयूरीक-जर्सी सुअरों तथा मवेशियों को पाला करते थे। हम अपने जानवरों को मेलों में होने वाली प्रदर्शनियों में ले जाया करते थे। हमें अनेक बार प्रथम पुरस्कार मिल चुके थे। मेरे पिताजी ने गर्व से सफेद मलमल के कपड़े पर नीले रिबन लगा दिये थे तथा जब भी कोई हमारे घर में आता था, तो मेरे पिताजी बड़े गर्व से उस मलमल के टुकड़े को उसे दिखाते थे। एक छोर को मेरे पिताजी पकड़ते थे, तो दूसरे छोर को मैं।

सोचिए, क्या सुअरों को अपने द्वारा जीते गये रिबनों की कोई जानकारी भी थी या वे इस बात की कोई परवाह करते थे? शायद नहीं। वे पुरस्कार तो मेरे पिताजी को महत्त्वपूर्ण होने का अनुभव कराते थे, जिससे उनकी छाती गर्व से चौड़ी हो जाती थी। यह महत्त्वपूर्ण आकांक्षा तो हमारे पूर्वजों के समय से ही चली आ रही है। यदि उनमें महानता की प्रबल इच्छा न होती, तो शायद सभ्यता का विकास ही नहीं हुआ होता और हम आज भी जानवरों की ही भाँति नग्नावस्था में घूम रहे होते। महत्त्वपूर्ण बनने की इसी महत्त्वाकांक्षा के कारण से ही तो एक अनपढ़ और निर्धन ग्रासरी क्लर्क कानून की पुस्तकों में रुचि लेने लगा था, जिन्हें उसने पचास सेंट में एक कबाड़ी से खरीदा था। यह ग्रासरी क्लर्क कोई और नहीं, अब्राहम लिंकन थे।

महान् उपन्यासकार डिकेंस को भी तो महत्त्वपूर्ण बनने की प्रबल इच्छा ने ही उपन्यास लिखने के लिए प्रोत्साहित किया था। इसी आकांक्षा के कारण सर क्रिस्टोफर ने पत्थरों में सिम्फनी लिख दी थी। इसी अभिलाषा के तले दबकर ही तो रॉकफेलर ने करोड़ों डॉलर जमा कर लिये थे और कभी भी उन्हें खर्च नहीं किया था। इसी हार्दिक इच्छा के कारण ही तो आपके शहर का सबसे अमीर परिवार एक ऐसा घर बनवाने के लिए दिन-रात कोल्हू, के बैल की भाँति काम करता है, जैसा पूरे शहर में किसी और का न हो, यह अलग बात है कि उनको इतने बड़े घर की जरूरत भी नहीं होती। महत्त्वपूर्ण होने की यही आकांक्षा तो आपसे नये फैशन के कपड़े पहनवाती है, नये मॉडल की कार खरीदवाती है और यही आकांक्षा आपसे अपने बच्चों की चतुराई के झूठे किस्से भी कहलवाती है।

लेकिन यह आकांक्षा तब खतरनाक साबित हो जाती है, जब कुछ लड़के-लड़कियों गैंग में शामिल होकर अपराध करने लगते हैं। न्यूयॉर्क के भूतपूर्व पुलिस कमिश्नर ई. पी. मलरूनी ने

एक बार रहस्योद्घाटन किया था कि हर युवा अपराधी भी अहं से भरा होता है। वह भी चाहता है कि वह सुर्खियों में आये और इसी इच्छा के फलीभूत होकर वह गिरफ्तार होने के बाद सबसे पहले उन अखबारों पर दृष्टि डालता है, जिन्होंने उसे रातों-रात हीरो बना दिया है। सजा को लेकर वे बेफिक्र रहते हैं। वे तो इसी बात को सोच-सोचकर खुश होते रहते हैं कि उनकी तस्वीर किस प्रसिद्ध खिलाड़ी, फिल्म तथा टी. वी. स्टार्स या किसी बड़े राजनेता के साथ छपी है।

तो आप मुझे बता दीजिए कि किस बात से आप अपने-आपको महत्त्वपूर्ण समझते हैं और फिर मैं आपको बता दूँगा कि आप क्या हैं? इसी बात से तो आपके चरित्र का निर्धारण होता है। यही तो सबसे महत्त्वपूर्ण बात है। आप जॉन डी. रॉकफेलर का उदाहरण ले सकते हैं। डी. जॉन को चीन के पीकिंग शहर में एक अस्पताल का निर्माण करवाने के लिए करोड़ों डॉलर का दान देने में ही महत्त्वपूर्ण होने की अनुभूति होती थी। ऐसे अनगिनत गरीब लोगों के भले के लिए जिन्हें उन्होंने पहले कभी भी नहीं देखा था। दूसरी ओर डिलिंजर नामक लुटेरे को बैंक की डकैती डालने तथा हत्यारा बनने में ही महानता की अनुभूति होता था। एक बार जब एफ. बी. आई. के एजेण्ट ने उसे खोज लिया, तो उसने बड़े गर्व से कहा- 'ही, मैं ही डिलिंजर हूँ।' वह तो स्वयं देश का सबसे कुख्यात अपराधी होने पर ही गर्व का अनुभव करता था। उसने इसीलिए तो कहा था- 'मैं ही डिलिंजर हूँ। हां, इस समय मैं तुम्हें कोई नुकसान नहीं पहुँचाऊँगा।' तो रॉकफेलर तथा डिलिंजर दोनों ही तो महत्त्वपूर्ण बनना चाहते थे, अन्तर केवल उनकी सोच का था।

हमें इतिहास में अनगिनत उदाहरण मिल जायेंगे कि किस प्रकार प्रसिद्ध लोगों ने महत्त्वपूर्ण होने की अपनी अभिलाषा को अभिव्यक्त किया था। जॉर्ज वाशिगंटन चाहते थे कि सब उन्हें 'हिज माइटिनेस, द प्रेसिडेण्ट ऑफ यूनाइटेड स्टेट्स' के नाम से पुकारें। कोलम्बस चाहते थे कि लोग उन्हें 'एडमिरल ऑफ द ओशन एण्ड वायसराय ऑफ इण्डिया' कहें। कैथरीन महान् तो उन पत्रों को हाथ भी नहीं लगाती थीं, जिन पर 'हर इम्पीरियल मेजेस्टी' नहीं लिखा होता था। मिसेज लिंकन तो व्हाइट हाउस में मिसेज ग्राण्ट पर बहुत जोर से दहाड़ती थीं- 'तुम्हारी इतनी हिम्मत कि तुम मेरी आज्ञा के बिना मेरे सामने बैठ जाओ।'

सन् 1928 में हमारे देश के रईसों ने एडमिरल बर्ड के अण्टार्कटिका अभियान के लिए इस शर्त पर धन दिया था कि बर्फीले पर्वतों की श्रेणियों के नाम उनके नाम पर रखे जायें। महान् लेखक शेक्सपियर भी अपने परिवार के लिए 'कोट ऑफ आर्म्स' प्राप्त करके अपने नाम को और भी अधिक महत्त्वपूर्ण बनाना चाहते थे। महान् लेखक विक्टर ह्यूगो की हार्दिक इच्छा थी कि पेरिस शहर का नामकरण उसके नाम पर किया जाये।

अपनी ओर लोगों का ध्यान आकर्षित करने के लिए तथा उनकी सहानुभूति पाने के लिए कई बार तो लोग बीमार तक होने का बहाना बना डालते हैं। इस बात का सबसे ज्वलंत उदाहरण श्रीमती मैकिंले हैं। उन्हें तो महत्त्वपूर्ण होने की अनुभूति तब होती थी, जब उनके पति, यानी कि अमेरिका के राष्ट्रपति अपना सारा काम-धंधा छोड़कर उनको अपनी बाँहों में लिये बैठे रहते थे तथा उन्हें शान्त करते रहते थे। वे अपने पति को लेकर इतनी व्याकुल रहती थीं कि कि दाँतों के डॉक्टर के पास भी वे उन्हीं के साथ जाती थीं तथा एक बार जब उनके पति ऐसा नहीं कर पाये, तो उन्होंने पूरा घर सिर पर उठा लिया था।

ऐसी ही एक स्वस्थ तथा प्रतिभाशाली महिला के विषय में मुझे लेखिका मेरी रॉबर्ट्स राइनहार्ट ने भी बताया था कि अपने आप को महत्त्वपूर्ण होने का अनुभव करने के लिए उन्होंने बिस्तर

पकड़ लिया था। मिसेज राइनहार्ट ने मुझे बताया था कि इस औरत को किसी विकट परिस्थिति का सामना करना पड़ गया था। शायद उनकी उम्र का उसे अपने आगामी जीवन में अकेलापन दिख रहा था तथा जीवन में कोई सपना, कोई आशा नहीं था।

'दस साल तक उसकी बूढ़ी माँ अपने बिस्तर पर पड़ी बेटी की सेवा-सुशुषा करती रही। उसे बिस्तर पर बैठे-बैठे खाना देती थी। सारा दिन सेवा में लगी रहती थी। इतने बुढ़ापे में इतना काम। आखिर बेटी की चाकरी करते-करते थक-हार कर बूढ़ी माँ मर गई; फिर कुछ और दिन बेटी को बिस्तर पर पड़े रहने का बहाना मिल गया। वह माँ की मौत का शोक जो मना रही थी, लेकिन फिर वह उठ गई। उसने अपने कपड़े बदले और एक बार फिर जीवन को जीना शुरू कर दिया।

कई मनोविश्लेषकों का मत है कि महत्त्वपूर्ण होने की अनुभूति ही कई लोगों को पागल हो जाने के लिए भी प्रेरित कर देती है। वे लोग पागलपन के स्वप्नलोक में ही स्वयं को महत्त्वपूर्ण मानने लगते हैं, क्योंकि वास्तविक दुनिया में तो कोई उन्हें पूछता तक नहीं है। एक सर्वे के अनुसार, अमेरिका में मानसिक रोगों से जितने लोग पीड़ित हैं, उतने अन्य किसी भी बीमारी से नहीं हैं।

तो फिर जरा सोचिए पागलपन का कारण क्या है? इस प्रश्न का सही-सही उत्तर तो किसी के भी पास नहीं है, लेकिन यह तो निश्चित है कि कुछ बीमारियाँ जैसे 'सिफलिस' मस्तिष्क की कोशिकाओं को नष्ट कर देती है तथा इसका परिणाम पागलपन होता है। लगभग आधे मानसिक रोगों के पीछे शारीरिक कारणों को जिम्मेदार समझा जाता है, जैसे नशीले या विषैले पदार्थ एवं दुर्घटनाएँ, लेकिन आधे पागलपन के शिकार लोगों को उनके मस्तिष्क-कोशिकाओं में कोई शारीरिक बाधा नहीं होती। पोस्टमार्टम परीक्षणों में जब मृत लोगों के मस्तिष्क ऊतकों को माइक्रोस्कोप के नीचे देखा गया, तो वे उतने ही स्वस्थ दिख रहे, थे जितने कि किसी आम व्यक्ति के।

तो फिर ये पागलपन का शिकार क्यों होते हैं?

मैं इस सवाल का उत्तर जानने के लिए बहुत उत्सुक था। इसलिए मैं एक ऐसे मनोचिकित्सक के पास गया, जिसे अनेक पुरस्कार और सम्मान मिल चुके थे, लेकिन उसने भी स्पष्टपूर्वक कह दिया कि वह क्या कोई भी यह नहीं जानता कि लोग पागल क्यों हो जाते हैं? लेकिन यह भी सच है कि कई पागल पागलपन की अवस्था में उस महत्त्व का अनुभव करते हैं जो उन्हें वास्तविक दुनिया में प्राप्त नहीं होता। इस विख्यात मनोचिकित्सक ने ही मुझे यह कहानी सुनाई थी-

'मेरी एक ऐसी महिला रोगी है, जिसकी शादी का अन्त बहुत दु:खद हुआ था। वह जीवन में प्रेम, शारीरिक सन्तुष्टि, सामाजिक प्रतिष्ठा, बच्चे, बढ़िया रहन-सहन सब कुछ पाना चाहती थी, लेकिन जीवन उसकी आशाओं के अनुरूप नहीं चल रहा था। उसका पति उसके साथ भोजन करना भी पसन्द नहीं करता था। उसके कोई बच्चा भी नहीं था और सामाजिक प्रतिष्ठा भी नहीं थी। इस बात से उसके दिल को इतना गहरा सदमा हुआ कि वह पागल हो गई तथा अपनी कल्पना में ही उसने अपने पति को तलाक भी दे दिया और अपने आप को कुँआरी समझने लगी। वह विश्वास करने लगी थी कि अब वह एक धनी व्यक्ति की बीवी बन चुकी है और फिर वह इस बात पर जोर देने लगी थी कि लोग उसे 'लेडी स्मिथ' कहकर पुकारें। बच्चों को लेकर तो वह इतनी उत्साहित थी कि वह कल्पना करती थी कि हर रात वह नये बच्चे को जन्म देती है। जब कभी भी मैं उसे देखने जाता हूँ तो वह कहती है- 'डॉक्टर साहब' कल रात को यहाँ एक सुन्दर बच्ची का जन्म हुआ है।'

जरा सोचिए, उसके स्वप्नों का महल तो वास्तविकता की आंधियाँ सह नहीं पाया था, लेकिन उसके पागलपन के काल्पनिक महल के सारे सपने सच हो रहे थे। तो फिर यह बात सुखद है या दु:खद? मुझे नहीं मालूम? वैसे उस डॉक्टर ने यह भी बताया कि 'अगर मेरे अन्दर इतनी ताकत होती कि मैं उसकी सोचने-समझने की शक्ति लौटा सकूँ तो भी मैं ऐसा बिल्कुल नहीं करता, क्योंकि जितनी खुश वह आज अपनी पागलपन की अवस्था में है, उतनी खुश वह पहले कभी भी नहीं थी। '

तो फिर जब हर कोई महत्त्व की भावना को इतना महत्त्व देता है कि वह उसके लिए सचमुच पागल भी हो सकता है, तो आप सोचिए कि मैं और आप अपने आस-पास के लोगों को सच्ची या फिर झूठी ही प्रशंसा देकर कितना महान् चमत्कार कर सकते हैं और क्या वह प्राप्त नहीं कर सकते।

यह बात उस समय की है, जब इनकम टैक्स नहीं हुआ करता था तथा पचास डॉलर साप्ताहिक कमाने वाला व्यक्ति बहुत रईस समझा जाता था। चार्ल्स श्वाब अमेरिकी व्यापार के उन पहले लोगों में से एक थे, जिनका वेतन दस लाख डॉलर वार्षिक से ज्यादा थी, फिर एन्ड्रयू कारनेगी ने उन्हें सन् 1921 में यूनाइटेड स्टेट्स स्टील कम्पनी के पहले प्रेसीडेण्ट के रूप में नियुक्त कर लिया था और उस समय श्वाब केवल अड़तीस वर्ष के थे। उसके बाद श्वाब यू.एस. स्टील को छोड़कर मुश्किल में फँसी बेथहलम स्टील कम्पनी के प्रेसीडेण्ट बन गये थे तथा उन्होंने इसे अमेरिका की सबसे लाभदायक कम्पनियों में शामिल कर दिया था।

अब आप सोचिए, एण्ड्रयू कारनेगी ने चार्ल्स श्वाब को वार्षिक दस लाख डॉलर या तीन हजार डॉलर प्रतिदिन से अधिक वेतन क्यों दिया था? क्या इसलिए कि श्वाब का मस्तिष्क बहुत तेज था या फिर इसलिए कि वे इस पहले उद्योग के सबसे बड़े दिग्गज थे? लेकिन ऐसा बिल्कुल भी नहीं था। खुद चार्ल्स श्वाब का मत था कि उनके नीचे काम करने वाले कई कर्मचारी स्टील बनाने के बारे में उनसे ज्यादा जानकारी रखते थे।

श्वाब कहते थे कि उन्हें इतना अधिक वेतन मिलने का सबसे बड़ा कारण था कि वे लोगों के साथ व्यवहार करने की कला में पारंगत थे। उन्होंने अपनी इस व्यवहार-कुशलता का रहस्य मुझे बताया था। ऐसे शब्द, जो हर किसी की जुबान पर होना चाहिए। हर दुकान, हर ऑफिस, हर स्कूल में इन शब्दों को टंगवा देना चाहिए। ऐसे शब्द जो बच्चों को जबानी याद होने चाहिए, बजाय उस लैटिन ग्रामर या ब्राजील की वार्षिक वर्षा की मात्रा को कंठस्थ करने के, जो कभी भी उनके जीवन में काम नहीं आएगी, लेकिन ये शब्द हमेशा ही आपके जीवन में काम आएंगे। ये हैं, श्वाब के वे अमूल्य शब्द - 'मुझे मालूम है कि मेरा सबसे बड़ा धन अपने कर्मचारियों का उत्साह-वर्धन करने की कला है और मैं सराहना तथा प्रोत्साहन के द्वारा लोगों से सर्वश्रेष्ठ प्रदर्शन करवा लेता हूँ।'

'कोई भी बात किसी भी व्यक्ति की आकांक्षाओं को इतनी बुरी तरह नहीं आघात करती, जितनी कि वरिष्ठ व्यक्तियों की आलोचना। मैं कभी भी किसी की आलोचना करने की भूल नहीं करता। मैं तो बस लोगों को प्रोत्साहित करने में लगा रहता हूँ ताकि उन्हें काम करने की प्रेरणा मिलती रहे। इसीलिए तो प्रशंसा करने में लगा रहता हूँ और गलतियाँ निकालने में कंजूसी कर जाता हूँ। अगर मुझे कोई बात पसन्द आती है, तो मैं खुले मन से तारीफों के पुल बाँध देता हूँ तथा मुक्त कण्ठ से उसकी प्रशंसा व सराहना करने में जुट जाता हूँ।'

तो श्वाब तो यह करते थे, लेकिन एक सामान्य व्यक्ति क्या करता है? उसके एकदम विपरीत। अपने कर्मचारियों की कोई बात पसन्द न आने पर उन पर टूट पड़ते हैं और अगर उन्हें कोई बात पसन्द नहीं आती, तो वे भी कुछ नहीं कहते। एक बहुत प्राचीन कहावत के अनुसार- 'एक बार गलत काम करने पर हमें बार-बार उसके बारे में सुनना पड़ता है, लेकिन अनगिनत सही काम कर हमें उसके बारे में एक भी बार सुनने को नहीं मिलता।'

श्वाब के अनुसार- 'अपने जीवन के लम्बे अनुभव की कालावधि में संसार के कई महान् व्यक्तियों से मिला हूँ लेकिन मुझे आज तक कोई भी ऐसा आदमी नहीं मिला, चाहे वह कितने भी ऊँचे पद पर क्यों न हो, जो निन्दा और आलोचना के स्थान पर प्रशंसा के वातावरण में अधिक अच्छे ढंग से काम न कर पाता हो।'

यही तो एण्ड्रयू कारनेगी की अनुभूत सफलता का रहस्य था। कारनेगी हमेशा ही अपने सहयोगियों की सार्वजनिक तौर पर और अकेले में भी खूब प्रशंसा किया करते थे।

अपनी कब्र के पत्थर पर भी कारनेगी ने अपने कर्मचारियों की प्रशंसा की थी। स्वयं के लिए उन्होंने एक स्मृति-पत्र लिखा था- 'यहाँ पर वह व्यक्ति सोया पड़ा है, जिसे मालूम था कि अपने से चतुर लोगों को अपने आसपास कैसे इकट्ठा किया जा सकता है।'

इस सच्ची प्रशंसा के कारण से ही तो जॉन रॉकफेलर इतनी सफलता हासिल कर पाये थे। एक बार उनके सहयोगी एडवर्ड टी. बेडफोर्ड के कारण दक्षिण अमेरिका के एक कोण्ट्रैक्ट में उनकी कम्पनी को 40 प्रतिशत नुकसान हुआ था और इसके लिए रॉकफेलर उनकी आलोचना कर सकते थे, लेकिन वे जानते थे कि बेडफोर्ड ने अपनी तरफ से तो पूरी कोशिश की थी और वैसे भी नुकसान तो अब हो ही चुका था, इसीलिए रॉकफेलर उन्हें बधाई देने का अवसर ढूंढ़ने लगे। उन्होंने बेडफोर्ड को बधाई दी कि उन्होंने निवेश की 60 प्रतिशत रकम डूबने से बचा ली। रॉकफेलर ने कहा कि यह तो बहुत बढ़िया रहा। हम हमेशा ही अपने मस्तिष्क का इतना अच्छा उपयोग नहीं कर पाते।

अब मैं आपको एक काल्पनिक कहानी सुना रहा हूँ लेकिन इसमें बहुत-सी सच्चाई छुपी हुई है और यही कारण है कि मैं यह कहानी इस पुस्तक में लिख रहा हूँ-

एक अनपढ़ महिला ने पूरे दिन की जी तोड़ परिश्रम के बाद अपने परिवारजनों के सामने भोजन के स्थान पर भूसे का ऊँचा ढेर रख दिया। पति और बच्चों द्वारा इस विचित्र व्यवहार का कारण पूछने पर उस औरत ने उत्तर दिया- 'मैं तो सोचती थी कि तुम्हारा ध्यान इस ओर कभी जाता ही नहीं है कि तुम्हारे सामने भूसा रखा जाता है या फिर खाना। मैं बीस वर्षों से तुम सबके लिए खाना बनाती आ रही हूँ लेकिन तुम लोगों ने मुझे कभी भी यह तो नहीं बताया कि तुम लोग भूसा तो नहीं खा रहे हो।'

अभी कुछ ही समय पहले यह शोध किया गया कि पत्नियाँ घर छोड़कर क्यों भाग जाती है? क्या आप जानते हैं कि इसका मुख्य कारण होता है-प्रशंसा की कमी। यही बात घर-गृहस्थी छोड़कर भागने वाले पतियों पर भी लागू होती है। लगभग प्रत्येक पति-पत्नी अपने पार्टनर को यह बताने में बहुत कंजूसी दिखाते हैं कि वे एक-दूसरे के पर्याय हैं और एक के बिना दूसरा अधूरा है।

एक बार मेरी कक्षा के एक सदस्य ने अपने जीवन की एक घटना सुनायी, जिसमें उसकी पत्नी से उससे एक अनुरोध किया था। उसकी पत्नी और दूसरी महिलाएँ एक आत्म-सुधार कार्यक्रम में

शामिल होने के लिए गिरिजाघर गईं। एक दिन उस पत्नी ने अपने पति से आग्रह किया कि वह उसे ऐसी छः कमियाँ बता दें, जिन्हें सुधार कर वह अच्छी पत्नी बन जाए। उसका पति तो यह सुनकर हैरान हो गया। उसने भरी कक्षा के सामने कहा- 'मुझे यह आग्रह सुनकर बहुत हैरानी हुई। वैसे तो मैं बड़ी आसानी से छः तो क्या छः सौ कमियों की सूची तैयार कर सकता था, जिनमें सुधार की आवश्यकता थी, लेकिन मैंने ऐसा नहीं किया। इसके स्थान पर मैंने उससे कहा- 'मुझे इस बारे में सोचने के लिए एक रात का समय चाहिए। कल सुबह मैं तुम्हें इसका उत्तर दे दूँगा।'

'दूसरी सुबह तो मैं अन्य दिनों से कुछ जल्दी ही उठ गया और अपनी पत्नी के लिए छः गुलाब मँगवा लिये और उसके साथ लिखकर एक चिट्ठी चिपका दी- 'मुझे तो तुममें छः क्या एक भी कमी नहीं दिखी, जिसमें सुधार की आवश्यकता हो। मुझे तो तुम ऐसी ही अच्छी लगती हो।'

'और उस शाम मेरी पत्नी दरवाजे पर ही मेरा इन्तजार कर रही थी। उसकी आँखों में आँसू भरे थे और मैं अपनी इस जीत पर खुश था कि मैं कितना समझदार हूँ जो पत्नी के आग्रह करने पर भी मैंने उसकी आलोचना नहीं की।'

अगले रविवार जब वह चर्च गई, तो उसने यह बात सारी महिलाओं को बताई और फिर बहुत-सी महिलाओं ने मुझसे पूछ ही लिया- 'इतनी बुद्धिमानी की बात हमने तो पहले कभी नहीं सुनी।' और तब मुझे एहसास हुआ कि सराहना में कितनी शक्ति होती है।

लारिंज सिगफेल्ड ब्रॉडवे में धूम मचा दी थी। उनकी छवि एक ऐसे प्रोड्यूसर की थी, जिनमें अमेरिकी महिलाओं को ग्लैमरस दिखाने की अद्भुत प्रतिभा घुली हुई थी। हर बार वे इतनी साधारण महिलाओं का चयन करते थे, जिनकी ओर कोई देखना भी न चाहे, लेकिन जब वे स्टेज पर आती थीं, तो इतनी ग्लैमरस तथा रहस्यमयी लगती थीं कि कोई उन्हें पहचान भी नहीं पाता था। आत्मविश्वास तथा प्रशंसा के महत्त्व को समझने के कारण ही वे जानते थे कि केवल प्रशंसा तथा महत्त्व दिये जाने पर एक साधारण-सी युवती भी स्वयं को सर्वश्रेष्ठ समझने लगती है। वे जनसाधारण की भावनाओं से अवगत थे, तभी तो उन्होंने कोरस (सामूहिक गान) में काम करने वाली लड़कियों की पगार तीस डॉलर साप्ताहिक से बढ़ाकर एक सौ पचहत्तर डॉलर साप्ताहिक कर दी थी। साथ-साथ वे विशाल हृदय भी थे। फ़ॉलीज़ के मंचन की प्रथम रात्रि को उन्होंने सभी सितारों को टेलीग्राम भेजे थे तथा शो में काम करने वाली प्रत्येक कोरस गर्ल को अमेरिकन ब्यूटी रोजेज उपहार में दिये थे।

एक बार मेरे सिर पर डाइटिंग का ऐसा भूत सवार हुआ कि मैं लगातार छः-सात दिनों तक भूखा रहा। यह कोई कठिन काम नहीं था। आठवें दिन मुझे उतनी भूख नहीं लग रही थी, जितनी कि दूसरे दिन लग रही थी। यह तो हम सभी जानते हैं कि यदि किसी के परिवार या कर्मचारियों को छः दिनों तक खाना न मिले, तो वह ग्लानि महसूस करेगा कि अब मैं इस लायक भी नहीं रहा कि अपने परिवार का पालन-पोषण भी कर सकूँ लेकिन कई लोग ऐसे भी होते हैं, जो अपने परिवार अथवा कर्मचारियों की सच्ची प्रशंसा छः दिनों, छह हफ्तों, छः सालों, साठ सालों या उम्र-भर भी नहीं करते और फिर उन्हें अपराध-बोध नहीं सताता। हम सब यह क्यों भूल जाते हैं कि तारीफ भी तो भोजन की ही भाँति हमारी दैनिक आवश्यकता है।

प्रसिद्ध अभिनेता अल्फ्रेड लूंट ने 'रियूनियन इन वियेना' में मुख्य भूमिका निभाते समय कहा था- 'मुझे जिस चीज की सबसे ज्यादा आवश्यकता है, वह है मेरे आत्मस्वाभिमान का पोषण।'

हम सभी अपने दोस्तों, अपने बच्चों तथा अपने प्रियजनों को शारीरिक पोषण तो पर्याप्त मात्रा में देते हैं, परन्तु उन्हें आत्मसम्मान का पोषण देना बिल्कुल भूल जाते हैं। ऊर्जावान बनाने के लिए हम उन्हें बींस, पनीर, आलू खिलाते हैं, लेकिन प्रशंसा के दो शब्द बोलना भूल जाते हैं, जो वर्षों तक उनकी यादों में सुबह के मधुर संगीत की भाँति गूँजते रहेंगे।

एक रेडियो कार्यक्रम 'द रेस्ट ऑफ द स्टोरी' में पॉल हार्वे ने बताया था कि किस प्रकार से सच्ची प्रशंसा किसी व्यक्ति की जिन्दगी बदलने की ताकत रखती है। इसके लिए उन्होंने एक घटना सुनायी-

वर्षों पहले डेट्रॉइट की एक अध्यापिका ने लेवी मॉरिस से कहा था कि वह कक्षा में गायब हुए चूहे को ढूंढ़ने में उसकी मदद करें। उस अध्यापिका ने स्टेवी मॉरिस की खूब प्रशंसा की कि ईश्वर ने उसे आँखें नहीं दीं, तो क्या हुआ, लेकिन उसके बदले में ईश्वर ने उसे सुनने की अद्भुत शक्ति प्रदान की है। स्टेवी में कुछ तो खास था, जो उस अध्यापिका ने उसकी श्रवण-शक्ति की प्रशंसा की थी। इससे पहले किसी ने भी उनकी इतनी तारीफ नहीं की थी। सालों बाद लेवी अब यह बात मानते हैं कि वह प्रशंसा के दो शब्द उनके जीवन में मील का पत्थर साबित हुए थे। उस घटना के पश्चात् तो उन्होंने अपनी श्रवण शक्ति को चमत्कारी रूपसे विकसित कर लिया और फिर लेवी वण्डर के स्टेज नाम का चोगा पहनकर सत्तर के दशक के एक महान् गीतकार तथा पॉप गायक बन गये।

हाँ, कई पाठक बन्धु मेरी इस बात से एकमत नहीं होंगे। उन्हें तो प्रशंसा चापलूसी, मक्खन पॉलिश लगती है। वे तो कहते हैं कि मैंने इनका प्रयोग बहुत बार करके देख लिया है, समझदार लोग तो इससे और भी ज्यादा चिढ़ जाते हैं। यह बात बिल्कुल सही है। चापलूसी समझदार लोगों के सामने कोई मायने नहीं रखती। यह भी एकदम बकवास होती है, लेकिन कई लोगों में तारीफ की इतनी तृष्णा होती है कि वे चापलूसी को भी सच्ची प्रशंसा मानकर निगल जाते हैं, ठीक उसी प्रकार जिस प्रकार भूख से तड़पते हुए व्यक्ति को घास और कीड़े-मकोड़े भी अमृत लगते हैं।

चापलूसी पसंद तो महारानी विक्टोरिया भी बहुत थीं। प्रधानमंत्री बेंजामिन डिजराइली ने इस बात को स्वीकार किया था कि वे महारानी की चापलूसी किया करते थे। वे तो चम्मच भर-भरकर मक्खन लगाया करते थे। डिजराइली ब्रिटेन के जाने-माने योग्य, सुसंस्कृत तथा चतुर निपुण व्यक्ति थे। वे तो इस कला में निपुण थे। अब जो वस्तु उनके काम की आ गई, जरूरी नहीं कि वह आपके और मेरे लिए भी उतनी ही प्रभावकारी हो।

चापलूसी नकली सिक्का है, जिससे लंबे समय में हानि अधिक तथा लाभ कम होता है, तो अगर आप नकली सिक्के को बाजार में लेकर घूमें, तो मुश्किल में पड़ जायेंगे।

इस प्रकार प्रशंसा तथा चापलूसी में तो जमीन-आसमान का अन्तर होता है। एक सच्ची होती है, तो दूसरी नकली। एक सोना है, तो दूसरी पीतल। एक दिल से निकलती है, तो दूसरी दाँतों से। एक नि:स्वार्थ होती है, तो दूसरी स्वार्थपूर्ण। एक की प्रत्येक जगह सराहना होती है और दूसरी की प्रत्येक तरफ निन्दा।

अभी कुछ ही दिनों पहले मैंने मैक्सिको सिटी के चापुल्टेपेक पैलेस में मैक्सिकन हीरो जनरल ऑब्रेगॉन की मूर्ति देखी। उसी मूर्ति के नीचे जनरल ऑब्रेगॉन की फिलॉसफी के अनमोल शब्द लिखे हुए थे- 'उन दुश्मनों से मत डरो, जो आप पर आक्रमण करते हैं, बल्कि उन मित्रों से डरो, जो तुम्हारी चापलूसी करते नहीं थकते।'

इसीलिए मैं आपसे नहीं कह रहा कि आप चापलूसी करें। मैं तो आपसे एक अलग ही बात कह रहा हूँ। मैं आपसे एक नया जीवन आरम्भ करने के लिए बोल रहा हूँ।

बकिंघम पैलेस की अपनी स्टडी की दीवार पर सम्राट जॉर्ज पंचम ने सूत्रवाक्य टाँग रखे थे। इनमें से एक सूत्रवाक्य यह था- 'मुझे कोई यह सिखा दे कि मैं न तो किसी की झूठी प्रशंसा करूँ और न ही किसी की झूठी प्रशंसा सुनने के लिए उत्सुक रहूँ। ' चापलूसी की सही परिभाषा तो एक बार मैंने कही पढ़ी थी, जो इस प्रकार थी- 'चापलूसी का अर्थ है, सामने वाले को वही बात बताना, जो वह अपने बारे में सोचता है।'

राल्फ वाल्डो इमर्सन ने एक बार कहा था- 'आप चाहे जो भी भाषा प्रयोग कर लें, आप हमेशा वही बात कह पायेंगे जो आप हैं।'

अब अगर आपको चापलूसी ही करनी है, तो सबकी चापलूसी करके आप सरलता से मानवीय सम्बन्धों के विशेषज्ञ बन सकते हैं। हम अपना लगभग 95 प्रतिशत खाली समय अपने स्वयं के बारे में ही सोचने में बिता देते हैं और बाकी का 5 प्रतिशत समय अपनी समस्याओं के बारे में सोचने में नष्ट कर देते हैं, लेकिन अगर हम थोड़ा-बहुत दूसरे लोगों की अच्छाईयों के बारे में भी सोचने में व्यतीत करें, तो हमें चापलूसी की आवश्यकता ही नहीं पड़ेगी। हम तो केवल सच्ची प्रशंसा करेंगे, क्योंकि तब हमारे मस्तिष्क में उस व्यक्ति की अच्छाईयां घूम रही होंगी।

वैसे भी आज के संसार में सच्ची प्रशंसा पाना व देना दोनों ही दुर्लभ से हो गये हैं। हम प्राय: अपने बच्चे के अच्छे नम्बर लाने पर उसकी प्रशंसा करना भूल जाते हैं या फिर जब आपकी बेटी अच्छा केक बनाती है, तो हम सोचते हैं कि अगर प्रशंसा कर दी, तो इसका दिमाग सातवें आसमान पर पहुँच जायेगा, लेकिन बच्चों को इतना आनन्द किसी अन्य चीज में नहीं आता, जितना कि अपने माता-पिता द्वारा की गई प्रशंसा और सराहना में आता है। इसलिए अगली बार जब आप किसी रेस्तरां में जायें और आपको खाना सचमुच में स्वादिष्ट लगे, तो उसके रसोइये तक यह सन्देश अवश्य भिजवा दें। जब कोई थका-हारा सेल्समैन आपके साथ बहुत शिष्टाचार से पेश आये, तो उसका उल्लेख भी अवश्य करें।

प्रत्येक सार्वजनिक वक्ता, प्रत्येक चर्च का पादरी, प्रत्येक नेता यह समझता है कि यदि श्रोतागण की भीड़ में से एक भी आदमी ताली न बजाये या फिर उसकी कही बात की प्रशंसा न करे, तो उसे कितना बुरा लगता है। उसका तो सारा उत्साह ही फीका पड़ जाता है। यही बात दुकानों, ऑफिसों, कर्मचारियों, सहयोगियों, हमारे परिवारजनों तथा मित्रों सभी पर समान रूप से लागू होती है। हमें यह बात हमेशा अपने मस्तिष्क में रखना चाहिए कि हमारे सारे संगी-साथी मनुष्य हैं और मनुष्य को प्रशंसा के दो बोल जरूर चाहिए, जो असली सिक्का है, जिसे हर कोई अपने पास सँभाल कर रखना चाहता है। अपनी प्रत्येक दिवस की यात्रा में कृतज्ञता की चिनगारियों की दोस्ताना पगडण्डी को छोड़ने का प्रयत्न करें और आप चकित रह जायेंगे कि किस प्रकार इन चिनगारियों से मित्रता की नन्ही-नन्ही लौएं प्रज्ज्वलित हो जायेंगी, जो आपकी अगली यात्रा से आपको गरमाहट जरूर देगी।

न्यू फेयरफील्ड, कनेक्टिकट की पामेला डन्हैम की अनेक जिम्मेदारियों में से एक जिम्मेदारी यह भी थी कि उन्हें एक नए जेनिटर सुपरविजन करना था, जिसका काम काफी खराब था। दूसरे साथी कर्मचारी उसका बहुत मजाक उड़ाया करते थे कि वह बहुत घटिया काम करती है। यह बहुत गलत बात थी, क्योंकि इस मजाक के वातावरण में दुकान का बहुत सारा कीमती समय यूँ ही नष्ट हो रहा था।

पैम ने इस कर्मचारी को प्रेरित करने की बहुत कोशिश की, बहुत तरीके आजमाये, लेकिन सब निष्फल रहे, फिर उसने देखा कि कभी-कभी तो वह कर्मचारी किसी काम को बहुत अच्छे ढंग से कर लिया करता था। इसीलिए पैम ने सोचा कि अबकी बार वह उस कर्मचारी की प्रशंसा दूसरे लोगों के सामने जरूर करेगी। प्रशंसा पाकर तो वह अपना सारा काम अच्छे ढंग से करने लगा। अब सब लोग उसका सम्मान करते हैं तथा उसके काम को सराहते भी हैं। तो सच्ची प्रशंसा के परिणाम भी सकारात्मक निकले, जबकि आलोचना तथा मजाक से कुछ भी हासिल नहीं हो सका।

यदि आप लोगों को ठेस पहुंचाएंगे तथा उनकी निन्दा करेंगे, तो कभी भी सकारात्मक परिणाम नहीं निकलेंगे, न ही कुछ प्राप्त होगा। इसीलिए इस पुरानी कहावत को मैंने अपने शीशे पर चिपका रखा है-

'इस पथ पर मैं केवल एक ही बार चलूँगा। इसलिए अगर मेरे किसी काम से किसी का भला हो सकता है, तो मैं वह अच्छा काम अभी कर दूँगा। मैं इसे न तो भविष्य के हवाले करूँगा, न अनदेखा करूँगा, क्योंकि इस पथ पर मैं दोबारा नहीं लौटूँगा।'

इमर्सन ने भी बहुत पते की बात कही थी- 'प्रत्येक व्यक्ति में कोई-न-कोई बात ऐसी जरूर होती है, जो मुझसे अच्छी है। मैं तुरन्त ही वह बात सीख लेता हूँ।' अब अगर वह बात इमर्सन के बारे में उपयोगी है, तो हमारे और आप सबके बारे में तो हजार गुना अधिक उपयोगी है। हमें केवल अपनी ही उपलब्धियों तथा इच्छाओं के बारे में सोचना छोड़ देना चाहिए। हमें चापलूसी को भी भूल जाना चाहिए, खुले दिल से प्रशंसा करना चाहिए एवं मुक्त भाव गले से लगाना और सराहना करनी चाहिए। ऐसा करने से आप पायेंगे कि लोग आपके मूल्यवान शब्दों को अपनी स्मृतियों की तिजोरी में पूरे ध्यान से सँजोकर रखेंगे और जीवन-भर उन्हें कण्ठस्थ करते रहेंगें, फिर जो कुछ आपने कहा था, वह आप तो भूल जायेंगे, लेकिन जिससे कहा था, वे कभी भी नहीं भूल पायेंगे।

## सिद्धान्त - 2

## दिल से सच्ची तारीफ करना सीखे।

# 3

# नया करने के लिए दुनिया में सबसे अलग बनना पड़ता है

गर्मी के मौसम में मैं प्राय: ही नदी में मछलियाँ पकड़ने जाता था। मुझे तो स्ट्राबेरी तथा क्रीम बहुत अच्छे लगते हैं, लेकिन यह पता चला कि मछलियों को कीड़े पसन्द थे। इसीलिए मछली पकड़ने जाते समय मैं अपनी व्यक्तिगत पसन्द भूल जाता था। मैं हुक में स्ट्रॉबेरी या क्रीम का चारा नहीं लगाता था, बल्कि कीड़ों को मछली के सामने लटकाकर उससे पूछता था- 'क्या आप इसे खाना पसन्द करेंगी ?'

फिर लोगों को अपनी ओर आकर्षित करने के लिए हम इसी तथ्य का प्रयोग क्यों नहीं करते ?

यही तो ग्रेट ब्रिटेन के प्रधानमंत्री लॉयड जार्ज ने पहले विश्वयुद्ध में किया था। एक बार किसी ने उनसे यह प्रश्न पूछ लिया कि वे किस प्रकार युद्ध के दौरान भी सत्ता में बने रहे, जबकि युद्धकाल के अन्य नेता विल्सन, ऑरलैण्डो तथा क्लोमेंच्यू सब भुला दिये गये, तो उन्होंने इसका उत्तर इस प्रकार दिया था कि उन्होंने इस बात को भली-भाँति सीख लिया था कि किस प्रकार मछली की पसन्द का खाना, उसे पकड़ने के हुक में लगाया जाये।

इस बात में तो कोई लाभ नहीं कि हम क्या चाहते हैं ? यह तो सरासर बचकाना है, मूर्खतापूर्ण कृत्य है। आप जो कुछ चाहते हैं, उसमें आपकी रुचि छिपी हुई है, परन्तु इसमें किसी अन्य की कोई रुचि नहीं है। हम सब यही तो करते हैं, हम सब केवल स्वयं में ही रुचि लेते हैं। इसीलिए इस पूरी दुनिया में दूसरों को प्रभावित करने का सबसे सफल तरीका यही है कि हम सामने वाले की इच्छाओं को महत्त्व दें, उन्हीं के हिसाब से बात करें और उन्हें यह बतायें कि वह अपनी इच्छाओं की पूर्ति कैसे कर सकता है ?

अब जब भी आप किसी से कोई काम करवाना चाहें, तो इस बात को हमेशा मस्तिष्क में रखें। उदाहरण के लिए यदि आपका बच्चा सिगरेट पीता है और आप उसकी सिगरेट छुड़वाना चाहते हैं, तो उन्हें डाँटिए फटकारिए नहीं, उन्हें दस बातें भी मत सुनाइए, यह मत बताइए कि आप चाहते क्या हैं ? आप तो उसे समझाइए कि अगर वह सिगरेट नहीं छोड़ेगा, तो बास्केटबॉल टीम का हिस्सा नहीं बन पायेगा या एथलेटिक्स कप कभी भी नहीं जीत सकेगा।

यह बात केवल बच्चों पर ही नहीं, बल्कि मवेशियों या चिंपेंजियों के रूप भी ऐसा ही व्यवहार करें। उदाहरण के लिए, एक बार राल्फ वाल्डो इसर्मन तथा उनका बेटा एक बछड़े को तबेले में ले जाने की जी-तोड़ कोशिश कर रहे थे। इमर्सन उसे धक्का दे रहे थे तथा पुत्र उसे खींच रहा था। वे भी तो अपनी इच्छानुसार काम कर रहे थे और बछड़ा भी वही कर रहा था, जो वे लोग कर रहे थे। वह भी केवल अपनी ही इच्छा की चिन्ता कर रहा था, इसीलिए उसने अपने पैर सख्ती से जमीन में गड़ा लिये और मैदान छोड़कर तबेले की ओर जाने के लिए तैयार नहीं हुआ। एक आइरिश नौकरानी ने यह सब देख लिया। वह इमर्सन की भाँति निबन्ध या पुस्तक-लेखन तो कर नहीं सकती थी, लेकिन उसमें इमर्सन तथा उसके बेटे से ज्यादा दुनियादारी की

समझ थी। उसने इस बारे में सोचना शुरू कर दिया कि बछड़ा आखिर चाहता क्या है? इसलिए उसने अपनी उँगली बछड़े के मुँह में डाल दी। बछड़ा मजे से उँगली चूसते हुए आगे बढ़ गया।

जब से मनुष्य पैदा होता है, तभी से वह जो कुछ भी करता है, कुछ प्राप्त करता है, कुछ प्राप्त करने के लिए ही करता है। यहाँ तक कि रेड क्रॉस में दिया जाने वाला धन भी इसीलिए दिया जाता है, क्योंकि आप लोगों की सहायता करना चाहते हैं, आप एक सुन्दर, निःस्वार्थ अपनी आत्मा के उत्थान के लिए किये जाने वाले दैवीय कार्य करना चाहते हैं। ईश्वर का भी यही मत है- 'जितना भी तुम मेरे इन गरीब भाइयों की सहायतार्थ करते है, वह सब तुम मेरे लिए ही करते हो।'

सोचिए, यदि आपके मन में पैसे की इच्छा अधिक होती और आप लोगों की भलाई की इच्छा नहीं रखते, तो आप ऐसा कभी भी नहीं करते। या फिर अपने रेड क्रॉस में यह चंदा इसलिए दे दिया हो कि इनकार करने में आपको लज्जा अनुभव हो रही हो या फिर किसी व्यक्ति ने आपको ऐसा करने के लिए प्रोत्साहित किया हो, लेकिन यह बात तो निश्चित है कि आपके द्वारा रेड क्रॉस में दिया गया चंदा आपकी चाहत का ही एक हिस्सा -था।

हैरी ए. ओवरस्ट्रीट ने अपनी विख्यात पुस्तक 'इनफ्लुएंसिंग ह्यूमन विहैवियर' में लिखा है- ''कर्म तो हमारी मूलभूत इच्छा से ही पैदा होता है।' इसीलिए व्यापार, स्कूल, घर तथा राजनीति में दूसरों को काम करने के लिए प्रेरित करने वालों के लिए सबसे कारगर सलाह यही दी जा सकती है- 'सामने वाले आदमी में सबसे पहले काम को करने की प्रबल इच्छा जाग्रत करें। जिसने यह काम कर लिया, उसके साथ तो पूरी दुनिया है और जो यह न कर सका, वह तो अकेला ही रह जायेगा। '

एण्ड्रयू कारनेगी स्काटलैंड में बहुत गरीबी में पले-बढ़े थे। अपनी नौकरी की शुरुआत में उन्हें तो सेण्ट प्रति घण्टे के हिसाब से मिलते थे, लेकिन उन्हीं एण्ड्रयू कारनेगी ने बाद में 365 मिलियन डॉलर तो दान में दे दिये थे। तो क्या था इतनी विशाल सफलता का रहस्य? उन्होंने प्रारम्भ से ही यह सीख लिया था कि लोगों को प्रभावित कैसे करना चाहिए। स्कूल तो वे बस चार साल गये थे, लेकिन लोक-व्यवहार की पाठशाला के वे एक निपुण विद्यार्थी थे।

एक बार उनकी एक रिश्तेदार अपने दोनों बच्चों को लेकर बेहद चिन्तित थीं। वे येल में रहते थे और इतने व्यस्त थे कि उन्हें घर पर चिट्ठी लिखने की याद ही नहीं रहती थी। यहाँ तक कि वे तो अपनी माँ की चिट्ठियों का भी उत्तर नहीं देते थे। इस पर कारनेगी ने अपनी इस रिश्तेदार से सौ डालर की शर्त लगा ली कि वह लौटती डाक से चिट्ठी के अपने उत्तर मँगाकर दिखायेगा तथा उत्तर देने के लिए उन बच्चों को विवश भी नहीं करेगा। शर्त लगाने के पश्चात् कारनेगी ने उन बच्चों को एक लम्बी-सी चिट्ठी लिख दी तथा अन्त में यह भी लिख दिया कि वह प्रत्येक के लिए पाँच डालर का नोट साथ में भेज रहा है, लेकिन कारनेगी ने कोई भी नोट नहीं भेजा था और फिर चमत्कार हो गया। लौटती डाक से उनकी चिट्ठी का उत्तर आया, जिसमें 'प्यारे अंकल एण्ड्रयू' को धन्यवाद दिया गया था और उसके बाद क्या लिखा होगा, यह तो आप स्वयं समझ सकते हैं।

स्वयं की बात को मनवाने का एक और उदाहरण क्लीवलैण्ड, ओहियो के स्टैन नोवाक का है, जिन्होंने हमारे प्रशिक्षण में भाग लिया था। एक दिन शाम को घर लौटने पर स्टैन ने देखा कि उनका सबसे छोटा बेटा टिम फर्श पर बैठा-बैठा पैर पटक-पटक पर चीख-चिल्ला रहा था। कारण उसे अगले दिन से किण्डरगार्टन स्कूल में जाना था और वह इसके लिए तैयार नहीं

था। यदि कोई अन्य होता, तो ऐसे समय में जबर्दस्ती उसको कमरे में भेजकर उससे सख्ती से पेश आता, लेकिन उस शाम स्टैन को यह एहसास हो गया कि अगर यह ऐसा करेगा, तो टिम सही मानसिकता के साथ स्कूल नहीं जा पायेगा, फिर स्टैन ने अपने-आप को टिम के स्थान पर रखकर सोचना शुरू किया- 'अगर मैं टिम की जगह होता, तो मैं स्कूल जाने के लिए क्यों उत्साहित होता?' फिर उसकी पत्नी ने तथा उसने मिलकर टिम की रुचिकर बातों की एक सूची बनाई। टिम को फिंगर पेंटिंग, गाना गाने तथा नये दोस्त बनाना पसन्द था, फिर घर के सब लोग काम में लग गये।' हम सबने फिंगर पेंटिंग करना प्रारम्भ कर दी। कमाल हो गया, मेरी पत्नी लिल, मेरे बड़े बेटे बॉब तथा मुझे भी इसमें मजा आने लगा, फिर टिम ने भी दरवाजे से बाहर झाँककर देखा, फिर वह कहने लगा कि हम सब उसे भी इस खेल का हिस्सा बना लें, फिर मैंने उसको उसकी ही भाषा में यह समझाया कि फिंगर पेंटिंग सीखने के लिए उसे किंडरगार्टन में जाना होगा। वहाँ पर उसे और भी मजेदार खेल सिखाये जायेंगे। अगली सुबह जब मैं काफी जल्दी उठ गया, तो मैंने देखा कि टिम लिविंग रूम की कुर्सी पर बैठा-बैठा सो रहा था। मैंने पूछा कि तुम यहाँ क्या कर रहे हो, तो उसने कहा कि 'मैं तो किंडरगार्टन जाने की प्रतीक्षा कर रहा हूँ। मैं नहीं चाहता कि मैं वहाँ देर से पहुँच पाऊँ।' तो जरा सोचिए कि किस तरह से हमारे पूरे परिवार के उत्साह ने टिम में यह प्रबल इच्छा जाग्रत कर दी थी, जो किसी धमकी या डर से पैदा नहीं हो सकती थी।

अगली बार जब आपको भी किसी को कोई काम करने के लिए मनाना पड़े, तो पहले स्वयं से पूछें- ' 'मैं इस व्यक्ति में यह काम करने की इच्छा कैसे जाग्रत कर सकता हूँ ?' इस प्रश्न से एक लाभ यह होगा कि हम बिना जाने-बूझे किसी परिस्थिति में कूदने से तथा अपनी इच्छाओं के बारे में अर्थहीन बातें करने से बच जायेंगे।

काफी समय पहले मैं न्यूयॉर्क के एक होटल के बॉलरूम को बीस रातों के लिए किराये पर ले लेता था, जिससे मैं वहाँ पर अपनी व्याख्यान माला का आयोजन कर पाऊँ, लेकिन एक बार अचानक मुझे यह सूचना दी गई कि इस बार मुझे पहले से तीन गुना ज्यादा किराया देना पड़ेगा। एक बात और कि यह खबर जब तक मेरे पास पहुँचती, उससे पहले ही टिकट छपकर बँट भी चुके थे तथा व्याख्यान माला का सारा प्रचार-कार्य भी हो चुका था।

साफ-सी बात थी कि मैं इतना अधिक किराया नहीं देना चाहता था, लेकिन होटल वाले मेरी इच्छा के अनुसार तो नहीं चलेंगे। होटल का मालिक मेरी इच्छा के हिसाब से नहीं,. बल्कि अपनी इच्छा के हिसाब से काम करता था। मैं दो दिनों बाद मैनेजर से मिलने गया तथा मैंने उससे कहा- 'हालाँकि आपका पत्र पढ़कर मुझे बहुत धक्का लगा है, लेकिन इसके लिए मैं आपको दोषी नहीं मानता। आपके स्थान पर यदि मैं होता, तो मैं भी आपको इसी प्रकार का पत्र लिखता। आप होटल के मैनेजर हैं और जाहिर-सी बात है, आप अधिक-से-अधिक लाभ कमाना चाहेंगे। आपके ऐसा न करने पर आपकी नौकरी भी जा सकती है। अब हम ऐसा करते हैं कि एक कागज पर यह लिख लें कि किराया बढ़ाने से आपको कौन-कौन से फायदे होंगे तथा कौन-कौन-सी हानियाँ?'

मैंने एक पेपर उठाकर उसके बीचों बीच एक लाइन खींच दी तथा एक ओर 'फायदे' तथा दूसरी ओर 'नुकसान' शीर्षक लिख दिया।

सबसे पहले मैंने लाभ वाली ओर लिखा- 'बॉलरूम फ्री', आपको लाभ यह होगा कि डाँस तथा अन्य अवसरों के लिए आपका बॉलरूम खाली रहेगा। इससे आपको बहुत लाभ होगा, क्योंकि जितना पैसा आप इन आयोजनों से कमा सकते हैं, उतना पैसा व्याख्यान माला के लिए किराये पर देने से जमा रहेगा, जिससे नि:सन्देह आपके हाथ से लाभ के कई अवसर छूट जायेंगे।

'अब हमें हानियों पर भी ध्यान देना है। सबसे पहली बात तो यह है कि मुझे बॉलरूम किराये पर देने से आपकी आमदनी बढ़ने के स्थान पर घट जायेगी। दरअसल आपको बिल्कुल भी आमदनी नहीं होगी, क्योंकि जितना किराया आप माँग रहे हैं, उतना किराया तो मैं बिल्कुल भी नहीं दे पाऊँगा। विवशता में आयोजन कैंसिल करना होगा।'

'लेकिन इससे भी बड़ा एक और नुकसान है, जो आपको सहना पड़ेगा। मेरी व्याख्यान माला में अनेक सुसंस्कृत तथा पढ़े-लिखे लोग आपके होटल में आते हैं, जिससे आपके होटल का अपने-आप ही प्रचार हो जाता है। यदि आप अपने होटल का विज्ञापन किसी अखबार आदि में भी देंगे, तो भी इतने लोग आपके होटल में नहीं आयेंगे, जितने कि मेरी व्याख्यान माला में आते हैं। इसके अलावा आपको विज्ञापन के लिए कम-से-कम पाँच हजार डॉलर तो जरूर खर्च करने होंगे। तो फिर मेरी व्याख्यान माला तो अपने-आप ही आपके होटल की अच्छी पब्लिसिटी का माध्यम है। अपनी बात स्पष्ट करते समय मैंने दोनों 'नुकसानों' को उनके सही कॉलम में लिख दिया तथा फिर उस पेपर को मैनेजर को पकड़ाते हुए कहा- 'मैं चाहता हूँ कि आप लाभ तथा नुकसान दोनों के बारे में ठण्डे दिमाग से सोच लें तथा फिर मुझे अपना अन्तिम निर्णय सुना दें।'

मैं तो यह देखकर चकित रह गया, जब उस मैनेजर का एक पत्र मुझे मिला, जिसमें उसने मेरा किराया 300 प्रतिशत के स्थान पर केवल 50 प्रतिशत ही बढ़ाया था।

आप इस बात पर भी ध्यान दीजिए कि मैंने यह छूट पाने के लिए अपनी इच्छा मैनेजर को नहीं बताई थी। मैंने तो उसी के बारे में सोचा था कि वह कैसे अपनी मनचाही चीज प्राप्त कर सकता था। अगर मैंने भी वैसा ही किया होता, जैसा कि एक सामान्य व्यक्ति करता है कि उसके ऑफिस का दरवाजे पटकते हुए अन्दर घुस जाता और उससे कहने लगता कि यह तो सरासर अन्याय है कि आपने इतना किराया बढ़ा दिया। अब तो मेरे सारे टिकट भी छप चुके हैं, मैं इतना किराया किसी हालत में भी नहीं दूँगा। तब उसका क्या परिणाम निकलता? होटल मैनेजर तो और भी ज्यादा इस बात पर अड़ जाता, फिर गरमागरमी होती, बहस होती, तनातनी होती और परिणाम सब निरर्थक। चाहे मैं कितनी भी कोशिश क्यों न, कर लेता, वह अपनी गलती कभी भी नहीं मानता और न ही मेरी बात मानता।

हेनरी फोर्ड ने भी मानवीय सम्बन्धों की कला की बड़ी सुन्दर व्याख्या की है- 'सफलता का सिर्फ एक ही रहस्य है और वह यह कि हममें वह क्षमता हो कि हम अपने सामने वाले का दृष्टिकोण, उसकी मानसिकता को समझ सकें तथा किसी भी घटना को केवल अपने दृष्टिकोण से ही न देखें।' यह कहावत इतनी स्पष्ट तथा सरल है कि हमें इसकी सच्चाई को पहली ही बार में समझ लेना चाहिए, लेकिन फिर भी 90 प्रतिशत से अधिक व्यक्ति 90 प्रतिशत से अधिक समय इसे अनदेखा करने में नष्ट करते हैं।

इस बात का एक और ज्वलन्त उदाहरण है। प्रतिदिन सुबह डाक से आई चिट्ठियों पर नजर डालिए, तो आपको पता चल जायेगा कि अधिकतर लोग कॉमन सेंस के इस अत्यन्त उपयोगी

सिद्धान्त की उपेक्षा करके इसकी आलोचना करते हैं। अब आप इस पत्र को ही लें, जिसे एक विज्ञापन एजेंसी के प्रमुख ने लिखा है और जिसके ऑफिस पूरे महाद्वीप में फैले हुए है। यह पत्र देश-भर के सभी स्थानीय रेडियो स्टेशनों के मैनेजरों को भिजवाया गया था (मैंने हर पैराग्राफ़ की अपनी प्रतिक्रिया उसके साथ में ही लिखी है)।

मि. जॉन ब्लैक,
ब्लैकविले,
इण्डियाना
माई डियर मि. ब्लैक

कंपनी रेडियो के क्षेत्र में एडवर्टाइजिंग एजेंसी के उच्चतम शिखर पर अपनी स्थिति को हमेशा कायम रखना चाहती है।

मेरी प्रतिक्रिया यह है- 'तुम्हारी कम्पनी क्या चाहती है ? इसकी परवाह कौन करता है ? तो मैं स्वयं ही अपनी समस्याओं से घिरा हुआ हूँ। मेरे मकान के कर्ज को बैंक फोरक्लोज कर रहा है। स्टॉक मार्केट नीचे गिरता जा रहा है। आज सुबह मेरी ट्रेन भी छूट गई, मुझे इसीलिए ज्यादा पैसे खर्च करके बस से जाना पड़ा। पिछली रात को मेरे पड़ोसी ने मुझे डांस पार्टी में भी नहीं बुलाया। डॉक्टरों ने पहले ही बता दिया है कि मैं उच्च रक्तचाप से ग्रस्त हूँ। सिर में भी दर्द रहता है। मैं परेशान होकर ऑफिस जाता हूँ अपनी डाक खोलता हूँ और वहाँ न्यूयार्क में बैठा एक घमण्डी इस बात पर डींगे हांक रहा है कि उसकी कम्पनी क्या चाहती है ? बकवास है, सब कुछ।

इस एजेंसी के राष्ट्रीय एडवर्टाइज़िंग अकाउंटस नेटवर्क के आधार स्तम्भ थे। प्रति वर्ष हम इतना अधिक विज्ञापन करते हैं कि और सभी एजेन्सियों से आगे है तथा इस बिजनेस में टॉप पर बैठे है।

मेरी प्रतिक्रिया यह है कि तुम बहुत महान् हो, धनी हो, टॉपर हो, क्या यह सच है ? अगर हो भी, तो उससे क्या अन्तर पड़ता है ? मुझे तो इस बात से बिल्कुल भी अन्तर नहीं पड़ता। अब चाहें तुम अमेरिका के जनरल मोटर्स तथा जनरल इलेक्ट्रिक तथा जनरल स्टाफ जितने बड़े हो जाओ। मेरी दृष्टि में तो तुम एकदम मूर्ख हो। यदि तुममें जरा-सी भी बुद्धि होती, तो तुम्हें यह अनुभव अवश्य होता कि मेरी रुचि इस बात में क्यों होगी कि तुम कितने महान् हो। मैं तो अवश्य ही महान् दिखाना चाहता हूँ। तुम्हारी इस अभूतपूर्व सफलता की चर्चा तो मुझे छोटा होने की अनुभूति करा रही है तथा मैं स्वयं को महत्त्वहीन समझ रहा हूँ।

हम तो केवल यही चाहते है कि रेडियो के माध्यम से अपने ग्राहकों की बेहतरीन सेवा कर सकें।

मेरी प्रतिक्रिया यह है-मैं यह चाहता हूँ। हम यह चाहते हैं। बार-बार तुम यही बताते जा रहे हो। मेरी इस बात में कोई रुचि नहीं है कि तुम अमेरिका के राष्ट्रपति हो या फिर सड़क चलते भिखारी। मैं तुम्हें आखिरी बार बता दूँ कि मेरी रुचि तो इस बात में है कि मैं क्या चाहता हूँ और तुम्हारे इस बेवकूफी भरे पत्र में कहीं भी इस बारे में एक भी शब्द नहीं लिखा गया है।

इसलिए क्या आप.. कम्पनी का नाम साप्ताहिक स्टेशन जानकारी की अपनी विशेष सूची में जोड़ पायेंगे? बुद्धिमत्तापूर्ण बुकिंग के समय के लिए विकृत जानकारी एजेंसी के लिए बहुत उपयोगी तथा कारगर सिद्ध होगी?

मेरी प्रतिक्रिया यह है- 'विशेष' सूची। तुम्हारा इतना साहस। पहले तो तुमने अपनी कम्पनी के गुणों की महिमा सुना-सुनाकर मुझे अपनी ही दृष्टि में महत्त्वहीन बना दिया और अब तुम मुझसे यह आशा संजोये बैठे हो कि मैं तुम्हारी कम्पनी को 'विशेष' सूची में नामांकित कर दूँ और तुम इतने कृतघ्न हो कि तुमने 'कृपया' तक लिखने का कष्ट नहीं किया।

इस खत की तुरन्त पावती भेजें और यह भी बतायें कि हम वर्तमान समय में क्या कर रहे है. ? मुझे पूरी उम्मीद है कि परस्पर सहयोग हम दोनों के लिए ही लाभकारी सिद्ध होगा।

मेरी प्रतिक्रिया इस प्रकार है- अरे मूर्ख व्यक्ति। तुमने तो मुझे एक निरर्थक-सा खत भेज दिया। एक ऐसा खत, जो ठीक उसी प्रकार बिखरा हुआ है, जिस प्रकार से पतझड़ में पेड़ों की पत्तियाँ बिखर जाती हैं। मैं तो अपने कर्ज, अपने रक्तचाप के बारे में पहले से ही बहुत चिन्तित हूँ, ऐसे में तुम मुझसे उम्मीद कर रहे हो कि मैं तसल्ली से बैठकर तुम्हारे पत्र को पढ़ूँ तथा उसकी पावती भी भेजूँ और वह भी तुरन्त। अरे, मैं खाली बैठा हूँ क्या? और हां, एक बात और, तुम मुझ पर आदेश चलाने वाले होते कौन हो। तुम्हारा कहना है कि इससे हम दोनों को ही लाभ होगा। चलो, तुमने मेरे बारे में सोचा तो सही, लेकिन मुझे तुम्हारे लाभ का तो पता है, हां, मुझे क्या लाभ होने वाला है, इस बारे में तुमने कुछ भी साफ-साफ नहीं लिखा है।)

-आपका अपना<br>जॉन डी<br>मैनेजर रेडियो विभाग

पुनश्चः ब्लैकविले जनरल से संलग्न रिप्रिंट आपको अवश्य पसन्द आएगा और 'आप इसे अपने स्टेशन पर प्रसारित करना चाहेंगे। मेरी प्रतिक्रिया इस प्रकार है। (चलो, तुमने पुनश्च वाले कॉलम में किसी ऐसी बात का उल्लेख तो किया, जो मेरे काम की है, फिर तुमने इसी बात से अपना पत्र प्रारम्भ क्यों नहीं किया? अब उसका कोई लाभ नहीं है। विज्ञापन जगत का एक ऐसा व्यक्ति, जो इतनी अधिक अनावश्यक बातें लिखकर दूसरों का समय नष्ट करने का अपराधी हो, वह निश्चित रूप से किसी मानसिक बीमारी का शिकार होगा। तुम यह क्यों जानना चाहते हो कि हम वर्तमान में क्या कर रहे हैं? तुम्हें तो बस अपनी थाइराइड ग्लैण्ड के लिए थोड़े से आयोडीन की आवश्यकता है।)

अब आप ही बताइए कि जिन लोगों का विज्ञापन जगत से इतना लम्बा सम्बन्ध रहा हो तथा जो लोग दूसरों को अपना गुलाम बनाने के लिए प्रभावशाली कला-विशेषज्ञ होने का दावा करते हैं, यदि ऐसे लोग ही इतनी बेवकूफी भरी चिट्ठी लिखते हैं, तो फिर एक मामूली से बुचर और बेकर या ऑटो मैकेनिक से आप क्या आशा कर सकते हैं?

अब यहाँ पर एक पत्र दिया जा रहा है, जिसे एक बड़े फ्रेट टर्मिनल के सुपरिंटेंडेंट ने हमारे कोर्स के एक विद्यार्थी एडवर्ड वार्मिलन को लिखा था। अब इस पत्र का उस विद्यार्थी पर क्या प्रभाव पड़ा होगा, आप पहले स्वयं इसे पढ़ लीजिए, फिर मैं आपको बताऊँगा।

बी. झेरेगाज, सन्स इंक
28, फ्रण्ट स्ट्रीट
बुक्रलिन, न्यूयॉर्क 11201
प्रति मि. एडवर्ड वर्मिलन

**प्रिय महोदय,**

हमारे सभी ग्राहक अपना अधिकतर सामान शाम को ही भिजवाते हैं, इसीलिए उस माल को बाहर भिजवाने में हमें बहुत परेशानी का सामना करना पड़ता है। इसी कारण हमारे यहाँ प्राय: भीड़ इकट्ठी हो जाती है। हमारे कर्मचारियों को छुट्टी के समय में भी काम करना पड़ता है। हमारे ट्रक देरी से निकल पाते हैं तथा कई बार तो माल पहुँचने में भी देर हो जाती है। 10 नवम्बर को आपकी कम्पनी ने जो 510 वस्तुओं की वापसी हमारे यहाँ भेजा था, वह भी हमें शाम को ही 4 बजकर 20 मिनट पर प्राप्त हुआ था।

इन परेशानियों से निबटने के लिए हमें आपके सहयोग की सख्त जरूरत है। क्या आप इतना कष्ट कर सकते हैं कि आगे से जब भी आपको माल भिजवाना हो, ऐसा प्रयास करें कि या तो आपका ट्रक हमारे यहाँ जल्दी पहुँच जाये या फिर कुछ माल आप सुबह को ही भिजवा दें। इस प्रकार की व्यवस्था करने से आपको भी लाभ होगा, क्योंकि इससे आपके ट्रक जल्दी ही खाली हो जायेंगे तथा आपको यह भी निश्चिन्तता हो जायेगी कि आपका माल उचित समय पर उसी दिन निकल जायेगा।

-आपका अपना
जे.बी. सुपरिटेण्डेण्ट

अब इस पत्र को पढ़कर बी. जेरेगाज संस, इंक. के सेल्स मैनेजर मि. वर्मिलन पर इसकी क्या प्रतिक्रिया हुई, इस बारे में उन्होंने मुझे यह लिखकर भेजा-

'मुझ पर तो इस पत्र का विपरीत ही प्रभाव पड़ा। प्रारम्भ से ही उन्होंने अपने पत्र में अपनी ही समस्याओं का रोना रोया था और इस बात में मेरी कोई भी रुचि नहीं थी। वे हमसे सहयोग तो माँग रहे थे, लेकिन उन्होंने हमसे एक बार भी यह नहीं पूछा कि क्या इन सब बदलावों से हमें भी कोई परेशानी होगी।

और अन्त में उन्होंने यह और लिख दिया कि यदि हम उनके अनुसार करेंगे, तो उससे हमारा भी लाभ होगा कि हमारा माल उसी दिन तुरन्त रवाना हो सकेगा।

इस बात को दूसरे शब्दों में ऐसे कहा जा सकता है कि जिस बात में हमारी सबसे अधिक रुचि थी, उस बात को अन्त में लिखा था, इसीलिए इस पत्र का सकारात्मक प्रभाव होने के बजाय प्रभाव नकारात्मक हो गया था।

अब हम इस पत्र में कुछ अदला-बदली करते हैं और फिर देखते हैं कि इसका प्रभाव सकारात्मक होगा या फिर नकारात्मक? हम अपनी समस्याओं का रोना नहीं रोयेंगे। हम तो हेनरी फोर्ड के नजरिये को ध्यान में रखते हुए इस पत्र में अदला-बदली करेंगे।

इस पत्र को सही तरीके से कुछ इस प्रकार लिखा जा सकता है। यह तो सम्भव है कि यह तरीका भी सर्वश्रेष्ठ न हो, फिर भी पहले वाले से तो अच्छा ही है-

मिस्टर एडवर्ड विमिलन
ए. झेरेगाज, संस, इंक
28 फ्रण्ट स्ट्रीट
ब्रुकलिन, न्यूयॉर्क 11201
प्रिय वर्मिलन साहब,

आपकी कंपनी पिछले चौदह-पन्द्रह वर्षों से हमारे साथ अच्छा व्यापार कर रही है और हम हृदय से आपके प्रति अपनी कृतज्ञता प्रकट करते हैं कि आप इतने लम्बे समय से हमारे अच्छे ग्राहक हैं। हम आपको और भी अच्छी तथा त्वरित सेवाएँ प्रदान करना चाहते हैं, लेकिन हमें अत्यन्त दु:ख है कि जब आपके ट्रक शाम को देर से माल लेकर हमारे यहाँ पहुँचते हैं (जैसा कि 10 नवम्बर को भी हुआ था), तो ऐसा कर पाना हमारे लिए हमेशा सम्भव नहीं हो पाता। हम तो पूरी कोशिश करते हैं, लेकिन कई दूसरे ग्राहक भी शाम को ही देर से अपना माल हमारे यहाँ भेजते हैं।

इसी कारण हमारे यहाँ काफी भीड़ एकत्रित हो जाती है। इसका परिणाम यह निकलता है कि आपके ट्रकों को काफी देर तक यहाँ रुकना पड़ता है और इसी कारण आपका माल भी देर से पहुँचता है। इसमें आपका और हमारा दोनों का ही समय भी बर्बाद होता है। ऐसा हम दोनों के लिए ही हानिकारक है। इसलिए इससे बचने के उपाय ढूंढ़ने चाहिए। यदि आप अपना माल सुबह के समय भिजवा दें, तो आपका ट्रक जल्दी से खाली हो जाया करेंगे, आपका माल समय पर भी पहुँच सकेगा तथा हमारे कर्मचारी आपके द्वारा बनाये गये मैकेरोनी तथा नूडल्स आदि का स्वादिष्ट भोजन करने के लिए समय से घर पहुँच सकेंगे।

हमें तो बस आपको बेहतरीन तथा त्वरित सेवाएँ प्रदान करने में ही आनन्द आयेगा, चाहे आपका माल कभी भी पहुँचे। हमें मालूम है कि आप बहुत व्यस्त रहते हैं, इसलिए इस पत्र का उत्तर देने का कष्ट बिल्कुल भी न करें।

-आपका अपना
जे.बी. सुपरिटेण्डेण्ट

न्यूयॉर्क के एक बैंक में कार्यरत 'बारबरा एण्डरसन, फीनिक्स एरिजोना में रहना चाहती थी कि क्योंकि उसके बच्चे का स्वास्थ्य ठीक नहीं रहता था। हमारे कोर्स में सीखे गये सिद्धांतों का सही तरीके से प्रयोग करते हुए उसने फीनिक्स के बारह-तेरह बैंकों को यह पत्र लिखा-

**डियर सर,**

आपके बैंक के विकास हेतु मेरा दस वर्ष का अनुभव काफी काम आ सकता है। इस समय मैं न्यूयॉर्क की बैंकर्स ट्रस्ट कम्पनी में ब्रांच मैनेजर के पद पर कार्यरत हूँ लेकिन इससे पहले मैं कई पदों पर काम कर चुकी हूँ। मुझे बैंकिंग के सभी पहलुओं, जैसे क्रेडिट, लोन, टेलर तथा प्रशासन आदि सभी का अच्छा ज्ञान है। मैं मई के महीने से फ़ीनिक्स में रहने आ रही हूँ और मुझे पूरा विश्वास है कि मेरी सेवाएँ आपके बैंक के विकास के लिए लाभदायक सिद्ध होंगी। मैं 3 अप्रैल वाले हफ्ते में फ़ीनिक्स में ही रहूँगी और मैं चाहती हूँ कि आप देख लें कि मैं किस प्रकार आपके बैंक के लक्ष्यों को प्राप्त करने में आपकी मदद कर सकती हूँ।

-आपकी आभारी
वारबरा एल. एंडरसन

अब आपको क्या लगता है कि मिसेज एण्डरसन को अपने इस पत्र का जवाब मिला होगा या नहीं? मुझे तो लगता है कि एक-आध बैंक को छोड़कर सभी ने उनके इस पत्र का जवाब जरूर दिया होगा, क्योंकि एंडरसन ने कहीं भी यह नहीं बताया था कि वे क्या चाहती हैं? बल्कि उन्होंने केवल बैंक के विकास के लिए अपनी अच्छी सेवाएँ देने के बारे में कहा था। उनका पूरा ध्यान बैंक की सेवाओं पर केन्द्रित था, न कि अपनी स्वयं की इच्छापूर्ति पर।

आज आपको अनगिनत सेल्समैन फुटपाथ पर हताश चिन्तित थके-हारे से घूमते दिख जाएंगे। कारण फिर वही। वे केवल अपने लाभ, अपनी आवश्यकताओं के बारे में ही सोचते हैं। कभी भी इस बात पर ध्यान नहीं देते कि मैं या आप वह चीज क्यों खरीदें? लेकिन हर कोई हमेशा अपनी ही समस्या को सुलझाना चाहता है। यदि सेल्समैन हमें अपनी बातों से यह अनुभव करा दें कि उसके माल को खरीद कर हमारी समस्याएँ क्यों और कैसे सुलझ सकती हैं, तो उसे अपना माल बेचने की आवश्यकता ही नहीं पड़ेगी। हम तो अपने-आप ही उसका सामान खरीदने में रुचि दिखायेंगे। एक और पते की बात, ग्राहक को हमेशा यह एहसास होना चाहिए कि वह सामान खरीद रहा है, न कि यह कि कोई सामान आपको जबर्दस्ती बेचा जा रहा है।

यही तो कारण होता है कि बहुत से सेल्समैन जीवन-भर सफल नहीं हो पाते क्योंकि वे हमेशा ही अपने दृष्टिकोण से देखते हैं, न कि ग्राहक के दृष्टिकोण से। इसी का एक उदाहरण यहाँ प्रस्तुत है। कई वर्षों तक मैं फॉरेस्ट हिल्स में रहा हूँ। जो ग्रेटर न्यूयॉर्क के मध्य में निजी मकानों की एक छोटी-सी कॉलोनी थी। एक बार मैं तेजी से स्टेशन की तरफ जा रहा था कि अचानक मेरी मुलाकात एक रियल एस्टेट ऑपरेटर से हो गई, जो उस इलाके में कई वर्षों से जमीन-जायदाद खरीदने-बेचने का काम कर रहा था। उसे फॉरेस्ट हिल्स की भी अच्छी जानकारी थी इसीलिए मैंने उससे पूछ लिया कि मेरा स्टको घर मेटल लैथ से बना है या हॉलो टाइल्स से। उसने कह दिया कि वह इस बारे में नहीं जानता। लेकिन अपने-आप ही उसने मुझे एक ऐसी बात भी बताई, जो मुझे पहले से ही मालूम थी कि मैं इसकी जानकारी फॉरेस्ट हिल्स गार्डन एसोसियेशन से ले सकता हूँ। अगली सुबह उसका एक पत्र मुझे मिला, लेकिन उस पत्र में उसने मेरे मकान के बारे में कोई जानकारी नहीं दी थी, जबकि वह मिनटों में यह जानकारी प्राप्त कर सकता था, लेकिन उसने जरा-सा भी कष्ट नहीं उठाना चाहा। उसने मुझे एक बार फिर यह बताया कि इसकी जानकारी मैं टेलीफोन करके ले सकता हूँ और फिर बाद में यह भी कह दिया कि मैं उससे अपना जीवन बीमा करवा लूँ। मतलब वह केवल अपने स्वार्थ की सिद्धि करना चाहता था और कोई मदद करने में उसकी जरा-सी भी दिलचस्पी नहीं थी।

बर्मिंघम, अलबामा के जे.हॉवर्ड ल्यूकास ने हमें एक ही कम्पनी के दो सेल्समैनों के विषय में बताया, जिन्होंने एक जैसी परिस्थितियों में भिन्न-भिन्न तरीके से काम किया- 'कई वर्षों पहले मैं एक छोटी-सी कम्पनी में ही मैनेजमेण्ट टीम का हिस्सा था। हमारे ऑफिस के निकट में एक बहुत बड़ी बीमा कम्पनी का डिस्ट्रिक्ट हेडक्वार्टर था। हर इलाके के कुछ एजेण्ट निश्चित कर दिये गये थे तथा इसी नियम के अनुसार हमारी कम्पनी के हिस्से में दो एजेण्ट आये थे, जिनके नाम मैंने जॉन एवं कार्ल रख दिये थे।

'फिर एक दिन कार्ल हमारे ऑफिस में आकर बताने लगा कि उसकी कम्पनी ने एक्जीक्यूटिव्ज के लिए एक नयी बीमा पॉलिसी प्रारम्भ की है, जिसमें हमारी बाद में रुचि पैदा

हो सकती है और जब पॉलिसी के बारे में सब कुछ साफ-साफ पता चल जायेगा, तो वह फिर से हमारे पास आयेगा।

'जॉन ने भी उसी दिन हमें फुटपाथ पर देख लिया और वह भी चिल्लाकर कहने लगा- ल्यूक! जरा रुको तो, मेरे पास आप लोगों के लिए एक शानदार सूचना है। उसने उत्साहपूर्वक रोमांचित होते हुए कहा कि उसकी कम्पनी ने एक बड़ी ही शानदार पॉलिसी शुरू की है। इसी पॉलिसी के बारे में कार्ल ने बड़े आसान ढंग में जिक्र किया था, फिर जॉन ने कहा कि मैं चाहता हूँ कि आप इसके पहले ग्राहक बन जायें, फिर उसने हमें उस पॉलिसी की विस्तारपूर्वक जानकारी दी तथा अपनी बात को यह कहते हुए विराम चिह्न लगाया कि 'यह पॉलिसी एकदम नयी-नवेली है और मैं कल ही ऑफिस जाकर इसकी पूरी जानकारी प्राप्त कर लूँगा। इस अवधि में हम दूसरी सारी औपचारिकताएँ पूरी कर लें तथा फॉर्म आदि हस्ताक्षर करके भिजवा दें, जिससे कम्पनी व्यक्तिगत सेवाएँ भी आपको प्रदान कर सके। '

उसकी बातें इतनी उत्साहपूर्वक थीं कि हम भी बहुत उत्सुक हो गये उस पॉलिसी को कराने के लिए, जबकि हमें उस पॉलिसी की ज्यादा जानकारी भी नहीं थी। बाद में हमें जो भी जानकारी मिली, वह जॉन द्वारा बतायी गई जानकारी के अनुसार ही थी और उसका परिणाम यह निकला कि जॉन ने हममें से प्रत्येक को एक पॉलिसी बेच दी, बल्कि इससे हमारा कवरेज भी कई गुना बढ़ गया। 'हम यह पॉलिसी कार्ल के माध्यम से खरीद सकते थे, लेकिन उसने तो हमारी इच्छा रूपी आग को हवा देने की कोशिश भी नहीं की थी।'

यह पूरा संसार स्वार्थी लोगों का जमघट है, जो केवल अपना ही भला चाहते हैं, दूसरे की कोई फिक्र नहीं करते, लेकिन स्वार्थी लोगों की भीड़ में एक-दो मनुष्य ऐसे भी मिल जाते है, जो निःस्वार्थ भाव से दूसरों की मदद करना चाहते हैं। ऐसे लोग स्वयं का लाभ कभी नहीं चाहते, फिर भी यह लाभ उन्हें अपने आप मिल जाता है। कारण, ऐसे लोगों के प्रतियोगी नाममात्र के ही होते हैं। ओवेन डी. यंग, जो अमेरिका के प्रसिद्ध वकील एवं महान् बिजनेस लीडर थे, उन्होंने एक बार कहा था- 'जो व्यक्ति स्वयं को दूसरों के स्थान पर रख सकते हैं, जो दूसरों के मस्तिष्क के काम करने की योजना को समझ जाते हैं, उन्हें तो इस बात की चिन्ता कभी भी नहीं करना चाहिए कि उनका भविष्य उज्ज्वल होगा या अंधकारमय।'

तो यदि आप इस पुस्तक को पढ़कर केवल यही एक बात गाँठ बाँध लें कि किस प्रकार से दूसरे व्यक्ति के दृष्टिकोण से सोचा जा सकता है तथा स्थिति को दृष्टिकोण के नजरिये से देखा जा सकता है, तो यह आपके जीवन में मील का पत्थर साबित हो सकता है।

किसी दूसरे व्यक्ति के दृष्टिकोण से स्थिति को देखने तथा किसी काम की इच्छा जाग्रत करने का यह मतलब बिल्कुल नहीं है कि आप सामने वाले व्यक्ति का शारीरिक या मानसिक शोषण करना चाहते हैं या फिर उसका उल्लू सीधा करके कोई काम निकालना चाहते हों। आपको कोई ऐसा रास्ता निकालना है, जिसमें दोनों का ही लाभ हो। जैसा कि मिस्टर वर्मिलन द्वारा लिखे गये सुझावों पर अमल करने से पत्र भेजने वाले तथा पत्र प्राप्त करने वाले दोनों का ही लाभ हुआ। मिसेज एण्डरसन तथा बैंक दोनों को ही उस पत्र से लाभ हुआ, क्योंकि मिसेज एण्डरसन को एक बहुत अच्छी मनचाही नौकरी मिल गई थी तथा बैंक को एक बढ़िया तथा योग्य कर्मचारी मिल गया था। उसी प्रकार बीमा करने वाले मि. जॉन को मि. क्लास के बीमे का कमीशन मिल गया था तथा उधर मि. ल्यूकास को भी एक बढ़िया बीमा पॉलिसी प्राप्त हो गई थी।

शेल ऑइल कम्पनी के माइकल ई. व्हिडन का अनुभव भी इसी बात का उल्लेख करता है कि किस प्रकार दूसरे व्यक्ति में काम करने के प्रति रुचि पैदा करके दोनों पक्षों को लाभ पहुँचाया जा सकता है। माइकल वारविक, रोड आइलैण्ड में इस कम्पनी का टेरिटरी सेल्समैन है। माइक चाहता था कि वह अपने जिले के टॉप सेल्समैन बन जाये, लेकिन एक सर्विस स्टेशन के कारण वह टॉप का सेल्समैन नहीं बन पा रहा था। इस स्टेशन का मालिक बूढ़ा हो चुका था तथा वह आधुनिकीकरण के पक्ष में नहीं था। इस स्टेशन की हालत काफी खराब तथा खस्ताहाल थी। इसलिए वहाँ पर बिक्री लगातार कम होती जा रही थी।

माइक ने बहुत कोशिश की कि मैनेजर को राजी कर सके कि वह स्टेशन का आधुनिकीकरण करा ले, लेकिन माइक को इन बहसों का कोई भी लाभ होता नहीं दिख रहा था, फिर माइक ने निर्णय किया कि वह मैनेजर को अपने इलाके का सबसे नया शेल स्टेशन दिखाने ले जायेगा। नये स्टेशन की सुविधाओं को देखकर मैनेजर दंग रह गया तथा माइक के आश्चर्य की कोई सीमा न रही, बाद में जब उसने देखा कि मैनेजर ने भी अपने स्टेशन का नवीकरण करवा लिया था और उसकी बिक्री में भी बढ़ोत्तरी हुई थी, फिर माइक अपने जिले के टॉप स्पॉट पर पहुँच गया। तो वही बात चर्चाओं से, बहसों से, तर्क-वितर्क से कोई लाभ नहीं हुआ। मैनेजर के मन में तीव्र इच्छा जाग्रत करने से उसे आधुनिक स्टेशन दिखाने से लाभ भी दोनों का हुआ। माइक का भी और मैनेजर का भी।

अधिकांश विद्यार्थी कॉलेज जाकर वर्जिल पढ़ना तो सीख लेते है, वे कैलकुलस के रहस्य भी जान जाते हैं, लेकिन यह बात कभी भी नहीं जान पाते कि उनके मस्तिष्क काम किस प्रकार से करते हैं। उदाहरण के लिए एक बार मैंने इफेक्टिव स्पीकिंग पर नौजवान कॉलेज ग्रेजुएट्स के लिए एक कोर्स का आयोजन किया। इन सभी युवाओं को एक बड़े एयरकण्डीशनर निर्माता 'कैरियर कॉरपोरेशन' के कर्मचारी के रूप में कार्य करना था। उनमें से एक प्रतिभागी दूसरों से यह बात मनवाना चाहता था कि वे सभी खाली वक्त में बास्केटबॉल खेला करें। उसने उनसे कहा- 'मैं यह चाहता हूँ कि तुम सभी बास्केटबॉल खेलना प्रारम्भ कर दो। मैं तो यह गेम खेलने के लिए बहुत उत्सुक रहता हूँ लेकिन जिम में मुझे इस खेल के लिए पर्याप्त खिलाड़ी मिल नहीं पाते। इसलिए तुम सब आज रात को जिम में जरूर आना, क्योंकि मैं बास्केटबॉल खेलने के लिए बहुत तड़प रहा हूँ।'

तनिक ध्यान दीजिए, क्या उसने एक बार भी कभी इस बात की चिन्ता की थी कि आपकी क्या इच्छा है ? आप जिम में क्यों जाना चाहेंगे ? आप क्यों परवाह करेंगे कि वह क्या चाहता है ? इसके स्थान पर यदि उसने अपने साथियों से कहा होता कि उन्हें जिम्नैजियम में जाने से अनेक लाभ मिलेंगे, जैसे उनका उत्साह बढ़ेगा, उत्साह बढ़ेगा, तो भूख भी बढ़ेगी, फिर दिमाग तेजी से काम करेगा और खेल खेलने में आनन्द तो आयेगा ही, तो जरूर उसके साथियों ने उसकी बात पर विचार किया होता और लाभ भी दोनों का ही होता।

इसलिए मैं प्रोफेसर ओवरस्ट्रीट की लाभदायक सलाह को दोबारा दोहराना चाहता हूँ- 'सबसे पहले सामने वाले व्यक्ति में काम करने की प्रबल इच्छा जाग्रत करें। जिसने यह काम कर लिया, पूरी दुनिया उसकी मुट्ठी में हो जाएगी और जो यह करने में असफल रहेगा, वह अकेला ही रह जाएगा।

हमारे प्रशिक्षण शिविर में एक विद्यार्थी ऐसा था, जो अक्सर अपने बच्चे को लेकर चिंतित रहता था। कारण, बच्चा ठीक से खाता-पीता नहीं था, इसलिए उसका वजन भी काफी कम था। उस बच्चे पर भी माँ-बाप द्वारा वही तरीके इस्तेमाल किए गए जो हर माँ-बाप करते हैं। वे उसे डाँटते चिल्लाते रहते थे, कोई कहता था तुम जल्दी से यह खा लो, वरना पिटाई हो जाएगी तो कोई कहता था, तुम जल्दी से खाकर बड़े हो जाओ।

लेकिन क्या बच्चे ने कभी भी इन बातों को इससे ज्यादा महत्त्व दिया होगा जितना महत्त्व कोई आदमी रेत से भरे बीच पर रेत के एक अंश की ओर देता कोई बुद्धिमान व्यक्ति ऐसी उम्मीद भी नहीं करेगा कि एक तीन साल का छोटा सा मासूम बच्चा अपने तीस साल के पिता के नजरिये से देखे। लेकिन उसके पापा तो उससे यही उम्मीद लगाए बैठे थे। लेकिन फिर उसके पिता को अपनी गलती एहसास हो गया कि वह सरासर बेवकूफी कर रहा है, मुझे अपनी इच्छा का त्याग करके यह सोचना चाहिए कि बच्चा क्या चाहता है।

इस प्रकार सोचने पर उनके सामने समस्या का हल भी साफ नजर आने लगा। बच्चे को अपनी तिपहिया साइकिल ब्रकुलिन के घर के सामने चलाना बहुत अच्छा लगता था। इसी मोहल्ले में एक बड़ा बच्चा रहता था जो उस छोटे बच्चे की साइकिल छीनकर चलाने लगता था। फिर छोटा बच्चा दौड़ता हुआ अपनी मम्मी के पास आता था और माँ बड़े बच्चे को साइकिल से उतारकर छोटे बच्चे को उस पर बैठा देती थी। यह लगभग हर रोज का काम था।

बच्चे की मानसिकता को जानने के लिए किसी शरलॉक होम्स की आवश्यकता नहीं थी। उसका गर्व, उसका गुस्सा, उसकी उत्तम दिखने की महत्त्वाकांक्षा, सब कुछ उसकी माँ चुटकियों में ही समझ जाती थी, फिर उसके पिता ने उसे समझाया कि अगर वह अपनी माँ का कहना मानकर ठीक से खायेगा, तो एक दिन वह स्वयं ही उस बड़े बच्चे से बदला ले सकेगा, फिर तो जैसे बच्चे पर उस गुण्डे बच्चे को मारने का भूत सवार हो गया और उसी दिन से उसने ठीक से खाना शुरू कर दिया। वह बच्चा हरी सब्जियाँ, दूध, पनीर, फल, रोटी सब कुछ बहुत शौक से खाने लगा, ताकि बड़ा होकर उसे बच्चे से बदला ले सके।

इस समस्या का समाधान हो जाने पर माँ-बाप ने उस बच्चे की दूसरी समस्या पर ध्यान दिया। वह बच्चा रात को सोते-सोते अपना बिस्तर गीला कर दिया करता था। वह बच्चा रात को अपनी दादी माँ के पास सोता था। दादी सुबह उठने पर अक्सर कहती थीं- 'देखो जॉनी बेटे, तुमने कल रात को फिर से बिस्तर में सू-सू कर दिया।' फिर बच्चा जवाब देता था- 'नहीं' नहीं, दादी' मैंने सू-सू नहीं किया है। आपने ही कर दिया होगा।'

चीखने-चिल्लाने, डाँटने-फटकारने, उसे लज्जा का भाव दिलाने से, बार-बार उसे बताने से कि यह करना गन्दी बात है या फिर मम्मी-पापा को यह पसंद नहीं है, किसी भी तरह समस्या का समाधान नहीं निकला, फिर माँ-बाप ने स्वयं से प्रश्न किया- 'हमें बच्चे के मन में यह इच्छा जाग्रत करनी होगी कि वह बिस्तर गीला न करे।' फिर उन्होंने बात की तह तक जाना उचित समझा। आखिर बच्चा क्या चाहता था? पहली बात तो यह कि वह अपने पापा की तरह पजामा पहनना चाहता था, अपनी दादी की तरह नाइटगाउन नहीं। दादी उसकी इस आदत से बहुत परेशान हो चुकी थी, इसलिए उन्होंने कहा कि अगर वह बिस्तर गीला करना छोड़ देगा, तो वे उसे एक नहीं दो-दो पाजामे दिलवा देंगी। दूसरी बात, बच्चा अपना अलग बिस्तर चाहता था इसलिए उसकी दादी ने उसकी यह बात भी मान ली।

फिर उसकी माँ उसे ब्रकुलिन के एक बड़े डिपार्टमेण्ट स्टोर में लेकर गयी और सेल्सगर्ल से कहा- 'हमारे नन्हे महाशय को कुछ विशेष खरीदारी करनी है।'

सेल्सगर्ल ने भी उसे तनिक अधिक ही महत्त्व देते हुए कहा- 'कहिए यंगमैन, मैं आपकी क्या सेवा करूँ?'

बच्चा भी कुछ तनकर कहने लगा- 'मुझे अपने लिए एक आरामदायक बिस्तर खरीदना है।'

जब उसे वह बिस्तर दिखाया गया, जो उसकी मम्मी उसके लिए खरीदना चाहती थी, तो माँ ने सेल्सगर्ल को संकेत कर दिया तथा फिर उस सेल्सगर्ल ने भी उस बच्चे को वह बिस्तर खरीदने के लिए राजी कर लिया। बिस्तर घर पर पहुँच चुका था। जब रात को उसके पापा ऑफिस से घर लौटे, तो बच्चा दौड़ता हुआ आया और पापा को अपना बिस्तर दिखाने ले गया। वह बहुत उत्साहित था। वह कहने लगा कि यह बिस्तर वह खुद खरीदकर लाया है।

पिता ने भी चार्ल्स श्वाब की सलाह पर अमल किया तथा उस बिस्तर को देखकर उसकी खुले दिल से भरपूर सराहना की।

फिर पिता ने कहा- 'लेकिन इतना सुन्दर बिस्तर, तो तुम गीला करके खराब कर दोगे।'

बच्चे ने तुरन्त कहा- 'सवाल ही नहीं उठता। मैं तो इस बिस्तर को बिल्कुल ही खराब नहीं करूँगा।' बच्चे ने भी अपने वायदे पर अमल किया। आखिर यह वादा उसके गर्व से जो जुड़ा था। उसने अपने लिए स्वयं ही बिस्तर खरीदा था और उस पर वह अपने पापा की तरह पजामा पहनकर सोया था। वह स्वयं को पापा की ही तरह बड़ा समझ रहा था।

हमारे कोर्स के ही एक अन्य विद्यार्थी के. टी. डचमैन जो टेलीफोन इंजीनियर थे, वे भी अपनी तीन वर्षीय बेटी को नाश्ते के लिए राजी नहीं कर पाते थे। बच्ची इतनी जिद्दी थी कि उस पर भी डाँट-फटकार या प्यार किसी का भी कोई प्रभाव नहीं होता था, फिर माता-पिता ने स्वयं से ही प्रश्न किया- 'हम क्या ऐसा करें, जो हमारी बच्ची में खाने की इच्छा जाग्रत हो जाये। '

उस छोटी बच्ची को अपनी मम्मी की नकल बनाने में बड़ा आनन्द आता था। वह जल्दी-से-जल्दी मम्मी की तरह बड़ी होना चाहती थी, फिर एक सुबह उन्होंने बच्ची से कहा कि वह मम्मी की तरह अपना नाश्ता स्वयं बनाये। उन्होंने बच्ची को गैस के सामने कुर्सी पर बिठा दिया। जैसे ही छोटी-सी बच्ची कड़ाही में अपना नाश्ता बना रही थी, उसी क्षण उसके पापा रसोई में आ गये। तुरन्त उस बच्ची ने पूरे उत्साह से कहा- 'देखो पापा' आज मैं खुद ही अपने लिए नाश्ता तैयार कर रही हूँ।'

उस दिन तो उस बच्ची ने बिना किसी के कहे ही दो बार नाश्ता किया। उसकी उस नाश्ते में रुचि तो थी। वह स्वयं को बहुत महत्त्वपूर्ण समझ रही थी। उसने नाश्ता तैयार करने में आत्म-अभिव्यक्ति का एक नवीन मार्ग खोज लिया था।

'आत्म-अभिव्यक्ति मनुष्य के स्वभाव की सर्वोत्तम आवश्यकता होती है।' ऐसा विलियम विष्टर ने एक बार कहा था, फिर हम सब इस मनोवैज्ञानिक तथ्य को अपने व्यापार में क्यों नहीं उतार सकते? जब भी कोई अच्छा विचार हमारे मस्तिष्क में आये, तो हमें उसे अपने

विचार के रूप में दूसरों के समक्ष प्रस्तुत नहीं करना चाहिए। हमें तो ऐसा प्रयास करना चाहिए कि अपने-आप ही आ जाये, फिर वह विचार उन्हें अपना विचार लगेगा और वे उसे पसन्द करने लगेंगे और फिर वे आपकी इच्छा का पालन भी आपके कहे बिना ही करने लगेंगे।

इसीलिए यह बात हमेशा याद रखें- 'सर्वप्रथम सामने वाले व्यक्ति में किसी कार्य को करने की प्रबल इच्छा जाग्रत करें। जिसने यह कर लिया, पूरी दुनिया उसकी मुट्ठी में और जो यह नहीं कर सकता, वह तो अकेला ही रहेगा।'

## सिद्धान्त- 3

## सामने वाले व्यक्ति में काम करने की प्रबल इच्छा जाग्रत करें

# भाग — दो

# लोगों के दिल में जगह बनाने के छः आसान तरीके

# 1

# प्रत्येक स्थान पर सम्मान कैसे कराएँ

लोगों के दिलों पर कैसे राज किया जाये, इस पाठ को सीखने के लिए जरूरी नहीं कि आप यह पुस्तक पढ़ें। इसके स्थान पर आप संसार के सबसे अच्छे मित्र बनाने वाले की तकनीक क्यों नहीं सीख लेते? आखिर वह कौन है? शायद वह कल ही आपको सड़क पर दिख जाए? आपसे दस फीट की दूरी पर ही वह अपनी पूँछ हिलाने लग जायेगा। अगर आपने उसे जरा-सा पुचकार दिया, तो वह आपसे लिपट जायेगा और अपने प्रेम का इजहार भी करने लगेगा। शायद आप नहीं जानते कि उसके इस प्यार में कोई स्वार्थ, कोई कपट, कोई छल नहीं है। वह आपको अपना ग्राहक भी नहीं बनाना चाहता, वह आपसे पैसा भी नहीं चाहता, वह आपसे शादी भी नहीं करना चाहता।

लेकिन क्या कभी आपने इस बात पर ध्यान दिया है कि कुत्ता ही एकमात्र ऐसा प्राणी है, जिसे जीवित रहने के लिए कोई अन्य भी काम नहीं करना पड़ता। वह तो बस प्रेम देता है, प्रेम के अतिरिक्त कुछ भी नहीं देता। मुर्गी को तो अण्डे देने पड़ते हैं, गाय-भैंस को दूध देना पड़ता है तथा चिड़ियों को भी गाना पड़ता है, चहचहाना पड़ता है, वह भी हमारी खुशी के लिए।

एक बार मेरे पापा मेरे लिए पाँच सेंट में एक बालों वाला छोटा-सा पिल्ला खरीदकर लाये थे। उस समय मैं पाँच साल का था। वह पिल्ला ही मेरे दु:ख-सुख का साथी था। हर शाम को पाँच बजे के लगभग वह गिन में बैठ कर अपनी मनमोहक आँखों से सड़क पर ही देखता रहता था और जैसे ही वह मेरी आवाज सुनता था, गोली की रफ्तार से भी तेज रफ्तार से दौड़ते हुए मेरे पास आता था और फिर पूरे आनन्द से मेरा स्वागत करते हुए मुझसे जोर से लिपट जाया करता था।

मेरा टिपी पाँच सालों तक मेरा सबसे करीबी, सबसे सच्चा दोस्त बना रहा। फिर एक रात को अचानक ही मुझसे दस कदमों की दूरी पर बिजली गिर जाने से मर गया। मैं तो जैसे सन्न ही रह गया था। टिपी की मौत मेरे बचपन का सबसे दु:खद याद थी।

टिपी ने कभी भी मनोविज्ञान की कोई पुस्तक नहीं पढ़ी थी। उसे इसकी कोई आवश्यकता ही नहीं थी। टिपी में ही क्या, मैं समझता हूँ कि हर कुत्ते में ऐसी कोई दैवीय शक्ति होती है कि वह जानता है कि कैसे दूसरों में रुचि लेकर दो पल में ही किसी के दिल में जगह बनाई जा सकती है, लेकिन मनुष्य के बस की यह बात नहीं है। उसे तो वर्षो लग जाते हैं किसी को अपना बनाने में, लेकिन यह संसार ऐसे लोगों से भरा पड़ा है, जो इसी बात के प्रयास में लगे रहते हैं कि सारे लोग उनमें रुचि दिखायें और इसी कारण वे निरन्तर गलतियाँ करते चले जाते हैं। वे अपने इसी प्रयास में असफल होते चले जाते हैं। लोगों की न आपमें कोई दिलचस्पी है, न मुझमें। उनकी सारी दिलचस्पी तो स्वयं में ही है, सुबह, दोपहर, शाम, रात, चौबीसों घण्टे।

एक बार न्यूयॉर्क टेलीफोन कम्पनी ने एक बहुत ही मजेदार सर्वे किया। उन्होंने जानना चाहा कि टेलीफोन पर होने वाली बातों में किस शब्द का सबसे ज्यादा प्रयोग किया जाता है और सर्वे से पता चला कि 500 चर्चाओं में 'मैं.. .मैं.. .मैं, शब्द का ही 3,900 बार से अधिक प्रयोग किया गया था। ठीक इसी प्रकार जब आप कोई सामूहिक फोटो देखते हैं, तो उसमें भी सबसे पहले अपनी ही तस्वीर खोजते हैं। यदि हम केवल लोगों को अपनी ओर आकर्षित करने तथा स्वयं में उनकी रुचि जगाने का प्रयास करेंगे, तो आप कभी भी सच्चे मित्र नहीं बना पायेंगे। सच्चे मित्र ऐसे नहीं बनते।

'व्हाट लाइफ शुड मीन टु यू' में वियेना के एक प्रसिद्ध मनोवैज्ञानिक अल्फ्रेड एडलर ने लिखा है- 'जिस व्यक्ति को दूसरे लोगों में रुचि नहीं होती, उसका जीवन हमेशा कठिनाइयों से घिरा रहता है। वही आदमी दूसरों को भी सबसे अधिक नुकसान पहुँचाता है। इसी तरह के व्यक्ति सबसे अधिक असफल भी होते हुए दिखाई देते हैं।'

आप मनोविज्ञान पर चाहे दर्जनों पुस्तकें पढ़ लें, फिर भी आपको अपने काम का वक्तव्य, तो केवल एडलर के शब्दों में ही मिलेगा-

"जिस व्यक्ति की दूसरे लोगों में रुचि नहीं होती उसे जीवन में सबसे ज्यादा कठिनाइयाँ आती है और वह दूसरों को सबसे ज्यादा नुकसान पहुंचाता है। इसी तरह के व्यक्ति ही सबसे ज्यादा असफल देखे गए है।"

एक बार न्यूयॉर्क विश्वविद्यालय से मैंने लघु-कथा लेखन का एक कोर्स किया था। उसी कोर्स में एक बहुत प्रसिद्ध पत्रिका के संपादक ने हमारी कक्षा को बताया कि वे अपनी मेज़ पर पड़ी दर्जनों कहानियों में से किसी भी कहानी को जब पढ़ते हैं, तो कुछ लाइनें पढ़ने के बाद ही वे इस बात का अनुमान लगा लेते हैं कि उस कहानी का लेखक दूसरे लोगों को पसन्द करता है या नहीं। उन्होंने कहा- 'यदि लेखक लोगों को पसन्द नहीं करता, तो लोग भी उसकी कहानी को पसन्द नहीं करेंगे।'

फिर वह अनुभवी संपादक अपने लेक्चर के दौरान दो बार रुका तथा उसने भाषण देने के लिए क्षमा याचना करते हुए कहा- 'जो आपका पादरी आपको बतायेगा, मैं भी आपको वही बात बता रहा हूँ लेकिन याद रखिए, यदि आपको एक सफल कहानीकार बनना है, तो आपको दूसरे लोगों में रुचि लेनी ही होगी।'

यदि यह बात एक कहानीकार के बारे में सही है, तो यही बात लोगों से आमने-सामने बातें करने में भी सही साबित होती हैं।

जब हॉवर्ड थर्स्टन ब्रॉडवे में अपना आखिरी शो देने वाले थे, तो उस शाम को मैं उनके साथ ही ड्रेसिंग रूम में था। थर्स्टन एक विश्वविख्यात जादूगर थे, जिन्होंने चालीस से ज्यादा सालों तक दुनिया के कोने-कोने में जाकर अपना मायावी खेल दिखाया था तथा दर्शकों को दाँतों तले उँगलियाँ दबाने पर मजबूर कर दिया था। 6 करोड़ों लोग उनके शो के टिकट खरीद चुके थे और उन्हें लगभग बीस लाख डॉलर का लाभ हुआ था।

इतना सब कुछ उन्होंने स्कूल में जाकर नहीं सीखा था, क्योंकि वे तो बचपन में ही घर छोड़कर भाग गये थे। वे माल गाड़ियों में चुपके-चुपके सवारी किया करते थे, घर-घर जाकर भीख माँगकर पेट भरते थे, भूसे के ढेर पर सोते थे तथा रेल की पटरियों के आस-पास या सड़कों पर लगे पोस्टरों को देखकर उन्होंने पढ़ना सीखा था।

मैं बहुत उत्साहित था कि उन्होंने यह सब आखिर कैसे सीख लिया? इसीलिए मैंने मि. थर्स्टन से उनकी सफलता का रहस्य जानना चाहा। क्या उन्हें केवल जादू का ही ज्ञान था? नहीं, बिल्कुल भी नहीं। जादू पर तो अनगिनत पुस्तकें लिखी जा चुकी हैं और कितने ही अन्य जादूगर उनके जैसा ही जादू जानते हैं, लेकिन उनके पास दो ऐसी अनमोल चीजें थीं जो दूसरों के पास नहीं थीं। वे अपने व्यक्तित्व से सबको मोहित कर सकते थे। मतलब वे एक सफल तथा कुशल शोमैन थे। उन्हें मानव-प्रकृति का पूरा अनुभव था। वे अपनी प्रत्येक मुद्रा, प्रत्येक कार्य, अपनी आवाज की हर तरंग, अपनी आँखें उठाने या झपकाने की प्रत्येक हरकत को पहले से ही पूरी तैयारी करके मंच पर उतरते थे। दूसरी सबसे महत्त्वपूर्ण बात यह थी कि उनकी दूसरों में वास्तविक रुचि थी। वे दिखावा पसन्द नहीं करते थे। उन्होंने ही मुझे बताया कि कितने ही जादूगर दर्शकों को देखते हैं तथा खुद से कहते हैं- 'मेरे सामने कुछ मूर्ख लोग विराजमान हैं, जिनमें बिलकुल भी बुद्धि नहीं है, मैं तो आसानी से इनको मूर्ख बना दूँगा।'

लेकिन थर्स्टन का तरीका सबसे भिन्न था। प्रत्येक बार मंच पर जाने से पहले वे स्वयं से कहते थे- 'मैं बहुत दिल से आभार प्रकट करता हूँ कि ये लोग मुझे देखने आये हैं। इन्हीं लोगों के कारण ही तो मैं अपनी आजीविका कमा पाता हूँ तथा अपना जीवन आनन्द से गुजार पाता हूँ। मेरी पूरी कोशिश यही रहेगी कि मैं इन लोगों को निराश न करूँ तथा इनके समक्ष अपना सर्वश्रेष्ठ प्रदर्शन कर पाऊँ। ' वे बार-बार यह भी कहते थे- 'मैं अपने दर्शकों से असीम प्यार करता हूँ। मैं उन्हें दिल से चाहता हूँ।' हो सकता है कि कुछ लोगों को ये बातें कोरी बकवास लगें, लेकिन मैंने अपनी ओर से एक भी शब्द नहीं जोड़ा है। मैं तो बस आपको संसार के सबसे विख्यात जादूगरों में से एक जादूगर की सफलता का रहस्य बता रहा हूँ।

अब मैं आपको पेनसिल्वेनिया के निवासी नॉर्थ वारेन के जॉर्ज डाइक का प्रसंग सुनाने जा रहा हूँ। तीस सालों तक अपने सर्विस स्टेशन बिजनेस में काम करते रहने के पश्चात् उन्हें विवशता में रिटायर होना पड़ा, क्योंकि उनके स्टेशन की साइट के ऊपर नया हाइवे बनने वाला था, लेकिन रिटायर होने पर वे खाली बैठे-बैठे जल्दी ही ऊब गये, इसीलिए वे संगीत के अपने शौक को समय देने लगे। वे अनेक संगीत-विशेषज्ञों से चर्चा करने लगे।

वे बहुत विनम्र तथा मैत्रीपूर्ण प्रवृत्ति के थे तथा सामने वाले संगीतज्ञ की पृष्ठभूमि तथा उसकी रुचियों में बहुत दिलचस्पी लेते थे। वे स्वयं कुछ अधिक अच्छे संगीतज्ञ नहीं थे, लेकिन उन्होंने अनेक अच्छे संगीतज्ञों से अच्छी मित्रता कर ली थी। उन्होंने फिर संगीत-प्रतियोगिताओं में भाग लेना आरम्भ कर दिया तथा शीघ्र ही अमेरिका के पूर्वी भाग के संगीत प्रेमी उन्हें 'अंकल जॉर्ज, किंजुआ काउण्टी के संगीतज्ञ' के रूप में पहचानने लगे थे। अंकल जॉर्ज जब सत्तर से ऊपर के थे अपने जीवन के प्रत्येक क्षण का भरपूर आनंद ले रहे थे, प्रत्येक पल को जी रहे थे। दूसरों में रुचि लेने के कारण उन्होंने अपने बुढ़ापे के खालीपन को एक नये जीवन से शराबोर कर लिया था, जबकि अधिकतर लोग यह सोचकर अपने जीवन को बोझ समझकर उसे जीते-जी समाप्त कर देते हैं।

थियोडोर रूजवेल्ट की सफलता का यही रहस्य था। उनका सेवक भी उनसे बहुत प्यार करता था। उनके वैलेट जेम्स ई: एमोस ने उन पर एक पुस्तक लिखी है, जिसका शीर्षक है 'थियोडोर रूजवेल्ट हीरो टू हिज वैलेट।'

'एक बार मेरी पत्नी राष्ट्रपति से पूछ बैठी कि बाबव्हाइट कैसा होता है, क्योंकि उसने बॉब काइट को कभी भी नहीं देखा था। रूजवेल्ट ने विस्तारपूर्वक मेरी पत्नी को बॉबव्हाइट के बारे में बताया, फिर कुछ समय बाद हमारे फोन की घंटी गूँज उठी। एमास और उसकी पत्नी का घर रूजवेल्ट के घर के समीप ही था। वह फोन रूजवेल्ट का था, जिसे मेरी पत्नी ने उठाया था। रूजवेल्ट ने मेरी पत्नी को बताया कि उनकी खिड़की के बाहर बाबव्हाइट है, वह खिड़की खोलकर उसे देख सकती है। ये छोटी-छोटी बातें ही तो रूजवेल्ट को औरों से अलग करती थीं।

वे जब भी हमारे घर के आस-पास से गुजरते थे, तो 'ओह एनी' या 'ओह-जेम्स' जैसे शब्द सुनाई देते थे। चाहे उन्हें कोई दिखाई दे अथवा नहीं। यह मैत्रीभाव ही था, जिससे वे सबकी दृष्टि में महान् थे।

फिर कौन ऐसा कर्मचारी होगा, जो अपने ऐसे मालिक को नापसंद करेगा। इस तरह के मनुष्य तो ढूंढ़ने से भी कठिनता से ही मिल पाते हैं।

एक बार राष्ट्रपति टैफ्ट अपनी पत्नी के साथ कहीं बाहर गये हुए थे और तभी रूजवेल्ट व्हाइट हाउस में आये। अपने से छोटे लोगों को पसंद करने का इससे सही उदाहरण कहीं मिलेगा कि उन्होंने सभी पुराने कर्मचारियों, यहाँ तक कि बर्तन साफ करने वाली नौकरानी को भी उसके नाम से पुकारा था, फिर उनकी दृष्टि एलिस नामक महिला बावर्ची पर पड़ी, तो उन्होंने पूछा- 'क्या तुम अब भी कोर्न ब्रेड बनाती हो?' एलिस ने बताया कि वह कभी-कभी नौकरों के लिए ही कोर्न ब्रेड बनाती है, मालिक लोग इसे खाना पसंद नहीं करते। रूजवेल्ट ने गरजते हुए कहा- 'शायद उन्हें अच्छे खाने की समझ नहीं है। प्रेसीडेण्ट से मिलने पर मैं उन्हें यह बात जरूर बताऊँगा।'

फिर एलिस उनके लिए कोर्न ब्रेड ले आयी, तो रूजवेल्ट ने पूरे ऑफिस में चक्कर लगाते हुए बड़े प्यार से खाया और वापस लौटते समय मालियों तथा मजदूरों का भी अभिवादन करना नहीं भूले। 'प्रत्येक व्यक्ति का अभिवादन उन्होंने उसी प्रकार किया, जैसे वे पहले करते थे। व्हाइट हाउस में चालीस सालों से प्रमुख प्रवेशक रह चुके आइक हूवर बहुत भाव-विभोर होकर बताते हैं- 'पिछले दो तीन वर्षों में यह सबसे सुखद दिन था, हमारे जीवन का और हममें से कोई भी सौ डालर के नोट के बदले में भी इसे बदलने के लिए तैयार नहीं होता।'

चैटहेम, न्यू जर्सी के सेल्स रिप्रजेंटेटिव एडवर्ड एम. साइक्स में भी महत्त्वहीन दिखने वाले लोगों में रुचि दिखाने की यही प्रवृत्ति पाई जाती थी। इस प्रवृत्ति का उन्हें लाभ भी हुआ था। सालों पहले मैं मैसेचयूट्स क्षेत्र में जॉनसन एण्ड जॉनसन कंपनी के प्रतिनिधि के रूप में ग्राहकों से मिलने जाया करता था। हिंगहैम में एक दवाई की दुकान में हमारा खाता था। उस स्टोर में जाकर मैं पहले सोडा क्लर्क तथा सेल्स क्लर्क से कुछ देर बात करता था, उसके बाद उसके मालिक के पास जाकर ऑर्डर लेता था। एक दिन उस स्टोर का मालिक मुझसे कहने लगा कि अब वह जॉनसन एण्ड जॉनसन का सामान नहीं खरीदना चाहता, क्योंकि वे अपनी गतिविधियों को अब फूड तथा डिस्काउण्ट स्टोर्स पर केंद्रित कर रहे हैं, जिससे उसकी दवाई की दुकान घाटे में चल रही है। यह बात सुनकर तो मैं बहुत निराश हो गया तथा कई घण्टों तक कार में बैठकर शहर का चक्कर लगाते हुए इसी बारे में सोचता रहा, सोचता रहा, फिर मैंने निर्णय किया कि ऐसे परेशान होने से तो कोई लाभ नहीं होने वाला। क्यों न एक बार फिर स्टोर के मालिक से मिलकर उसके सामने अपनी स्थिति स्पष्ट करूँ।

'वापस उस दुकान पर जाने पर मैंने और बार की तरह पहले सोडा क्लर्क तथा सेल्स क्लर्क से 'हाय हैलो' किया और फिर उसके बाद मैं मालिक से मिलने गया। पता नहीं ऐसा क्या हुआ कि वह मालिक मेरी ओर देखकर मुस्कराने लगा और फिर उसने मेरा स्वागत करते हुए मुझे हमेशा से दो गुना ऑर्डर दे दिया। मुझे बहुत आश्चर्य हो रहा था, इसलिए मैं उससे पूछ बैठा कि इस सबका क्या कारण है? फिर उसने बताया कि तुम्हारे जाने के पश्चात् यह सोडा क्लर्क मेरे पास आया था। इसने ही मुझे बताया कि कुछ गिने-चुने सेल्समैन ही ऐसे होते हैं, जिन्हें मालिक के अलावा दूसरे कर्मचारियों में भी रुचि होती है। उसने कहा कि आप वास्तव में बहुत अच्छे सेल्समैन हैं और हमें आपके साथ बिजनेस जरूर करना चाहिए। मुझे अपने इस कर्मचारी की बात जँच गई, इसीलिए मैंने आपको इतना बड़ा ऑर्डर दे दिया है। इस बात को मैं कभी भी नहीं भूल सकता कि दूसरे लोगों में सचमुच रुचि रखना एक सेल्समैन के लिए बहुत लाभदायक सिद्ध होता है। वैसे यह तो हर जगह काम आने वाला बहुत महत्त्वपूर्ण गुण है।

मेरा व्यक्तिगत अनुभव भी यही कहता है कि यदि हम किसी व्यक्ति में सचमुच रुचि दिखायें, तो चाहे वह कितना ही व्यस्त, कितना भी धनी, कितना भी महान् क्यों न हो, हमारी ओर कभी न कभी ध्यान जरूर देगा, हमें अपना कीमती समय तथा सहयोग जरूर देगा। इसका एक उदाहरण मैं आपको बताने जा रहा हूँ-

एक बार मैंने बुकलिन इंस्टीट्यूट ऑफ आर्ट्स एण्ड सांइसेज में कथा-लेखन का एक कोर्स शुरू किया था। हमने कैथलीन नॉरिस, इडा टारबैल, फैलनी हर्स्ट; अल्वर्ट पेसन टरह्यून तथा रूपर्ट ह्यूज जैसे व्यस्त तथा सुप्रसिद्ध लोगों को भी आमंत्रण भेजा था कि वे आकर अपने अनुभव सुनाएं। हमने उन सबको पत्र में लिखा कि 'हमें मालूम है कि आप बहुत व्यस्त हैं, लेकिन हमें आपका लेखन बहुत पसंद है तथा सचमुच ही आपमें बहुत रुचि है। इसीलिए हम मन से चाहते है कि हम आपकी सफलता का रहस्य जान सकें। ' प्रत्येक पत्र के अंत में एक सौ पचास विद्यार्थी के हस्ताक्षर थे। हमने यह भी लिख दिया कि 'आप सब बहुत व्यस्त हैं, इसीलिए भाषण तैयार करना आपके लिए आसान काम नहीं होगा। इसीलिए हमने आपके लिए एक प्रश्नावली भी तैयार कर दी, जिसके आधार पर वे अपने जीवन तथा कार्यशैली का ब्योरा हमें दे सकते थे। यह सब उन्हें बहुत अच्छा लगा, फिर वे सभी अपना घर छोड़कर अपने व्यस्त जीवन में से कुछ समय हमारे लिए निकालकर हमारी कक्षा में अपना भाषण देने आ गये।

इसी फॉर्मूले को प्रयोग में लाकर ही मैंने थियोडोर रूजवेल्ट के मंत्री मण्डल में कैबिनेट मिनिस्टर लेस्ली एम., शॉ, टैट केबिनेट के अटार्नी जनरल जॉर्ज डब्ल्यू विकरशेम, फ्रैंकालिन डी. रूजवेल्ट तथा बहुत से अन्य प्रसिद्ध हस्तियों को भी अपनी पब्लिक स्पीकिंग कक्षा में भाषण देने के लिए राजी कर लिया था। हम सभी ऐसे लोगों को बहुत पसंद करते हैं, जो हमारी प्रशंसा सच्चे दिल से करते है, फिर चाहे हम फैक्ट्री के मजदूर हों, ऑफिस में मामूली से क्लर्क हों या फिर सिंहासन पर विराजमान महान् सम्राट हों। हम जर्मनी के कैंसर का उदाहरण ले सकते हैं। पहले विश्वयुद्ध की समाप्ति पर सारा संसार उससे बहुत तो करता था। यहाँ तक कि उसके अपने देशवासी भी उसके विरोधी हो गये थे। इसीलिए उसे अपनी जान बचाने के लिए हॉलैण्ड भागना पड़ा था। जाने कितने ही लोग तो उससे इतनी अधिक घृणा करते थे कि वे उसे जान से ही समाप्त कर देना चाहते थे या फिर जीवित ही जला डालना चाहते थे। ऐसी ही घृणा के बीच एक छोटे बच्चे ने उसे सच्ची प्रशंसा भरा पत्र लिखा, जिसमें उसने उसकी खूब प्रशंसा की थी। उस छोटे बच्चे ने लिखा था कि 'चाहे लोग उससे कितनी भी घृणा क्यों न करें, उसकी दृष्टि में

तो विल्हेम ही जर्मन सम्राट थे और वह हमेशा ही उनसे प्रेम करेगा।' जर्मन सम्राट भी इस पत्र को पढ़कर भाव-विभोर हो उठे और उन्होंने उस छोटे बच्चे को मिलने के लिए बुलाया। बच्चा आया अपनी माँ के साथ और फिर सम्राट ने उस बच्चे की माँ से ब्याह रचा लिया। छोटे बच्चों को लोगों का दिल जीतने की कला सीखने के लिए कोई किसी पुस्तक पढ़ने की जरूरत नहीं होती वरन्, वह तो सहज अनुभूति से जाना जाता है कि लोगों के दिलों में कैसे स्थान बनाया जाता है।

यदि आपको सचमुच किसी दोस्त की जरूरत है, तो इसके लिए आपको दूसरों के लिए कुछ करना होगा। ऐसा कोई काम, जिसमें आपको अपना समय, विचार तथा ऊर्जा सब कुछ लगाने होंगे। जब ड्यूक ऑफ विण्डसर प्रिंस ऑफ वेल्स थे, तो उन्होंने दक्षिण अमेरिका का दौरा किया था। महीनों की मेहनत से उन्होंने स्पेनिश भाषा सीखी, जिससे वे वहाँ के नागरिकों को उनके देश की ही भाषा में ही संबोधित कर सकें। दक्षिण अमेरिकी लोगों को भी उनका यह व्यवहार बहुत पसंद आया था।

अब कई सालों से मेरी आदत बन चुकी है कि मैं अपने प्रियजनों के जन्मदिन अवश्य याद रखता हूँ लेकिन कैसे? वैसे भी ज्योतिष विज्ञान में मुझे जरा-सा भी विश्वास नहीं है, लेकिन मैं सामने वाले से पूछता हूँ कि क्या जन्मतिथि तथा व्यक्ति के स्वभाव में कोई सम्बन्ध होता है? फिर मैं उनसे उनकी जन्मतिथि भी पूछ लेता हूँ। अगर उन्होंने कहा 20 नवंबर तो दो तीन बार 20 नवंबर 20 नवंबर दोहराता हूँ और जैसे ही मेरा दोस्त मेरी ओर पीठ करता है, तो मैं उसका जन्मदिन तथा नाम लिख लेता हूँ तथा फिर इसे अपनी जन्मदिन वाली डायरी में लिख लेता हूँ, फिर नये वर्ष की शुरूआत में मैं उन्हें अपने कैलेंडर पर लिख लेता हूँ, ताकि मैं उन तारीखों को भूल न पाऊँ। जब भी जन्मदिन आता है, तो मैं चिट्ठी लिखकर या फिर टेलीग्राम करके उसे जन्मदिन की शुभकामनाएं भेज देता हूँ। इसका प्रभाव सामने वाले पर बहुत सकारात्मक होता है। वह सोचता है कि कोई तो है, जिसे मेरी चिन्ता है।

अब यदि हमें सच्चे दोस्त चाहिए, अगर हम लोगों का मन जीतने की इच्छा रखते हैं, तो हमें उनसे उत्साहपूर्वक मिलना चाहिए। पूरी गर्मजोशी से उनका स्वागत करना चाहिए। जब कोई आपसे फोन पर बातें करे, तो भी आपको उत्साह से ही काम लेना चाहिए। 'हैलो' कहने का ढंग ऐसा होना चाहिए कि सुनने वाले को लगे कि आप उससे बात करके प्रसन्न हैं। अनेक बड़ी कंपनियाँ तो अपने टेलीफोन आपरेटर्स को इस बात का प्रशिक्षण देती हैं, जिससे वे सामने वाले से पूरी गर्मजोशी से बात कर सकें तथा उन्हें प्रभावित कर सकें। अब से आप भी इस बात का ध्यान जरूर रखें।

सचमुच की रुचि न केवल आपको सच्चा मित्र देती है, बल्कि कंपनी की स्थायी ग्राहक भी देती है। एक बार न्यूयॉर्क की नेशनल बैंक ऑफ नॉर्थ अमेरिका के एक अंक में यह प्रकाशित हुआ था। इस पत्र को मैडलीन रोजडेल नामक महिला ग्राहक ने लिखा था- 'मैंने यह पत्र आपको यह बताने के लिए लिखा है कि मैं आपके सभी कर्मचारियों से बहुत प्रभावित हूँ। सभी बहुत विनम्र, सभ्य, मृदुभाषी, सहयोगी तथा सभ्य हैं। कितना अच्छा लगता है, जब लंबी कतार में प्रतीक्षा के पश्चात् टेलर मधुर आवाज में आपका सुस्वागत करती है।' 'पिछले वर्ष मेरी माँ पाँच महीनों तक अस्पताल में दाखिल रही थी। मुझे अक्सर ही पैसे निकलवाने के लिए टेलर काउण्टर पर बैठी मैरी पेट्रसेलो के पास जाना पड़ता था। वे प्रत्येक बार मेरी माँ की तबियत के बारे में जरूर पूछती थीं। वे सचमुच ही मेरी माँ को लेकर चिंतित थीं।'

अब तो संभवत: आपको तनिक भी संदेह नहीं. होगा कि मिसेज रोड़जेल उस बैंक की स्थायी ग्राहक बनी रहेगी।

न्यूयॉर्क के ही एक बड़े बैंक ने चार्ल्स आर. वाल्टर्स को किसी कॉरपोरेशन के विषय में गुप्त रिपोर्ट तैयार करने का भार सौंपा। वाल्टर्स जानते थे कि केवल ही व्यक्ति ऐसा है, जो सारे तथ्य इतने कम समय में दे सकता था। डॉक्टर वाल्टर्स उस प्रेसीडेण्ट से मिलने पहुँचे, तो एक महिला ने अपना सिर दरवाजे के अन्दर डालकर उस प्रेसीडेण्ट को बताया कि उस दिन की पोस्ट में विदेशी टिकट तो आये ही नहीं थे।

प्रेसीडेण्ट ने वाल्टर्स को बताया कि वह अपने बारह वर्षीय पुत्र के लिए डाक-टिकट इकट्ठे कर रहे हैं। वाल्टर्स ने अपनी समस्या बताकर सवाल पूछना शुरू कर दिया। प्रेसीडेण्ट ने गोलमोल जबाब देने आरम्भ कर दिये, जो एकदम अस्पष्ट थे और वाल्टर्स की समस्या को सुलझाने में सहायक नहीं थे। कंपनी का प्रेसीडेण्ट बात करने के मूड में नहीं था। यूँ कहें कि यह साक्षात्कार एकदम संक्षिप्त तथा निरर्थक साबित हुआ था।

हमारी पूरी कक्षा के समक्ष यह कहानी सुनाते हुए वाल्टर्स ने कहा- 'मैं समझ नहीं पा रहा था कि कैसे इस परिस्थिति से निबटा जाये, कैसे सारी बात साफ की जाये?' फिर मुझे उसकी सेक्रेटरी की कही बातें याद आने लगीं-बारह वर्षीय पुत्र डाक-टिकट और फिर मुझे यह भी याद आया कि हमारे बैंक का विदेश विभाग डाक-टिकटों को इकट्ठा करता था। हर देश से आने वाले पत्रों के डाक-टिकट हमारे संग्रहालय में थे।

'फिर अगले दिन मैं उस प्रेसीडेण्ट से मिलने चला गया तथा साथ में वे डाक-टिकट भी ले गया। मैंने उसे यह संदेश भिजवा दिया कि मैं उसके बेटे के लिए डाक-टिकट लाया हूँ। मुझे बहुत शीघ्रता से बुलवाकर उस प्रेसीडेण्ट ने मेरा इतना गर्मजोशी से स्वागत किया, जैसे वह संसद के चुनावो का प्रत्याशी हो। उसके चेहरे पर मुस्कराहट तथा आँखों में मैत्री भाव था। डाक-टिकटों को देखकर तो उसकी प्रसन्नता का कोई ठिकाना न रहा। वह कहने लगा- 'वाह, ये टिकट तो मेरे जॉर्ज को बहुत अच्छे लगेंगे। और फिर बहुत देर तक हम टिकटों के विषय में ही बातें करते रहे, फिर उसने मुझे अपने बेटे की फोटो भी दिखायी। उसके बाद उसने मुझे वह सारी जानकारी दे दी, जो मैं चाहता था और वह भी मेरे बिना पूछे ही। फिर बहुत देर तक वह मुझे अपने बैंक के बारे में सब कुछ बताता रहा, फिर उसने अपने स्टाफ को बुलाकर उनसे भी कुछ प्रश्न पूछे। कुछ जानकारी लोगों को फोन करके प्राप्त कर ली, फिर उसने मुझे कड़े, तथ्य, रिपोर्ट तथा पत्र-व्यवहार सब कुछ सौंप दिया। मुझे तो जैसे एक 'स्कूप' मिल गया था। लग रह था मानों गुत्थी अपने आप सुलझ गयी थी। '

अब एक और उदाहरण यहाँ प्रस्तुत है -वर्षो से फिलाडेल्फिया के सी.एम. नाफ्ले एक बड़े चेन स्टोर संगठन को ईंधन बेचने का प्रयत्न कर रहे थे, लेकिन यह चेन स्टोर संगठन ईंधन को शहर के बाहर के किसी डीलर से मँगवाता था और फिर वह ईंधन नाले के ऑफिस के आस-पास ही इकट्ठा किया जाता था। एक बार नाले ने हमारी कक्षा में एक भाषण दिया, जिसमें उन्होंने चेन स्टोर्स पर क्रोध उतारते हुए उन्हें देश के लिए अभिशाप तक कह डाला था, लेकिन इसके बाद भी नाफ्ते को आश्चर्य हो रहा था कि वे उससे माल क्यों नहीं खरीद रहे हैं? फिर मैंने उन्हें कोई दूसरा ढंग उपयोग करने का सुझाव दिया। अपने कोर्स के सदस्यों के मध्य एक वाद-विवाद प्रतियोगिता का आयोजन किया, जिसका विषय था- 'चेन स्टोर्स से देश-भर को नुकसान ही नुकसान है, लाभ तो बहुत ही कम है।'

मैंने नाफले को सुझाव दिया कि वे चेन स्टोर के पक्ष में बोलें। नाफले इसके लिए तैयार हो गये, फिर वह उसी चेन स्टोर संगठन के मालिक के पास गया, जिससे वह बुरी तरह चिढ़ता था तथा उसे उलटी-सीधी बातें सुनाता था। नाफले ने उससे कहा- 'मेरे यहाँ आने का उद्देश्य आपको ईधन बेचना नहीं है, मैं तो मात्र आपसे सहायता माँगने आया हूँ।' फिर उसे वाद-विवाद प्रतियोगिता के बारे में बताते हुए कहा- 'मैं आपकी सहायता चाहता हूँ। मैं इस चेन स्टोर के लाभों के कड़े तथा पूरी जानकारी प्राप्त करना चाहता हूँ और आपके अतिरिक्त कोई अन्य मुझे इसकी सही जानकारी नहीं दे सकता। मुझे यह प्रतियोगिता प्रत्येक दशा में जीतनी है और यह काम मैं आपकी सहायता से ही कर सकता हूँ।'

अब आगे की कहानी स्वयं नाफले के ही शब्दों में -

'मैंने उस व्यक्ति से एक मिनट के समय की माँग की थी और उसी शर्त पर वह मुझसे मिलने के लिए तैयार भी हुआ था, लेकिन मेरी बात सुनने के बाद उसने मुझसे करीब दो घण्टे तक बातें कीं। उसने एक और एक्जीक्यूटिव को बुलवाया, जिसने चेन स्टोर्स पर एक पुस्तक लिखी थी। वह मेरी बातों से इतना प्रभावित हुआ कि उसने नेशनल चेन स्टोर ऐसोसिएशन को फोन करके मेरे लिए इस विषय पर हुई वाद-विवाद प्रतियोगिता की रिपोर्ट भी मेरे लिए मँगवा दी। उसे लगने लगा था कि चेनस्टोर्स सचमुच में ही लोगों का भला कर रहे हैं और इस बात का उसे गर्व है कि वह भी इस संगठन से जुड़ा होने के कारण बहुत लोगों का भला कर रहा है। उसकी आँखों में विचित्र-सी चमक थी तथा आत्मविश्वास से उसका चेहरा दमक रहा था। उसने मुझे कुछ ऐसी बातें बताई, -जो मैंने अपने में भी नहीं सोची थी। मेरी सोच अब एकदम बदल चुकी थी।

वह मुझे दरवाजे तक छोड़ने आया तथा प्रतियोगिता के लिए शुभकामनाएं भी दीं, फिर उसने मुझसे कहा कि वह परिणाम के बारे में मुझे आकर जरूर बताये। इसी बहाने हम दोनों की एक बार फिर भेंट हो जायेगी। अन्त में उसने मुझसे कहा- 'मैं चाहता हूँ कि आप बसंत ऋतु के आने पर मुझसे आकर मिलें। उस समय मैं आपको ईंधन का ऑर्डर देने की कोशिश करूँगा।' मेरे लिए तो जैसे यह कोई चमत्कार था। मैं वर्षों से उसे ईधन बेचने के प्रयास में लगा था, परन्तु उसका कोई भी उत्तर नहीं मिल रहा था। और, अब वह स्वयं ही मुझसे ईंधन खरीदने की बात कर रहा था, लेकिन यह चमत्कार इस कारण हुआ था, क्योंकि मैंने दो घंटों तक उसमें तथा उसकी समस्याओं में वास्तविक रुचि ली थी, लेकिन यदि मैं वर्षो तक यह प्रयास करता रहता कि वह मुझमें तथा मेरे सामान में रुचि ले, तो यह कभी भी सम्भव नहीं हो पाता।'

'तो मि. नाफले, आपने कोई नयी खोज नहीं की है। यह तो सदियों पुरानी सच्चाई है। इसी सच्चाई को तो ईसा के जन्म से भी एक सदी पूर्व प्रसिद्ध रोमन कवि पब्लिलियस सायरस ने इस प्रकार कहा था- 'जब दूसरे लोग हममें, हमारी समस्याओं में रुचि लेने लगते हैं, तो हम भी उनमें तथा उनकी समस्याओं में रुचि लेने लगते है। '

लेकिन मानवीय सिद्धान्तों के प्रत्येक सिद्धान्त की भाँति हमारी रुचि का प्रदर्शन सत्य तथा वास्तविकता पर आधारित होना चाहिए, न कि दिखावे और झूठ पर। इसमें रुचि दिखाने वाले तथा जिसमें रुचि ली जा रही है, उन दोनों का ही भला होना चाहिए। न्यूयार्क के लोग आइलैंड में हमारा कोर्स करने वाले मार्टिन गिंसवर्ग ने हमें बताया कि किस प्रकार एक नर्स द्वारा ली गयी विशेष रुचि ने उनके जीवन की धारा को बदल दिया था। उनके अनुसार-

‘मेरी उम्र दस वर्ष थी और उस दिन थैंक्सगिविंग डे मनाया जा रहा था। मैं एक अस्पताल में वेलफेयर वार्ड में भरती था तथा दूसरे दिन मेरा एक बड़ा ऑपरेशन होने वाला था। मुझे पता था कि आगे कई महीनों तक मुझे बिस्तर पर पड़े-पड़े दर्द को झेलना पड़ेगा। मेरे पिता जी की मौत हो चुकी थी। मैं अपनी माँ के साथ एक छोटे से अपार्टमेन्ट में रहता था तथा हम दोनों वेलफेयर पर थे। उस दिन मेरी माँ भी मुझसे मिलने नहीं आ सकी थी। ‘शाम होते ही मुझे अकेलापन, चिंता तथा डर सताने लगे। मुझे मालूम था कि मेरी माँ घर पर मेरे ही बारे में चिंता कर रही होगी। उन्होंने खाना भी नहीं खाया होगा और वे मुझसे मिलने भी नहीं आ सकीं।

‘मेरी आँखों से आंसू बहने लगे, जिन्हें छिपाने के लिए मैंने अपने सिर को तकिये के अन्दर दबाकर ऊपर से चादर ओढ़ ली। मैं अकेला चुपचाप रोता रहा और मेरे शरीर में दर्द होने लगा।’ ‘लेकिन मेरे रोने की आवाज एक युवा स्टूडेण्ट नर्स के कानों तक पहुँच गयी थी, इसलिए वह मेरे पास आयी। उसने मेरी चादर हटा दी और मेरे आँसू पोंछने लगी। उसने मुझे बताया कि वह बहुत अकेली थी। वह दिन-भर काम करती करती थी, लेकिन परिवार के साथ रहने में असमर्थ थी।’ फिर वह मेरा और अपना डिनर ले आई। स्लाइसड टकी, आलू क्रेनबरी, साँस और साथ में आइसक्रीम भी। उसने मुझसे बातें करके मेरे डर को दूर भगाना चाहा।

वैसे तो उसकी ड्यूटी शाम चार बजे तक ही थी, लेकिन वह रात के 11 बजे तक रुकी रही। वह मेरे साथ बातें करती रही, गेम्स खेलती रही और तब तक रुकी रही, जब तक कि मुझे नींद नहीं आने लगी।

‘उसके बाद कितने ही थैंक्सगिविंग डे आये और आकर चले गये, लेकिन मुझे वह दिन हमेशा याद रहता है। मुझे सालों बीत जाने के बाद भी आज वह दिन याद है, जब मैं घोर निराशा, हताशा, कुण्ठा, भय, और भी न जाने कितने नकारात्मक विचारों के बीच घिरा हुआ था, तभी उस अपरिचित नर्स ने आकर अपने प्रेम तथा कोमलता से मेरे सभी नकारात्मक पहलुओं पर सकारात्मक सोच को हावी कर दिया था।

अब यदि आप चाहते हैं कि दूसरे लोग आपको पसंद करें, आपकी सराहना करें, यदि आप सच्चे मित्र पाना चाहते हैं तथा यदि आप अपनी सहायता करने के साथ-साथ दूसरों की भी सहायता करना चाहते हों, तो इस सिद्धान्त को हमेशा ही अपने मस्तिष्क में रखें।

## सिद्धान्त- 1

## दूसरे व्यक्तियों में सच्ची तथा वास्तविक रुचि लें।

# 2

# लोगों को प्रभावित करने का सरल तरीका

प्रसिद्ध न्यूयार्क शहर की एक पार्टी में कुछ अतिथि आये हुए थे। उन्हीं अतिथियों में एक ऐसी धनी महिला भी आयी थी, जिसे कुछ ही दिनों पहले ढेर सारा पैसा विरासत में मिला था। वह सभी का ध्यान अपनी ओर आकर्षित करना चाहती थी या फिर लोगों पर अपने पैसे की छाप छोड़ना चाहती थी। इसलिए उसने मोतियों, हीरे, जवाहरात से स्वयं को पूरी तरह से लाद रखा था, लेकिन उसके चेहरे के भाव पहले जैसे ही थे। चेहरे पर लालच, स्वार्थ तथा अहंकार के भाव स्पष्ट रूप से झलक रहे थे। सम्भवत: वह इस बात को भूल गयी थी या फिर स्मरण ही नहीं रखना चाहती थी कि किसी के भी चेहरे के भाव उसके कपड़ों से कहीं अधिक महत्त्वपूर्ण होते हैं।

चार्ल्स श्वाब ने तो अपनी मुस्कराहट की कीमत दस लाख डॉलर बताई थी, लेकिन संभवत: वह अपनी हँसी का मूल्य कुछ कम ही आँक रहा था, क्योंकि चार्ल्स श्वाब का सम्पूर्ण व्यक्तित्व, उसका आकर्षण तथा लोगों का दिल जीतने की उसकी निपुणता ही तो उसकी असाधारण सफलता के रहस्य थे और उसकी मनमोहक सच्ची मुस्कान ही उसके व्यक्तित्व का सबसे आकर्षक भाग थी।

हमारे शब्दों की चाल हमारे अच्छे कार्यों से बहुत धीमी होती है। आपकी मुस्कराहट आपसे कहती है- 'मैं आपको पसंद करता हूँ। आपसे मिलकर मैं बहुत प्रसन्न होता हूँ।'

यही रिश्ता तो कुत्ते और मनुष्य के बीच होता है। आपका कुत्ता आपको देखते ही खुशी से उछलने लगता है, झूमने लगता है, मानो अपना सारा प्यार आप पर न्यौछावर कर देगा और इसीलिए तो हम भी अपने कुत्ते को देखकर इतने खुश हो जाते हैं। यही बात बच्चे की मुस्कराहट के बारे में भी सही प्रमाणित होती है। आपने ऐसे अनगिनत उदास चेहरों को जरूर देखा होगा, जो किसी डॉक्टर के क्लीनिक में आकर मुँह लटकाकर बैठ जाते हैं। पशुओं के डॉक्टर स्टीफन के स्टील ने एक बार मुझे बताया कि एक बार बहुत सारे लोग एक साथ अपने पशुओं को टीका लगवाने के लिए उनके अस्पताल में आये थे, लेकिन कोई भी एक-दूसरे से बात करने को राजी नहीं था। वे सब तो बस यही सोच-सोचकर जल-भुन रहे थे कि डॉक्टर के क्लीनिक में समय बर्बाद करने के स्थान पर वे कौन-कौन से आवश्यक काम निबटा सकते थे। हमारी कक्षा में उन्होंने इस बात का उद्घाटन किया- 'सात-आठ मरीज वेटिंग रूम में बैठे हुए थे। तभी एक महिला अपने नौ महीने के बच्चे तथा एक पालतू बिल्ली के साथ अन्दर आई। संयोगवश वह महिला एक ऐसे व्यक्ति के साथ बैठ गई, जो देरी के कारण बहुत अधिक विचलित हो रहा था। थोड़ी देर बाद वह बच्चा उस व्यक्ति को देखकर मुस्कराने लगा। वैसे भी बच्चे अक्सर ऐसा ही तो करते हैं और वह व्यक्ति भी मुस्करा पड़ा, फिर वह व्यक्ति उस औरत से उस बच्चे के बारे में गप-शप करने लगा, फिर वह अपने नाती-पोतों के बारे में बताने लगा और धीरे-धीरे सभी उस चर्चा में शामिल हो गये और फिर तो जैसे बोरियत और तनाव दूर भाग गया और पूरा वातावरण सुखद तथा आनंददायक अनुभव में परिवर्तित हो गया।

लेकिन ध्यान देने वाली बात यह है कि झूठी मुस्कराहट से कोई लाभ नहीं होने वाला। हम बनावटी चीज को देखते ही समझ जाते हैं, इसलिए उसे तनिक भी पसंद नहीं करते। वास्तविकता मुस्कराहट सबका मन जीतने की शक्ति रखती है, मन को छूने वाली मुस्कराहट, एक ऐसी सच्ची मुस्कराहट जो मन से आती है, मन तक पहुँचती है और इसीलिए अनमोल होती है, बेशकीमती होती है।

जेम्स वी, मैकॉनल, जो मिशिगन यूनिवर्सिटी में मनोविज्ञान के प्रोफेसर हैं, उन्होंने मुस्कराहट के बारे में अपनी भावनाएँ इस प्रकार व्यक्त की हैं- 'मुस्कराहट बिखेरने वाले लोग ठीक प्रकार से सिखा व बेच पाते हैं और अपने बच्चों का पालन-पोषण भी ठीक प्रकार से कर पाते हैं। मुस्कान में बहुत शक्ति होती है। इसीलिए तो यदि हम किसी को कुछ सिखाना चाहते है, तो हमें सामने वाले को प्रोत्साहित करना चाहिए न कि दण्डित।

न्यूयॉर्क के एक बड़े डिपार्टमेण्ट स्टोर के एम्प्लोयमेण्ट मैनेजर ने मुझे बताया कि वह एक ऐसे व्यक्ति को नौकरी पर रखना पसंद करेंगे, जिसके चेहरे पर हमेशा मनमोहक मुस्कराहट फैली रहती हो, भले ही वह कम पढ़ा-लिखा हो। ऐसे व्यक्ति को वे कभी भी नौकरी पर नहीं रखना चाहेंगे, जो हमेशा उदास, खिन्न या गंभीरता की मूरत बना रहता हो, भले ही वह फिलॉसफी में डॉक्टरेट क्यों न हो।

मुस्कान का प्रभाव बहुत शक्तिशाली तथा चिरस्थायी होता है। चाहे वह प्रभाव किसी को भी दिखे या न दिखे। 'फोन पॉवर' नामक एक प्रोग्राम अमेरिका की टेलीफोन कंपनियाँ चलाती हैं। इस कार्यक्रम में कर्मचारियों को सिखाया जाता है कि वे टेलीफोन का उपयोग अपना सामान बेचने में कैसे कर सकते हैं। इस कार्यक्रम में वे आपको यह सलाह देते हैं कि आप फोन पर बातें करते समय सदैव मुस्कराते रहिए। मुस्कराहट आपके चेहरे पर दिखाई देती है, तो 'आवाज' में सुनायी देती है।

ओहियो की एक कंपनी में कम्प्यूटर विभाग के मैनेजर रॉबर्ट क्रायर सिनसिनाटी ने हमें यह बताया कि उन्होंने एक मुश्किल से भर जाने वाले पद के लिए सही उम्मीदवार ढूंढ़ने में किस प्रकार सफलता प्राप्त की थी। उनके अनुसार-

'मुझे अपने विभाग में ऐसे व्यक्ति की आवश्यकता थी, जो कम्प्यूटर साइंस में डॉक्टरेट हो'। अन्त में मैंने एक ऐसे आदर्श नौजवान को ढूँढ ही लिया, जो परड्यू यूनिवर्सिटी से ग्रेजुएशन पूरा करने ही वाला था, फिर मुझे पता चला कि उसे कई और कंपनियों के भी ऑफर मिल चुके थे। दूसरी कंपनियों को छोड़कर हमारी कंपनी को ही क्यों चुना? एक पल रुकने के बाद वह बोला- 'इसका कारण मात्र इतना-सा है कि दूसरी कंपनियों के मैनेजर मुझसे फोन पर ठण्डे, बिजनेसमैन वाले भाव में बात किया करते थे, लगता था, जैसे यह भी एक बिजनेस वार्ता हो, लेकिन आपकी आवाज में एक अपनापन था, लगता था, जैसे आपको मुझसे बात करके बहुत खुशी हो रही हो, जैसे आप सचमुच में यही चाहते थे कि मैं आपकी कंपनी में नौकरी करूँ।' अब आप समझ ही गये होंगे कि मुस्कराहट कितने काम की चीज है।

अमेरिका की एक बड़ी रबर कंपनी के बोर्ड ऑफ डायरेक्टर्स के चेयरमैन ने मुझे बताया कि उनका विचार है कि जब तक सामने वाले को किसी काम में आनन्द नहीं आता, तब तक वह उस काम में सफलता प्राप्त नहीं कर पाता। वह उद्योगपति यह मानने को बिलकुल तैयार नहीं था कि केवल परिश्रम ही सफलता की कुंजी है। परिश्रम में ही सारे जादुई तालों की चाबी छिपी है।

उनका कहना था कि वे ऐसे अनगिनत सफल लोगों को जानते है, जिन्होंने अपने क्षेत्र में केवल इसलिए सफलता प्राप्त की, क्योंकि उन्हें इसमें आनन्द आता था। बाद में जब उन्हें अपने काम में आनन्द आना बंद हो गया, तो उनका धंधा भी मंदा पड़ गया और फिर वे असफल होने लगे।

मैं हजारों बिजनेसमैनों से यह आग्रह कर चुका हूँ कि वे एक हफ्ते तक हर घण्टे किसी की भी ओर देखकर मुस्कराये। इसका क्या प्रभाव होता है, आइए, अब यह भी देख लेते हैं। यही हमारे समक्ष न्यूयॉर्क के प्रसिद्ध स्टॉक ब्रोकर विलियम वी. स्टीनहार्ड का पत्र रखा है। उनका उदाहरण हम कई बार अनुभव कर चुके है।

मि. स्टीनहार्ड का कहना है- 'हमारी शादी हुए अठारह वर्ष हो चुके थे।' 'मैं अपनी पत्नी से केवल काम की बातें करता था, उससे अधिक कुछ भी नहीं। उसको देखकर मुस्कराने के बारे में तो मैं सोच भी नहीं सकता था। मैं सोकर उठता था और जल्दी-जल्दी तैयार होकर काम पर निकल जाता था। मैं बहुत कम बोलता था। शायद मैं दुनिया का सबसे उदासीन व्यक्ति था '।

'उसके बाद जब आपने मुझे मुस्कराने की सलाह दी तथा उसके सकारात्मक परिणामों से भी अवगत कराया, तो मैंने सोचा कि मैं भी एक सप्ताह तक खूब हँसकर देखूँगा। अगली सुबह जब मैं अपने बाल सँवार रहा था, तो मैंने आईने में देखते हुए स्वयं से कहा- 'बिल, आज तुम अपने चेहरे से ये निराशा के बादल हटाने .वाले हो। आज तुम्हें मुस्कराना है और अच्छा होगा कि यह अच्छा काम तुम आज से या फिर अभी से ही प्रारंभ कर दो।' फिर तो नाशते की मेज़ पर भी मैं मुस्कराते हुए आया और अपनी पत्नी की ओर प्यार भरी दृष्टि से देखा।'

'आपने मुझसे कहा था कि मेरे अन्दर का यह बदलाव देखकर वह हैरान हो जायेगी। अरे, नहीं, वह तो पागल-सी हो गयी। वह तो कुछ समझ ही नहीं पा रही थी, फिर मैंने उसे बताया कि अब मैं हमेशा ही ऐसे ही मुस्कराता रहा करूँगा और मैंने अपना वायदा नहीं तोड़ा। मेरे बदले हुए व्यवहार से दो महीनों के अंदर ही हमारे घर का उदासीन वातावरण खुशनुमा हो गया। हमने इतनी खुशियाँ प्राप्त कर ली थीं, जितनी कि हम पूरे वर्ष में भी नहीं कर पाते थे।

'अब तो मैं ऑफिस जाते समय अपनी बिल्डिंग के लिफ्ट मैन को भी हँसते हुए 'गुड मॉर्निंग' कहता हूँ मुस्कराकर दरबान का अभिवादन स्वीकार करता हूँ ,बैंक में जाने पर कैशियर की ओर मुस्कराकर देखता हूँ। स्टॉक एक्सचेंज में जाने पर वहाँ भी सब लोगों को मुस्कराकर देखता हूँ जिन्होंने मुझे हमेशा उदास देखा था।

'मुझे पता चल गया है कि मुस्कराहट का अन्तर मुस्कराहट ही होती है, क्योंकि अब मुझे देखकर सभी मुस्कराते हैं। जो कोई भी मेरे पास शिकायत या समस्या लेकर आता है, मैं उनकी बातें दिल से मुस्कराते हुए सुनता हूँ और इससे समस्या का समाधान निकालना बहुत सरल हो जाता है। मुस्कराहट के कारण से ही अब मैं अधिक पैसा कमा पा रहा हूँ प्रति दिन अधिक डॉलर'।

'जिस दफ्तर में मैं काम करता हूँ वहीं एक दूसरे ब्रोकर का भी दफ्तर है। वहाँ काम करने वाला एक क्लर्क बहुत बढ़िया आदमी है और मैं मुस्कराहट के परिणामों से इतना प्रभावित हो गया कि मैंने अपनी सारी फिलॉसफी उसे बता दी। उस क्लर्क ने ही मुझे बताया कि पहले वह मुझे बहुत घमण्डी तथा खडूस व्यक्ति समझता था, लेकिन मेरे बारे में उसके ये विचार अब बदल चुके हैं। वह कहता है कि हँसते हुए मैं बहुत जिन्दादिल और नौजवान लगता हूँ।

'अब मैंने दूसरों की आलोचना करना भी छोड़ दिया है। अब तो मैं प्रशंसा और सराहना करने में विश्वास रखता हूँ। मैं क्या चाहता हूँ? अब मैं ऐसे नहीं बोलता। अब तो अपने सामने वाले का दृष्टिकोण परखता हूँ। इन सब सकारात्मक विचारधाराओं ने मेरे अन्दर क्रान्तिकारी परिवर्तन ला दिया है। मैं पूर्णतया बदल चुका हूँ और पहले से बहुत अधिक प्रसन्न तथा धनी हो गया हूँ। अब मेरे पास सच्चे मित्र हैं, सच्ची खुशियाँ हैं और यही तो सबसे बड़ी सम्पत्ति है।'

क्या आपको मुस्कराना या हँसना कठिन काम लगता है? तो फिर इस समस्या से छुटकारा पाने के दो तरीके हैं। सर्वप्रथम, स्वयं को हँसने के लिए विवश कर दें। जब भी आप घर में अकेले हो, तो सीटी बजाते हुए गुनगुनाएं, गीत गाएं, नाचे, झूमें, कुछ इस तरह व्यवहार करें, जैसे आप बहुत प्रसन्न हैं और फिर कुछ समय पश्चात आपको अपने आप ही इन बातों में आनन्द आने लगेगा। महान् दार्शनिक एवं मनोवैज्ञानिक विलियम ने इस बात को कुछ इस प्रकार स्पष्ट किया था-

'हम सोचते हैं कि हमारे अच्छे-बुरे काम हमारी भावनाओं का अनुसरण करते हैं, लेकिन वास्तविकता तो यह है कि कार्य और भावना साथ-साथ चलते हैं और किसी भी काम पर नियंत्रण करने से हम अपनी भावना को भी नियंत्रित कर सकते हैं, क्योंकि कार्यों पर नियंत्रण करना सरल है, जबकि भावनाओं को नियन्त्रण में रखना बहुत कठिन होता है। तो बात एकदम स्पष्ट है कि प्रसन्न रहने के लिए हमें इस तरह बोलना तथा व्यवहार करना चाहिए, जैसे हम बहुत प्रसन्न हों।'

इस पूरे संसार में सभी को प्रसन्नता की खोज है, लेकिन इसे प्राप्त करने का केवल एक ही रास्ता है, अपने विचारों को नियन्त्रण में रखकर प्रसन्नता प्राप्त करना। प्रसन्नता किसी बाहरी परिस्थिति की आश्रित नहीं है, वह तो हमें स्वयं अपने अन्दर ही ढूँढनी पड़ेगी।

दु:ख-सुख इस बात के आश्रित नहीं हैं कि आप क्या हैं, कैसे हैं, कहीं रहते हैं, क्या करते हैं? इसका सम्बन्ध तो आपकी सोच से है। उदाहरणतया, वेतन भी बराबर पाते हैं, लेकिन उनमें से एक अधिक सुखी होगा और एक अधिक दुखी। कारण? क्योंकि उनका परिस्थितियों को देखने का दृष्टिकोण भिन्न होगा। गर्म प्रदेशों में चिलचिलाती धूप में खेत में काम कर रहा गरीब किसान भी उतना ही सुखी हो सकता है, जितना कि न्यूयॉर्क, शिकागों या लॉसएंजलिस के वातानुकूलित दफ्तर में काम करने वाला कोई बड़ा ऑफिसर। बशर्ते उस किसान की सोच भी सकारात्मक हो।

'कोई भी वस्तु अच्छी या बुरी नहीं होती, उसे अच्छा या बुरा तो हमारा नजरिया बना देता है।' ऐसा विलियम शेक्सपियर ने कहा था।

अब्राहिम लिंकन का भी मत था- 'अधिकतर लोग उतने ही प्रसन्न रहते हैं, जितना प्रसन्न वे रहना चाहते हैं।' और, यह कथन मेरे लिए वास्तव में सच्चाई बन गया, जब एक बार मैं न्यूयॉर्क में लीग आइलैण्ड रेलरोड स्टेशन की सीढ़ियाँ चढ़ रहा था और मेरे सामने ही तीस-चालीस लँगड़े बच्चे छड़ी तथा बैसाखियों के सहारे सीढ़ियाँ चढ़ रहे थे, लेकिन मैं यह देखकर हैरान रह गया कि वे सब आनन्दपूर्वक मस्ती के मूड में ऊपर चढ़ रहे थे, बिना किसी हताशा या चिन्ता के। इस बारे में मैंने उनके इंचार्ज से बात की, तो उसने मुझे बताया- 'पहली बार जब किसी बच्चे को यह पता चलता है कि अब वह पूरा जीवन बैसाखियों के सहारे ही चल पायेगा, तो उसे बहुत आघात पहुँचता है, लेकिन फिर धीरे-धीरे वह इसको ही अपना भाग्य समझकर परिस्थितियों से समझौता कर लेता है और फिर सामान्य जीवन जीने लग जाता है।'

मेरी इच्छा हुई कि मैं हृदय से इन्हें धन्यवाद दूँ, इन्हें झुककर नमन करूँ, क्योंकि इन्होंने मुझे एक ऐसा पाठ सिखाया, जिसे मैं कभी नहीं भूल पाऊँगा। सबसे अधिक बोरियत तब होती है, जब आपको ऑफिस के बंद कमरे में अकेले काम करना पड़े तथा दूसरे कर्मचारियों से बात तक करने का अवसर न मिल पाये। मेक्सिको की सीनारो मारिया गांजालेज की नौकरी भी ऐसी ही थी। इसलिए दूसरे कर्मचारियों को हंसी-मजाक करते देखकर उन्हें बहुत ईर्ष्या होती थी। नौकरी के प्रारंभिक दिनों में उनके पास से गुजरती तो अपना मुँह संकोचवश दूसरी ओर कर लेती थीं।

लेकिन कुछ दिनों बाद उसने स्वयं से पूछा- 'मारिया, क्या तुम चाहती हो कि दूसरी औरतें आकर तुम्हारी ओर मित्रता का हाथ बढ़ाये? लेकिन ऐसा कभी नहीं हो सकता। तुम्हें तो स्वयं उनसे मिलकर मित्रता की पहल करनी होगी।' अगली बार वह उनकी मेज़ के पास तक गयी तथा उनसे पूछा- 'हेलो , क्या हालचाल हैं आपके ?' तो इसका आरंभ भी उसी क्षण हुआ। उत्तर में सामने वाली महिला भी मुस्करा दी और फिर धीरे-धीरे मित्रतापूर्ण वातावरण बन गया, फिर तो धीरे-धीरे लोगों से उसका परिचय बढ़ने लगा तथा मित्रता भी होने लगी। अब तो उसे अपनी भी नौकरी आनंददायक लगने लगी।

प्रकाशक तथा निबंधकार अल्वर्ट हावर्ड की इस बुद्धिमत्तापूर्वक सलाह को ध्यान से पढ़ें तथा पढ़कर इस पर अमल भी अवश्य करें-

'बाहर जाते समय अपनी ठोढ़ी अन्दर की ओर खींचें, सिर के ऊपरी भाग को थोड़ा-सा ऊपर की ओर तान लें, फिर अपने फेफड़ों में अधिक-से-अधिक हवा खींचे लें, सूरज की रोशनी को पी जायें, मित्र का अभिनन्दन हँसकर करें, हर बार खुले हृदय से हाथ मिलाये। यह बात अपने मस्तिष्क से निकाल दें कि आपको गलत समझा जायेगा। दुश्मनों के बारे में बिल्कुल भी न सोचें। यह बात निश्चित कर लें कि आप क्या करना चाहते हैं? और फिर बिना किसी भटकाव के अपने लक्ष्य की ओर निरंतर बढ़ते जायें। अपने मस्तिष्क को सदैव ही अच्छे कार्यों की ओर केन्द्रित करें और फिर जैसे -जैसे समय व्यतीत होता जायेगा, आप को यह अनुभव होगा कि आप अपनी आशाओं की पूर्ति हेतु अवचेतन के माध्यम से आवश्यक अवसर बना रहे हैं। ठीक उसी प्रकार जिस प्रकार मूँगे का कीड़ा लहरों से अपनी आवश्यकतानुसार जरूरी तत्त्व ग्रहण कर लेता है। अपने मस्तिष्क में सदैव ही उस गंभीर, विशिष्ट, योग्य व्यक्ति की तस्वीर रखें, जो आप बनना चाहते हैं और आपका यही विचार प्रत्येक क्षण आपको उस अमूल्य तस्वीर के निकट ले जायेगा। तो सर्वशक्तिमान सत्य होता है सही मानसिक दृष्टिकोण प्रत्येक लक्ष्य को पाने के लिए आवश्यक है साहस, ईमानदारी, और प्रसन्नता। सबसे जरूरी बातें ही सही मनुष्य को रचनात्मक बनाती हैं।

यदि मनुष्य में इच्छाशक्ति हो, तो वह सब कुछ प्राप्त कर सकता है और सच्चे मन से की गयी प्रार्थना अवश्य पूरी होती है। हमारा मन जैसा सोचता है, हम वैसे ही बन जाते हैं। अब अपनी ठोढ़ी अंदर की ओर खींचें, अपने सिर का ऊपरी हिस्सा थोड़ा-सा ऊपर की ओर तान लें, हम तो परमपिता परमात्मा की अविकसित अवस्था हैं।'

चीन के सभी दार्शनिकों ने बहुत ही समझदारी पूर्ण बातें कही हैं। उन्हें भली भाँति मालूम था कि यह संसार कैसे चलता है? उनकी लिखी इस कहावत को हमें अपने घर के मुख्य द्वार पर चिपका लेना चाहिए- 'जिस व्यक्ति के पास मुस्कराता हुआ चेहरा हो, उसे दुकान खोलने की भूल बिल्कुल नहीं करना चाहिए।'

आपकी मुस्कराहट आपकी अच्छी भावना की संदेशवाहक होती है। आपकी मुस्कराहट से वे सभी जिन्दगियाँ भी प्रज्ज्वलित हो जाती हैं, जिनकी दृष्टि आपके चेहरे पर पड़ती है। वह व्यक्ति जो प्रतिदिन, प्रति समय नाक-भौं सिकोड़ते, झुँझलाते हुए, चिड़चिड़े चेहरे को देखता हो, वह यदि एक भी मुस्कराते हुए चेहरे को देख लें, तो उसे घने बादलों के बीच से झाँकते सूर्य की भाँति प्रतीत होता है। जब कोई भी व्यक्ति अपने ग्राहकों, अपनी टीचर, अपने बॉस या फिर अपने माता-पिता के कारण दबाव या तनाव में हो, ऐसे समय में आपकी मुस्कराहट उसे यह बात ज्ञात करा सकती है कि निराशा से समस्याओं का हल नहीं निकलता। मुस्कराहट कहती है कि संसार रंगीनियों से भरा पड़ा है।

अभी कुछ ही वर्षों पहले, न्यूयॉर्क के एक डिपोर्टमेण्टल स्टोर में बड़े दिन (क्रिसमस) की भीड़ के कारण सेल्स क्लर्क बहुत दबाव में थे, फिर इस स्टोर ने अपने विज्ञापन के माध्यम से पाठकों की यह फिलॉसफी बतायी -

**क्रिसमस के अवसर पर मुस्कराहट की कीमत:-**

1. इससे खर्च एक पैसा भी नहीं होता, बेशुमार सम्पत्ति मिलती है।
2. जिन्हें यह मिलती है, वे तो मालामाल हो जाते हैं, लेकिन जो इसे देते हैं, वे भी गरीब नहीं होते।
3. यह एक क्षण में ही प्राप्त हो सकती है, लेकिन इसका स्मरण स्थायी होता है।
4. कोई भी इतना गरीब नहीं हो सकता, जो इसका लाभ न उठा सके और कोई भी इतना अमीर नहीं हो सकता, जो इसके बिना जीवन जी सके।
5. यह व्यापार में सद्भावना भरती है, घर को सुख से भर देती है और यही सच्ची दोस्ती की पहचान है।
6. यह निराश व्यक्तियों के लिए आशा की एक किरण है, थके हुए लोगों के लिए छायादार पेड़ है, दु:खीजनों के लिए सूर्य का प्रकाश है तथा दुखियों के लिए तो यह प्रकृति का सबसे अनमोल पुरस्कार है।
7. लेकिन इसे न तो खरीदा जा सकता है और न ही कोई इसे बेचने वाला है। यह भीख में भी नहीं मिलती, क्योंकि तब तक इसका कोई मोल नहीं है, जब तक यह किसी दूसरे के साथ न बीटी जाये।
8. क्रिसमस की अपार भीड़ में यदि हमारे सेल्समैन कुछ अधिक ही थके हुए हों, तो क्यों न आप उन्हें मुस्कराहट देकर उनकी कुछ थकान दूर कर दे।

मुस्कराहट की सबसे अधिक आवश्यकता उस व्यक्ति को होती है, जिसके पास दूसरों को देने के लिए मुस्कराहट बची ही नहीं।

## सिद्धान्त- 2

## हमेशा मुस्कराते रहिए

# 3

# यदि आप यह नहीं कर सकते, तो आप मुसीबत में हैं

सन् 1898 में रॉकलैण्ड काउण्टी में एक दु:खद घटना घटी। एक बच्चे की मौत हो गई थी तथा उसके पड़ोसी उसकी शवयात्रा में जाने की तैयारी करने लगे थे। दूसरी ओर जिम फार्ले घोड़े को बाँधने घुड़साल में गया था। ठण्डी और चुभने वाली हवाएँ चल रही थीं तथा जमीन बर्फ से ढकी हुई थी। इसी कारण घोड़े को कई दिनों से काम भी नहीं कराया जा सका था और जब वह पानी की नाली में से निकला, तो वह खेल-खेल में मुड़ा, उसने अपने दोनों आगे के पैर हवा में ऊँचे उठाकर जिम फार्ले को जान से मार डाला। तो इस प्रकार स्टोनी पॉइंट के उस बेहद छोटे-से गाँव में एक ही हफ्ते में दो-दो शव यात्राएँ निकली थीं। जिम फार्ले के पीछे बचा था, उनकी पत्नी और उनके तीन बच्चे तथा साथ में बीमे के कुछ सौ डॉलर।

पिता की मृत्यु के पश्चात् फार्ले का सबसे बड़ा बेटा, जो दस वर्ष का था, ईंट के भट्टे में काम करने लगा। वह मिट्टी को भिगोकर उसे साँचों में भरकर ईंट का आकार देता था और फिर सूरज की तेज रोशनी में सुखाने के लिए रख देता था। जिम इसी कारण अधिक पढ़ाई नहीं कर पाया, लेकिन उसकी वास्तविक मिलनसार प्रवृत्ति के कारण ही सब लोग उसे पसंद करते थे। बाद में वह राजनीति में चला गया और वहाँ उसने लोगों के नामों को याद रखने की असाधारण प्रतिभा को विकसित किया।

वैसे तो वह हाईस्कूल तक भी नहीं पहुँच पाया था, लेकिन छियालीस के आस-पास की उम्र तक उसे चार कॉलेजों से मानद उपाधियाँ मिल चुकी थीं। फिर वह डेमोक्रेटिक नेशनल कमेटी का चेयरमैन तथा पोस्ट मास्टर जनरल ऑफ द यूनाइटेड स्टेट्स बन गया।

एक साक्षात्कार के दौरान मैंने जिम फार्ले से उनकी सफलता का रहस्य जानना चाहा। उन्होंने कहा- 'कड़ी मेहनत।' मैंने कहा- 'तुम मजाक कर रहे हो।'

इस पर जिम फार्ले ने मुझसे पूछा कि फिर उनकी दृष्टि में मेरी सफलता का क्या रहस्य है? इस पर मैंने उत्तर दिया- 'मैंने सुना है कि आपको दस हजार से अधिक लोगों के नाम स्मरण हैं।'

उस पर जिम ने उत्तर दिया- 'नहीं, तुमने गलत सुना है। मुझे तो पचास हजार लोगों के नाम स्मरण हैं।'

नाम स्मरण रखने की इसी दक्षता के कारण फार्ले ने फ्रैंकलिन डी. रूजवेल्ट को सन् 1932 में व्हाइट हाउस पहुँचा दिया था, क्योंकि फार्ले ने चुनाव-अभियान में रूजवेल्ट का प्रचार किया था।

जिम फार्ले ने लोगों के नाम याद करने की यह कला जिप्सम कंपनी के सेल्समैन के रूप में यात्रा करते समय तथा स्टोनी पॉइंट के टाउन क्लर्क के रूप में काम करते हुए विकसित की थी। आरम्भिक दिनों में यह तकनीक एकदम सरल थी। किसी भी नये व्यक्ति से भेंट के समय जिम फार्ले उससे उसका नाम, उसका पारिवारिक ब्यौरा, व्यापार तथा राजनैतिक विचारों आदि के

बारे में जानकारी प्राप्त कर लेता था, फिर वह उन सारी जानकारियों को तथा उस व्यक्ति के चेहरे को अपने मस्तिष्क में बिठा लेता था और हाथ मिलाते हुए उससे उसके परिवार की राजी-खुशी पूछता, यहाँ तक कि उसके बगीचे तथा उसके पालतू जानवर के बारे में भी पूछ लेता था। उसके इसी गुण के कारण लोग उसे इतना पसंद करते थे। रूजवेल्ट के चुनाव अभियान के महीनों पहले से ही जिम फार्ले ने प्रत्येक दिन पश्चिमी तथा उत्तर-पश्चिमी राज्यों के अनगिनत लोगों को पत्र लिखे थे। जगह-जगह जाकर उसने चुनाव-प्रचार किया। वह जिस भी शहर में जाता था, वहाँ पर लंच या डिनर पर लोगों से मिलता था तथा उनसे खुले दिल से बातें करता था और फिर दूसरे राज्य की ओर बढ़ जाता था।

अपने प्रांत वापस लौटकर वह प्रत्येक उस व्यक्ति को पत्र भी लिखता था, जिससे वह मिला था। इस सूची में हजारों नाम थे। उन सभी व्यक्तियों को जिम अपने हाथ से लिखकर पत्र भेजता था और उन्हें बड़े प्यार से संबोधित करता था, जैसे- 'प्रिय जॉन' या 'प्रिय बिल' और फिर नीचे लिखता था- 'आपका जिम'।

जिम फार्ले ने यह पाठ बचपन में ही सीख लिया था कि संसार में प्रत्येक व्यक्ति को दूसरे से अधिक अपने नाम में रुचि होती है। किसी दूसरे के नाम को स्मरण रखकर उसका सरलता से उच्चारण करना अपनेपन को दर्शाता है। किसी के नाम को भूल जाना या फिर उलटा-सीधा उच्चारण करना परायेपन को दर्शाता है। यह गलती कभी-कभी हमें कठिनाई में भी डाल देती है। उदाहरणतया, मैंने एक बार पेरिस में एक पब्लिक स्पीकिंग कोर्स का आयोजन किया और उस शहर में रहने वाले सारे अमेरिकी वासियों को सूचना-पत्र भेजे थे। फ्रांसीसी टाइपिस्टों की अंग्रेजी अधिक अच्छी नहीं होती, इसलिए उन्होंने अनेक नामों की स्पेलिंग गलत लिख दी थी। तब पेरिस के एक बड़े अमेरिकन बैंक के सीनियर मैनेजर ने मुझे शिकायती पत्र लिख भेजा था, जिसमें उसने मुझे बहुत उलटी-सीधी भी सुनायी थीं।

वैसे जिन नामों के उच्चारण कठिन हो, उन नामों को याद रख पाना कठिन होता है। लोग इन नामों की या तो उपेक्षा कर देते हैं या फिर किसी उपनाम से पुकारने लगते हैं। सिड लेवी को एक 'निकोडेमस पैपेडुलॉस' नामक ग्राहक से कई बार मिलना पड़ा था। अधिकांश लोग तो उसे 'निक' कहकर पुकारते थे, लेकिन लेवी ने उस ग्राहक से मिलने जाने से पहले उसके नाम का सही उच्चारण करना सीख लिया। जब लेवी ने उसका अभिवादन यह कहकर किया- 'गुड आफ्टरनून, मिस्टर निकोडेमस पैपेडुलोस, तो वह हक्का-बक्का रह गया। उसके मुँह से तो आवाज भी नहीं निकल पा रही थी, लेकिन तभी अपनी आँखों में प्रसन्नता के आँसू लिये वह बोला- 'मि. लेवी, मैं इस देश में पंद्रह सालों से रह रहा हूँ लेकिन आज तक किसी ने भी मुझे मेरे सही नाम से नहीं पुकारा।'

अब एण्ड्रयू कारनेगी की सफलता का रहस्य भी जान लें। लोग उन्हें स्टील किंग कहते थे, लेकिन स्टील के बारे में उनकी स्वयं की जानकारी अधिक नहीं थी। उनकी कंपनी के कितने ही कर्मचारी उनसे अधिक स्टील के बारे में ज्ञान रखते थे।

लेकिन कारनेगी लोक-व्यवहार में बहुत निपुण थे और इसी कारण वे इतनी सम्पत्ति कमा सके थे। बचपन से ही उनमें आश्चर्यजनक संगठन शक्ति थी तथा नेतृत्व की प्रतिभा साफ-साफ झलकती थी। दस साल की उम्र तक एण्ड्रयू कारनेगी यह बात समझ गये थे कि लोगों को अपने नाम से बहुत प्रेम होता है, अपना नाम सुनते ही वे अपने को महत्त्वपूर्ण समझने लगते हैं और अपनी इस जानकारी का उपयोग उन्होंने लोगों से सहायता प्राप्त करने में किया था।

एक बहुत ही दिलचस्प घटना है, जो एण्ड्रयू कारनेगी ने बचपन में नाम को लेकर प्रयोग किया था। बचपन में जब वे स्काटलैंड में रहते थे, तो उन्होंने एक मादा खरगोश को पाला। कुछ ही समय बाद उनके पास छोटे-छोटे खरगोशों का ढेर लग गया। अब उनके पास इतने पैसे भी नहीं थे कि वे सब खरगोशों को पाल सकें। तभी उनके दिमाग में एक कारगर विचार आया। उन्होंने अपने पड़ोस के सभी बच्चों को बुलाकर कहा कि यदि वे उसके खरगोश को दाना-पानी देंगे, तो वे उन खरगोशों का नाम उनके नाम पर रख देंगे। यह योजना तो चमत्कार कर गयी और उसके बाद नाम के महत्त्व को कारनेगी ने कभी भी अपने मस्तिष्क से नहीं निकाला।

इस घटना के वर्षो बाद, एण्ड्रयू कारनेगी ने इसी तरह का प्रयोग बिजनेस में भी किया और करोड़ों डॉलर के स्वामी बन बैठे। उदाहरणतया, कारनेगी पेनसिल्वेनिया रेलरोड को स्टील की पटरियाँ बेचने के इच्छुक थे। उस समय जे.एडगर थॉमसन पेनसिल्वेनिया रेलरोड के प्रेसीडेण्ट थे। इसीलिए एण्ड्रयू कारनेगी ने पिट्सवर्ग में एक बड़ी स्टील कंपनी को बनवाकर उसका नाम 'एडगर थॉमसन स्टील वर्क्स' रख दिया।

अब आप स्वयं ही इस पहेली का उत्तर दे सकते हैं कि जब एडगर थॉमसन को पटरियों की आवश्यकता पड़ी होगी, तो क्या उन्होंने वे पटरियाँ सियर्स से या फिर रोबक से खरीदी होंगी? शायद नहीं। थॉमसन ने वे पटरियाँ निश्चित रूप से एडगर थॉमसन स्टील वर्क्स से ही खरीदी थीं। जब कारनेगी तथा जॉर्ज पुलमैन रेलरोड स्लीपिंग कार बिजनेस में एक-दूसरे के प्रतियोगी बन गये थे, तो एक बार फिर कारनेगी को अपना बचपन का खरगोश वाला सबक याद आ गया था।

एण्ड्रयू कारनेगी की सेण्ट्रल ट्रांसपोर्टेशन कंपनी की प्रतियोगिता पुलमैन की कंपनी से हो रही थी। दोनों की कंपनियाँ चाहती थीं कि वे यूनियन पैसिफिक रेलरोड से बिजनेस प्राप्त कर सकें, इसलिए इस प्रतियोगिता में दोनों ही कंपनियाँ घाटे की कगार पर पहुँच रही थीं, फिर पुलमैन तथा कारनेगी दोनों ही यूनियन पैसिफिक के बोर्ड ऑफ डायरेक्टर्स से मिलने के लिए न्यूयॉर्क गये। अचानक एक दिन एक होटल के बाहर कारनेगी की मुलाकत पुलमैन से हो गयी, तो कारनेगी ने उनसे कहा- 'गुड ईवनिंग, मि. पुलमैन, क्या आपको ऐसा नहीं लगता कि हम दोनों ही स्वयं को मूर्ख बना रहे है ?'

गुस्से में भरकर पुलमैन ने कहा- 'आखिर आपके कहने का मतलब क्या ?

और फिर कारनेगी ने पुलमैन के सामने अपने मन की बात कही। उन्होंने कहा कि प्रतियोगिता के स्थान पर हमें सहयोग के साथ काम करना चाहिए, फिर उन्होंने इस बात पर भी पुलमैन का ध्यान आकर्षित किया कि मिलकर काम करने से दोनों को ही लाभ होगा। पुलमैन ने भी कारनेगी की बात पर ध्यान दिया और उन्हें भी लगा कि कारनेगी सत्य कह रहे हैं। उन्होंने पूछा- 'आप इस नयी कंपनी का नाम क्या रखेंगे?' कारनेगी ने तुरंत उत्तर दिया- 'स्पष्ट सी बात है, पुलमैन पैलेस कार कंपनी।'

पुलमैन का चेहरा तो कमल की भाँति खिल उठा। उन्होंने कारनेगी से कहा- 'आप मेरे कमरे में आइए, इस बारे में हम विस्तारपूर्वक बात करते हैं।' और फिर इस चर्चा ने एक इतिहास रच दिया।

बिजनैस सहयोगियों तथा मित्रों के नाम स्मरण रखने की नीति एण्ड्रयू कारनेगी के लीडरशिप के रहस्यों में से एक थी। उन्हें अपनी फैक्ट्री के सभी कर्मचारियों के नाम स्मरण थे और इस बात

का उन्हें बहुत गर्व था। उनके अनुसार, जब तक उन्होंने कंपनी की बागडोर अपने हाथ में रखी थी, तब तक उनकी स्टील कंपनी में कभी भी कोई हड़ताल या आंदोलन नहीं हुए थे।

टेक्सॉस कॉमर्स बैंकशेयर्स के चेयरमैन बेण्टन लव का मानना है कि कोई भी कॉरपोरेशन जितना बड़ा होता जाता है, वह उतना ही अधिक भाव शून्य भी होता जाता है। इसे भावपूर्ण तभी किया जा सकता है, जब आप लोगों के नाम याद रखें। जो अधिकारी यह शिकायत करता है कि उसकी कंपनी में तो इतने सारे लोग काम करते है, वह किस-किस नाम याद रखे, तो वह निश्चित रूप से अपने व्यापार का एक आवश्यक भाग भूल रहा है या फिर वह गर्त में गिरता जा रहा है।

कारेन कर्श कैलिफोर्निया के रांचो पैलोस वर्डीस की फ्लाइट अटेण्डेण्ट थी। उन्होंने यह आदत विकसित कर ली थी कि वे अपने केबिन में बैठे अधिक-से-अधिक यात्रियों के नाम स्मरण रख सकें। वे उनकी सेवा करते समय उन्हें उनके नाम से पुकराती थीं, फिर तो लोग जैसे उनके दीवाने हो गये और हर स्थान पर उनकी प्रशंसा के पुल बाँधने लगे। एक यात्री ने तो यहाँ तक लिख दिया- 'कुछ समय से मैं टी. डब्ल्यू. ए. एयरलाइन से यात्रा नहीं कर पा रहा हूँ लेकिन अब मैं टी. डब्ल्यू ए. को छोड़कर किसी दूसरी एयरलाइन से यात्रा करने के बारे में सोच भी नहीं सकता। आपकी एयरलाइन में यात्रा करते समय मुझे अनुभव होता है कि जैसे मैं अपनी व्यक्तिगत एयरलाइन में ही यात्रा कर रहा हूँ।'

लोग अपने नाम को तो प्रत्येक मूल्य पर अमर रखना चाहते हैं। हमारे समय के महान् अभिमानी तथा कठोर दिल पीटी. बारनम, जो अपने समय के महान् शोमैन भी थे, इसलिए परेशान थे कि उनके वंश को उनके नाम को आगे चलाने के लिए उनका कोई पुत्र नहीं था, फिर उन्होंने अपनी बेटी के बेटे सीएच, सीले के समक्ष यह प्रस्ताव रखा कि यदि वह अपना नाम बदलकर 'बारनाम सीले' रख ले, तो वे उसे इसके बदले में 25000 डॉलर भी दे देंगे।

नाम की महत्ता का इससे बड़ा उदाहरण और क्या होगा कि शताब्दियों पहले से ही उच्च वर्ग के धनी लोग, लेखकों, कलाकारों तथा संगीतकारों को दिल खोल कर आर्थिक सहायता इसलिए देते आ रहे हैं, क्योंकि वे चाहते हैं कि उनकी रचनाएँ उनके नाम पर समर्पित हों। यही हाल पुस्तकालयों तथा संग्रहालयों का भी है। ऐसे दानियों की कभी भी कमी नहीं रही, जो इन संस्थाओं को खूब धन दान स्वरूप देते आ रहे हैं, मात्र इसलिए कि उनका नाम मानवता के इतिहास में अजर-अमर रहे। न्यूयॉर्क की पब्लिक लाइब्रेरी में एस्टर तथा लेनॉक्स कलेक्शन है, तो मेट्रोपॉलिटन म्यूजियम में बेंजामिन आल्टमैन और जेपी मॉरगन के बेशुमार कलेक्शन हैं। प्रत्येक चर्च में खूबसूरत काँच की खिड़कियों पर उसके दानदाताओं के नाम लिखे होते हैं। अधिकतर विश्वविद्यालयों के अनेक कालेजों के भवनों पर उन दानदाताओं के नाम अंकित होते हैं, जिन्होंने इन भवनों के निर्माण हेतु खूब धन दान स्वरूप दिया है।

जो लोग यह बहाना करते है कि वे अधिक नामों को स्मरण नहीं रख पाते, उनमें से अधिकांश तो केवल इसलिए नामों को भूल जाते हैं, क्योंकि वे किसी भी नाम को याद रखने के लिए न तो प्रयास करते हैं और न ही चित्त एकाग्र करते हैं और बहाना यह बना देते हैं कि व्यस्तता के कारण वे अधिकतर नाम भूल जाते हैं, लेकिन उनमें से कोई भी फ्रेंकलिन डी. रूजवेल्ट से अधिक व्यस्त तो नहीं हो सकता। रूजवेल्ट तो समय निकालकर अपने मैकेनिकों तक के नाम याद रखते थे।

इस बात को स्पष्ट करने के लिए एक उदाहरण प्रस्तुत है- क्राइस्लर ऑरगेनाइजेशन ने मिस्टर रूजवेल्ट के लिए एक विशेष प्रकार की कार का निर्माण किया था, क्योंकि पैरों के लकवे के कारण रूजवेल्ट किसी अन्य प्रकार की कार का उपयोग नहीं कर पाते थे, फिर एक मैकेनिक तथा डल्यू.एफ. चैम्बरलेन उस कार को पहुँचाने व्हाइट हाउस तक गए। यहाँ मेरे पास डब्ल्यू. एफ. चैम्बरलेन का एक पत्र है, जो यह दर्शाता है कि मि. रूजवेल्ट कैसे थे- 'मैंने तो प्रेसीडेण्ट रूजवेल्ट को केवल इतना सिखाया कि असामान्य उपकरणों वाली इस कार को चलाया कैसे जाता है? लेकिन उन्होंने तो मुझे यह सिखा दिया कि लोगों का हृदय कैसे जीता जाये, उनके साथ कैसा व्यवहार किया जाये।'

मि. चैम्बरलेन आगे लिखते है- 'जब मैं व्हाइट हाउस में पहुँचा, तो मैंने देखा कि प्रेसीडेण्ट बहुत प्रसन्न लग रहे थे। उन्होंने मेरा नाम लेकर मुझे बुलाया, मुझे वहाँ पर बहुत सहज अनुभव हुआ, क्योंकि वे उन चीजों में बहुत रुचि ले रहे थे, जो मैं उनके लिए लाया था। कार का निर्माण इस प्रकार किया गया था कि उसे पूरी तरह से केवल हाथों से ही नियंत्रित किया जा सके, फिर कार को देखने वालों की वहाँ भीड़ एकत्रित हो गई, तो प्रेसीडेण्ट ने कहा- 'मुझे तो यह बहुत शानदार लग रही है। मुझे बस इसके एक बटन को छूना है और फिर यह चल पड़ती है और आप इसे बिना किसी प्रयास के चला सकते हैं। यह तो वास्तव में बहुत उत्कृष्ट है। मैं नहीं जानता कि यह कैसे काम करती है। मेरा तो मन करता है कि समय मिलने पर मैं इसका एक-एक पुरजा खोल-खोलकर देखूँ।'

'फिर जब रूजवेल्ट के मित्रों व सहयोगियों ने कार की प्रशंसा की, तो उन्होंने सबके सामने मुझसे कहा- 'मि. चेम्बरलेन, मुझे मालूम है कि इस कार को बनाने में तुमने बहुत परिश्रम किया है, बहुत प्रयास किया है। मैं इसके लिए तुम्हारी प्रशंसा मन से करता हूँ। यह वास्तव में एक उत्कृष्ट कार है, फिर उन्होंने बारी-बारी से रेडियेटर, विशेष रियर, ब्लयू शीशे, विशेष स्पॉट लाइट, घड़ी, ड्राइवर की सीट की बनावट, डिग्गी में बने विशेष सूटकेसों आदि सभी चीजों की भरपूर प्रशंसा की। उन्होंने उस प्रत्येक चीज की तारीफ की, जिन्हें बनाने में मैंने मेहनत की थी, फिर उन्होंने एक-एक करके कार की सब विशेषताओं की ओर मिसेज रूजवेल्ट, मिस पर्किंस सेक्रेटरी ऑफ लेबर तथा अपनी सचिव का ध्यान आकर्षित कराया। वे काइट हाउस के पुराने पोर्टर को भी यह कहकर तस्वीर में ले आए, 'जार्ज, आप इन सूटकेसों का अच्छी तरह से ध्यान रखने को बेताब दिख रहे हैं। '

'जब ड्राइविंग के बारे में सारी बातचीत समाप्त हो गई तो प्रेसीडेण्ट ने मेरी ओर मुड़कर कहा- 'ठीक है मि. चेम्बरलेन, मैं फेडरल रिजर्व बोर्ड को पिछले आधे घण्टे से इंतजार करवा रहा हूँ। अब मुझे काम पर लौट जाना चाहिए।'

'व्हाइट हाउस में मैं अपने साथ एक मैकेनिक को भी ले गया था। वहाँ पहुँचने पर मैंने रूजवेल्ट से उसका परिचय भी करवाया था, लेकिन उसकी प्रेसीडेण्ट से अधिक बातचीत नहीं हो पाई थी। रूजवेल्ट ने भी उस मैकेनिक का नाम केवल एक ही बार सुना था। मैकेनिक कुछ शर्मीले किस्म का युवक था, इसलिए वह अधिक नहीं बोल पाया था, लेकिन विदा लेते समय प्रेसीडेण्ट ने मैकेनिक की ओर देखकर उससे हाथ मिलाया तथा उसका नाम लेकर वाशिंगटन में आने के लिए उसे धन्यवाद दिया। उनका धन्यवाद भी बेबुनियादी नहीं था, वे शब्द तो सत्य थे, जैसा कि मैंने अनुभव किया था।

'लेकिन यह तो पहले से ही खराब सामान था।' डगलस ने कहा।

इस बात से हमें कोई अन्तर नहीं पड़ता, आप व्यर्थ विवाद न करें, तो ही अच्छा है।' सेल्सगर्ल बोली।

मिसेज डगलस का गुस्सा सातवें आसमान पर पहुँच गया। वे पैर पटकती हुई स्टोर से निकल ही रही थीं कि तभी डिपार्टमेण्टल स्टोर का मैनेजर वहाँ आ गया, जो स्थायी ग्राहक होने के कारण मिसेज डगलस को भली-भाँति जानता था। मिसेज डगलस ने अपनी पूरी बात उस मैनेजर को बता दी।

मैनेजर ने पूरा विवरण ध्यानपूर्वक सुना तथा कोट की भी पूरी जाँच की और फिर बोला- 'हम सीजन के आखिर में अपना सामान बेचकर समाप्त करते हैं, इसलिए स्पेशल सेल का सामान न तो बदला जाता है और न ही वापस होता है, लेकिन यह कोट तो दोषपूर्ण है, इसलिए आप चाहें, तो हम इसकी सिलाई ठीक करवा सकते हैं या फिर आप चाहें, तो अपना पैसा भी वापस ले सकती हैं।'

सेल्समैन और मैंनेजर के व्यवहार में जमीन-आसमान का अन्तर था। उस दिन यदि मैनेजर ठीक समय पर न आया होता, तो उस स्टोर ने एक स्थायी ग्राहक खो दिया होता। अच्छा श्रोता केवल व्यापार में ही सफल नहीं होता, घर पर भी यह गुण बहुत काम आता है। न्यूयॉर्क की मिली एम्पोसिटो का यह स्वभाव था कि जब भी उनके बच्चे कोई बात कहते थे, तो वे उस बात को ध्यान से सुनती थीं। एक दिन शाम को वे अपने बेटे रॉबर्ट के साथ बगीचे में बैठी थीं। तभी अचानक रॉबर्ट बोला- 'माँ, मुझे मालूम है कि आप मुझसे ढेर सारा प्यार करती है।'

मिसेज एम्पोसिटो को यह सुनकर बहुत अच्छा लगा तथा वे कहने लगी, 'हां! बेटा, मैं तुम्हें बहुत प्यार करती हूँ लेकिन आज यह बात तुम्हारे मस्तिष्क में अचानक कैसे आ गयी?'

रॉबर्ट ने उत्तर दिया- 'माँ, इसलिए, क्योंकि आप मेरी बात बहुत ध्यान से सुनती हैं। जब भी मैं कुछ कहता हूँ तो आप अपना सारा काम छोड़कर मेरी बातें सुनने आ जाती हो।'

'एक चुप्पी सौ को हराये' यह बात यहीं तो लागू होती है। बड़े से बड़ा निंदक भी धैर्यवान, शांत तथा सहानुभूतिपूर्वक श्रोता के सामने नरम पड़ जाता है। एक अच्छा श्रोता वह ही तो है, जो उस समय चुप्पी साधे रहे, जब क्रोधित आलोचक जहरीले कोबरे की भाँति अपने फन से शरीर का सारा जहर बाहर उगल रहा हो। उदाहरणयता, न्यूयॉर्क टेलीफोन कंपनी को एक बार ऐसे ग्राहक से निबटना था, जो सदैव ही ग्राहक सेवा प्रतिनिधियों को भला-बुरा कहता रहता था। वह बहुत धमकियाँ देता था कि वह फोन को इसकी जड़ों से ही उखाड़कर फेंक देगा। कई टेलीफोन बिल नहीं चुकाये, क्योंकि उसकी दृष्टि में वे जाली थे। अनेक अखबारों में इसके विरोध में पत्र लिख डाले। यहाँ तक कि उसने टेलीफोन कंपनी के विरुद्ध अदालत में कई मुकदमे भी दायर कर दिये थे।

अंत में कंपनी ने अपने सबसे योग्य ट्रबलशूटर, यानी गुणी श्रोता को इस ग्राहक का साक्षात्कार लेने के लिए भेजा। उस ट्रबलशूटर ने शांतचित्त से उस ग्राहक की पूरी बात सुनी। बीच-बीच में ही, ही कहकर ग्राहक के प्रति अपनी सहमति प्रदर्शित करता रहा।

ट्रबलशूटर ने अपने इस अनुभव को हमारी कक्षा में इस प्रकार बताया- 'ग्राहक ने लगभग तीन घण्टों तक अपनी भड़ास निकाली और मैं चुपचाप सुनता रहा। मैं उससे चार बार मिला तथा

चौथी मीटिंग से पहले मैं उस संगठन का चार्टर मेंबर बन चुका था, जिसे उसने प्रारंभ किया था। 'टेलीफोन सब्सक्राइवर्स प्रोटेक्टिव ऐसोसिएशन' का मैं अब भी सदस्य हूँ या फिर यूँ कहें कि मैं ही दुनिया में उसका एकमात्र सदस्य हूँ।'

'इन भेंटों में मैं उसकी प्रत्येक बात को ध्यानपूर्वक सुनता था और उससे सहानुभूति भी प्रदर्शित था। संभवत: इससे पहले किसी ने भी उसकी बातों को इतने ध्यान से नहीं सुना था। इसलिए अब वह मेरा मित्र बन चुका था। मैंने अपने आने का प्रयोजन उसे पहली, दूसरी या तीसरी मीटिंग में न बताकर चौथी मीटिंग में बताया। उसके बाद उसने अपने सारे बिलों का भुगतान कर दिया तथा सारे केस भी कोर्ट से वापस ले लिये।

नि:संदेह ये सज्जन स्वयं को धर्म योद्धा मानते थे, जो मानवधिकारों की रक्षा हेतु लड़ रहे थे, लेकिन वास्तव में तो यह लड़ाई महत्त्व की थी। चिल्लाकर, विरोध करके, शिकायत करके अपने को महत्त्वपूर्ण प्रमाणित करते थे, लेकिन जैसे ही टेलीफोन कंपनी का प्रतिनिधि उन्हें महत्त्व देने लगा, उनकी शिकायतें छू-मंतर हो गयीं।

वर्षों पहले की बात है, एक क्रोधित ग्राहक सुबह-सुबह डेटमर बूलन कंपनी के संस्थापक जूलियन एफ. डेटमर के ऑफिस में आ पहुँचा। मि. डेटमर ने ही मुझे बताया- 'इस ग्राहक के पास हमारा कुछ पैसा उधार था, लेकिन ग्राहक यह मानने को तैयार ही नहीं था। हमारे क्रेडिट डिपार्टमेण्ट ने उससे भुगतान करने के लिए बार-बार पत्र लिखे। जब अनेक पत्र उसके पास पहुँच गये, तो एक बार वह अपना सूटकेस उठाकर शिकागो आ पहुँचा। भड़भड़ाता हुआ मेरे ऑफिस में पहुंचा और कहने लगा, 'अब वह कोई भी बिल नहीं चुकायेगा और न ही भविष्य में कभी भी एक पैसे का सामान उनकी कंपनी से खरीदेगा।'

'उसकी बातों को मैंने धैर्यपूर्वक सुना। मन तो मेरा भी हो रहा था कि उसकी गलत बात पर उसे बीच में टोक दूँ पर मुझे मालूम था कि यह नीति गलत होगी। इसलिए मैंने उसे मन का सारा गुबार निकालने का मौका दिया। जब उसका उफान थोड़ा शांत हो गया और वह सुनने की स्थिति में आ गया, तो मैंने उससे शांतिपूर्ण तरीके से कहा- 'मैं आपका हृदय से आभारी हूँ कि आपने शिकागो आकर हमें पूरी समस्या से अवगत कराया। यदि हमारे क्रेडिट विभाग के कारण आपको किसी परेशानी का सामना करना पड़ा है, तो इससे और भी कई ग्राहकों को कष्ट पहुँच सकता है और यह हमारे बिजनेस के हित में नहीं है। मेरा विश्वास कीजिए मैं भी आपकी ही तरह पूरी बात जानने के लिए उत्सुक हूँ।'

'यह सब सुनकर उसे बहुत आश्चर्य हुआ। उसने तो सोचा भी नहीं था कि उसके साथ ऐसा व्यवहार किया जायेगा। वह कुछ निराश भी था, क्योंकि वह मुझे इतनी दूर से खरी-खोटी सुनाने के लिए आया था और एक मैं था, जो बिना उससे विवाद किये उसे धन्यवाद दे रहा था। मैंने उसे इस बात का विश्वास दिलाया कि हम अपने उधार के खाते में से उसका नाम काट देंगे, क्योंकि हमें तो बहुत सारे एकाउण्ट देखने होते हैं, इसलिए हम गलत भी हो सकते हैं, जबकि उसे तो केवल एक ही एकाउण्ट देखना होता है, इसलिए उसके गलत होने की संभावना बिल्कुल भी नहीं है।'

'फिर मैंने उसे बताया कि मैं उसकी भावनाओं का सम्मान करता हूँ। यदि मैं भी आपकी जगह होता, तो मेरा भी ऐसा ही व्यवहार होता। मैंने तो उसे कई दूसरे बूलन स्टोर्स के नाम बता दिये, क्योंकि अब वह हमारे साथ बिजनेस डीलिंग नहीं करना चाहता था।'

‘इससे पहले जब भी वह ग्राहक शिकागो आता था, तो हम दोपहर का लंच साथ ही खाते थे, इसीलिए इस बार मैंने उसे लंच के लिए आमंत्रित किया। उसने बड़े बेमन से मेरा आग्रह स्वीकार कर लिया, लेकिन चमत्कार तो तब हुआ, जब लंच के बाद उसने मुझे पहले से भी बड़ा ऑर्डर दे दिया था। अब वह काफी अच्छे मूड में लग रहा था, क्योंकि वह भी अच्छाई का उत्तर अच्छाई से ही देना चाहता था। घर लौटकर उसने ठण्डे मस्तिष्क से अपने सारे एकाउण्ट्स देखे, तो उसे एक ऐसा बिल मिल गया, जिसका भुगतान उसने नहीं किया था, फिर उसने माफी माँगते हुए हमें चेक से पैसे का भुगतान कर दिया, ‘उसके बाद तो वह मेरा इतना दीवाना हो गया कि अपना बेटा पैदा होने पर उसने उसका बीच का नाम ‘डेटमर’ रखा तथा जीवन-भर वह कंपनी का ग्राहक तथा मेरा मित्र बना रहा।’

वर्षों पहले की बात है, जब एक निर्धन डच अप्रवासी बच्चा अपने परिवार की आर्थिक मदद करने के लिए स्कूल के बाद एक बेकरी शॉप की खिड़कियों धोने का काम करता था। इसके अलावा वह सड़क पर बाल्टी लेकर घूमता था, ताकि कोयले की गाड़ियों से गटर में गिरे कोयले के टुकड़ों को चुन सके। यह एडवर्ड बक नाम का बालक केवल छह सालों तक ही स्कूल जा पाया था, लेकिन बाद में वह अमेरिकी पत्रकारिता के इतिहास में सबसे कुशल मैगज़ीन संपादकों में से एक बन गया। ऐसा चमत्कार कैसे हो गया? यह तो एक लंबी कहानी है, लेकिन इसकी आरम्भ कहां से, किस प्रकार हुआ, इस बात को संक्षेप में बताया जा सकता है। इस अध्याय में दिये गये तथ्यों का उपयोग करने से उन्हें पहला अवसर मिला था।

तेरह वर्ष की आयु में ही एडवर्ड बाक ने स्कूली शिक्षा को नमस्कार कह दिया था और वेस्टर्न यूनियन में ऑफिस बॉय बन गये, लेकिन शिक्षा का महत्त्व हमेशा ही उनके मस्तिष्क में घूमता रहता था। उन्होंने स्वयं को। शिक्षित करने के बारे में सोचा। अपनी यात्राओं का पैसा बचाया, कई-कई दिन भूखे रहे, ताकि वे अमेरिकी जीवनियों का एनसाइक्लोपीडिया खरीद सकें, फिर उन्होंने प्रसिद्ध व्यक्तियों को पत्र लिखा कि वे अपना बचपन उसके साथ बाँटने की कृपा करें। बाक एक कुशल श्रोता थे। उन्होंने अपने बारे में न बताकर उन महान् व्यक्तियों से उनके जीवन के बारे में बताने का अनुरोध किया था। जनरल जेम्स ए. गारफील्ड को पत्र लिखा, जो उस समय प्रेसीडेण्ट पद के लिए अभियान चला रहे थे। उनको भी पत्र लिखकर बाक ने पूछा कि क्या यह सच है कि वे नहर पर टो बॉय थे। गारफील्ड ने बक के पत्र का उत्तर भी दिया, फिर बक ने जनरल ग्राण्ट से एक विशेष युद्ध के बारे में जानना चाहा, तो ग्राण्ट ने उसके लिए एक मानचित्र तैयार किया तथा इस चौदह वर्षीय बच्चे को रात के भोजन पर आमंत्रित किया और सारी शाम उससे अनेक पहलुओं पर बातें करते रहे।

और फिर तो बेस्टर्न यूनियन का यह मैनेजर बॉय देश के तमाम प्रसिद्ध व्यक्तियों से पत्र-व्यवहार करने लगा, जिनमें राल्फ वाल्डो इमर्सन, लाँगफेलो, ओलिवर वैण्डेल, होम्स, मिसेज अब्राहम लिंकन, जनरल शेरमैन, लुइसा मे एल्कॉट तथा जेफरसन डेविस शामिल थे। वह तो पत्र-व्यवहार के साथ-साथ उनसे मिलने उनके घर भी जाता था और प्रत्येक सदस्य उसका स्वागत करता था। इस अनुभव ने उसे आत्मविश्वास से भर दिया। इन प्रसिद्ध एवं महत्त्वपूर्ण हस्तियों ने उसमें वह महत्त्वाकांक्षा भर दी थी, जिसने उसके जीवन को ही बदल डाला था और यह जब उन्हीं सिद्धान्तों के कारण से सम्भव हो सका था।

आइसैक एफ. मार्कोसन नाम के पत्रकार ने भी अनगिनत प्रसिद्ध व्यक्तियों के साक्षात्कार लिये हैं। उनका मत था कि अनेक लोग अपना अच्छा प्रभाव केवल इसलिए नहीं छोड़ पाते, क्योंकि वे दूसरे की बात ध्यान से सुनते ही नहीं हैं। वे तो बस यही सोचते रहते हैं कि उन्हें क्या बोलना है इसलिए उनके कान पूरी तरह खुले हुए नहीं रहते। महत्त्वपूर्ण व्यक्तियों का मानना है कि अच्छा श्रोता वक्ता से अधिक पसंद किया जाता है, लेकिन सुनने की कला और किसी भी कला से अधिक दुर्लभ है।

अच्छे श्रोताओं को महत्त्वपूर्ण लोग ही पसंद नहीं करते, बल्कि वे तो सामान्य लोगों द्वारा भी खूब प्रशंसा पाते हैं। 'रीडर्स डाइजेट' ने एक बार एक लेख द्वारा भी छापा था- 'जब लोगों को अपने मन की बात बाहर लाने के लिए श्रोताओं की आवश्यकता होती है, तो वे डॉक्टर को बुला लेते है।'

गृहयुद्ध के दु:खदायी समय में अब्राहम लिंकन ने स्टिंगफील्ड के अपने एक मित्र को पत्र लिखकर वाशिंगटन बुलवा भेजा। वह उस दोस्त के साथ कुछ समस्याओं पर विचार-विमर्श करना चाहता था। जैसे ही वह मित्र व्हाइट हाउस पहुँचा, लिंकन घण्टों तक उस दोस्त के सामने दासों को मुक्त करने के कानून बनाने के परिणामों पर बोलते रहे। वे दास प्रथा को समाप्त करने के लाभ तथा हानियों के बारे में बातें करते रहे, लिंकन ने पत्र पढ़कर सुनाये, लेख पड़े। कुछ पत्रों में लिंकन की आलोचना की गई थी, क्योंकि वे अब तक दासों को मुक्त नहीं कर पाये थे और अनेक पत्रों में यह आलोचना की गयी थी कि वे दासों को मुक्त क्यों करना चाहते थे? घण्टों तक बोलने के बाद लिंकन ने अपने उस मित्र से हाथ मिलाया, गुड नाइट किया तथा बिना उसके विचार पूछे, उसे इलिनॉय के लिए रवाना कर दिया। लिंकन ने उस दोस्त को बिलकुल भी बोलने का अवसर नहीं दिया था, फिर भी ऐसा करने से लिंकन के विचारों को सही दिशा मिल गयी थी और वे सही ढंग से सोच पाये थे। ऐसा लगता था कि लिंकन को सलाह की नहीं, बल्कि एक अच्छे, सहानुभूतिपूर्ण श्रोता की आवश्यकता थी, जिसके सामने वे खुलकर बात कर सकें। हमें भी तो मुश्किल में ऐसा ही लगता है कि कोई ऐसा हो, जो हमारी बातें ध्यानपूर्वक सुन सके। असंतुष्ट कर्मचारी, क्रुद्ध ग्राहक, जिद्दी बालक, आहत मित्र सब यही चाहते हैं।

सिमगंड फ्रायड का नाम आधुनिक समय के सबसे कुशल श्रोताओं में शामिल है। एक बार एक व्यक्ति फ्रायड से मिला और अपनी समस्या उनके सामने रखी। उनके सुनने के तरीके के बारे में उस व्यक्ति का कहना था- 'इससे मेरे ऊपर इतना गहरा प्रभाव पड़ा कि मैं कभी भी नहीं भूल सकता। उनके जैसे गुण मैंने किसी दूसरे व्यक्ति में नहीं देखे। मैंने किसी और को सामने वाले आदमी पर इतना ध्यान देते नहीं देखा है। इसमें आत्मा की गहराई को बेधती दृष्टि जैसी कोई बात नहीं है। उनकी आँखें कोमल एवं दयालु हैं। आवाज ऐसी जैसे मोती टपक रहे हों। उनकी मुद्राएँ बहुत कम हैं, लेकिन उन्होंने मेरी ओर जितना ध्यान दिया, मेरी बातों की जितनी सराहना की, वह सचमुच अद्वितीय तथा असामान्य है। आप सोच भी नहीं सकते कि इस प्रकार सुने जाने का क्या अर्थ होता है?'

कुछ लोग ऐसे होते हैं, जिन्हें देखते ही हर कोई अपना मुँह फेर लेता है, पीठ पीछे उसकी खिल्ली उड़ाता है, उससे करता है, क्योंकि वह व्यक्ति अधिक देर तक किसी की बात नहीं सुन सकता। उसका प्रयास तो यही होता है कि सामने वाले की बात बीच में ही काटकर अपनी बात कहना शुरू कर दे।

क्या आप इस प्रकार के लोगों को जानते हैं? हमसे प्रत्येक ही ऐसे व्यक्ति के संपर्क में जरूर आया होगा। ऐसे व्यक्ति को लोग उबाऊ मनुष्य कहते हैं, जो अपने ही अहं में चूर रहता है तथा स्वयं को ही ब्रह्माण्ड का केन्द्र बनाना चाहता है।

एक और सच्चाई यह भी है कि जो लोग केवल अपने बारे में ही बातें करते हैं, वे सोचते भी केवल अपने बारे में हैं, इसीलिए कोलंबिया यूनिवर्सिटी के प्रेसीडेण्ट डी. निकोलस मेरे बटले ने ऐसे लोगों के विषय में कहा है- 'जो लोग केवल अपने ही बारे में सोचते हैं, वे बुरी तरह अशिक्षित होते हैं। चाहे वे कितनी भी डिग्रियाँ क्यों न प्राप्त कर लें, रहते तो वे अनपढ़ ही हैं।'

अब यदि आप अच्छे वक्ता बनना चाहते हैं, तो पहले अच्छे श्रोता बनना सीख लें। स्वयं को दिलचस्प बनाने के लिए सामने वाले में भी दिलचस्पी लें। ऐसे प्रश्न करें, जो सामने वाले को मनोरंजन लगे। उनके बारे में, उनकी उपलब्धियों के बारे में उनसे पूछें।

यह बात हमेशा याद रखें कि जितनी रुचि लोगों को आपमें या आपकी समस्याओं में है, उससे सौ गुना अधिक रुचि अपने आपको तथा अपनी समस्याओं में भी है। चीन में अकाल से अनगिनत मरने वालों की उन्हें इतनी फिक्र नहीं है, जिनती कि अपने दाँत के मामूली से दर्द की। अफ्रीका में चालीस भूकंपों से अधिक दु:ख उन्हें अपने गर्दन की पीड़ा में होता है। तो अगली बार चर्चा का विषय चुनते समय यह बात अवश्य ध्यान रखें।

## सिद्धांत- 4

### कुशल व सहानुभूतिपूर्ण श्रोता बने। सामने वाले को स्वयं के बारे में बताने के लिए प्रोत्साहित करना सीखें।

# 5
## लोगों में रुचि पैदा करें

शायद ही कोई व्यक्ति ऐसा हो, जो थियोडोर रूजवेल्ट से मिलने के बाद उनके ज्ञान के अपार भण्डार में चमत्कृत न होता हो। मिलने वाला चाहे सामान्य सा काऊबॉय हो या फिर न्यूयॉर्क का प्रसिद्ध कूटनीतिज्ञ या कोई सफल राजनेता, रूजवेल्ट को भली भाँति मालूम था कि किससे, क्या और कैसे कहना है, लेकिन वे यह सब कैसे जान जाते थे? उत्तर स्पष्ट है। जब भी रूजवेल्ट को किसी से मिलना होता था, तो वे एक रात पहले उस विषय पर अध्ययन करके आगंतुक की रुचि के बारे में जान लेते थे।

लेकिन रूजवेल्ट ऐसा क्यों करते थे? वह इसलिए, क्योंकि वे जानते थे कि किसी भी आदमी के मन तक पहुँचने के लिए पहले उसके पसंदीदा विषयों पर बातें करना जरूरी है। येल में अंग्रेजी साहित्य के प्रोफेसर तथा प्रसिद्ध निबंधकार प्रोफेसर विलियमन ल्याँन फेल्पस ने यह सबक बहुत कम उम्र में ही सीख लिया था।

अपने एक निबंध ,'ह्यूमन नेचर' में फेल्पस ने लिखा है- 'जब मैं आठ साल का था, तो मैं अपनी चाची लिब्बी लिंस्ले के घर पर स्ट्रैटफोर्ड में छुट्टियां मनाने गया हुआ था। एक शाम एक अधेड़ व्यक्ति मेरी चाची से मिलने आया तथा उनसे थोड़ी देर बातें करने के पश्चात् वह मेरी ओर बड़े ध्यान से देखने लगा। उस समय नावों के बारे में मैं बहुत जिज्ञासु था तथा उस आगंतुक ने अच्छे प्रकार से इस विषय पर चर्चा की, तो मुझे बहुत आनन्द आया। उसके चले जाने के बाद, मैंने उस व्यक्ति की बहुत प्रशंसा की, तो मेरी चाची ने बताया कि वह न्यूयॉर्क का वकील था और नावों में तो उसकी बिलकुल भी रुचि नहीं थी, लेकिन उसने मुझसे नावों के बारे में क्यों बात की?

चाची बोली- 'क्योंकि वह व्यक्ति बहुत सभ्य तथा चतुर था। उसे मालूम था कि तुम्हारी नावों में बहुत रुचि थी, इसलिए उसने तुम्हारी रुचि का ध्यान रखते हुए इस बारे में बातें की थीं उसने तो तुम्हारे लिए अपने आपको रोचक बनाया था। इसीलिए तुम्हें वह आदमी इतना अच्छा लगा था।'

विलियम ल्याँन फैलप्स आगे कहते हैं- 'मैं अपनी चाची की वह बात कभी नहीं भूला।'

इस अध्याय को लिखते समय मेरे सामने एडवर्ड एल. कैलिफ की एक चिट्ठी रखी हुई है, जिसमें उन्होंने लिखा है- 'एक बार मुझे सहायता की आवश्यकता थी। एक विशाल स्काउट जंबूरी यूरोप जाने वाली थी और मैं चाहता था कि अमेरिका के एक बड़े कॉरपोरेशन के प्रेसीडेण्ट मेरे एक बच्चे को यात्रा पर भेजने का खर्च वहन करें। इसे आप सौभाग्य कह लीजिए, कि उनसे मिलने जाने से ठीक पहले मैंने सुना था कि उन्होंने एक दस लाख डॉलर का चेक काटा था, जो कैंसल हो जाने के बाद उन्होंने शीशे में जड़वाकर रख लिया था।

'ऑफिस में प्रवेश करते ही मैंने सबसे पहले उनसे दस लाख डॉलर के चेक के बारे में पूछा। मैंने उनसे कहा कि 'मैंने आज तक इतनी बड़ी रकम का चेक काटते हुए किसी को भी नहीं देखा और मैं यह बात अपने मित्रों तथा परिवार वालों को बताना चाहता हूँ कि मैंने अपनी आँखों से दस

लाख डॉलर का चेक देखा है।' यह सुनकर तो वे प्रसन्नतापूर्वक मुझे चेक दिखाने के लिए तैयार हो गये, फिर मैंने उनसे पूछा कि 'यह चेक क्यों और किस प्रकार काटा गया?'

मिस्टर कैलिफ ने बहुत चतुराई का परिचय देते हुए आरम्भ में बॉय स्काउट्स या यूरोप का जम्बूरी या अपनी इच्छा के बारे में कोई भी बात नहीं की थी। वे तो उस वस्तु में रुचि ले रहे थे, जिसमें सामने वाले की रुचि थी। इसका परिणाम यह हुआ कि कुछ देर बाद प्रेसीडेण्ट स्वयं पूछने लगे- 'अच्छा, आप मुझसे क्यों मिलना चाहते थे।'

मिस्टर कैलिफ ने आगे बताया- 'मैंने जैसे ही उनके सामने अपनी पूरी बात खोली, तो उन्होंने तुरंत ही मेरा आग्रह स्वीकार कर लिया। मैंने जितना माँगा था, उन्होंने उससे भी अधिक दिया। मैंने तो केवल एक बच्चे का यूरोप जाने का खर्च माँगा था, लेकिन उन्होंने तो मेरे पाँच बच्चों और मुझे भी यूरोप भेजने की व्यवस्था कर दी थी। उन्होंने साथ में हमें एक हजार डॉलर का क्रेडिट लेटर भी दिया और हम सबको यूरोप में रुकने का सात दिनों का खर्च भी दिया। अपनी कंपनी के ब्रांच प्रेसीडेण्ट्स को पत्र लिखकर उन्हें हमारी सुख-सुविधाओं का ध्यान रखने के लिए भी कहा। उन्होंने हमें पेरिस की सैर कराई। तब से उन्होंने कई गरीब युवकों को नौकरी भी दी है, और वे अब भी हमारे समूह में सक्रिय हैं।

'लेकिन मुझे पता है कि यदि मैंने उनकी रुचि का ध्यान न रखा होता, तो अपनी बात मनवाना मेरे लिए बहुत कठिन होता।' इस तकनीक की महत्ता व्यापार में कितनी है, इसके लिए डुबरनीय एण्ड संस के हेनरी जी. हुवरनीय की कहानी सुनते हैं, जिनकी न्यूयॉर्क में होलसेल की बेकिंग फर्म थी।

'मि. डुवरनाय न्यूयॉर्क के एक होटल को अपनी ब्रेड सप्लाई करने के लिए चार वर्षों से प्रयास कर रहे थे। वे प्रति सप्ताह मैनेजर से मिलने भी जाते थे। वे उन सभी सामाजिक समारोह में भी जाते थे, जिनमें मैनेजर जाता था। मि. डुबरनीय ने तो उस होटल में एक कमरा भी किराये पर ले लिया था, ताकि वे मैनेजर के सम्पर्क में रहें, लेकिन फिर भी बात बनती नहीं दिख रही थी। '

मिस्टर हुवरनीय ने आगे कहा- 'फिर मैंने अपना ढंग बदलने का निश्चय किया। मैंने उस मैनेजर की रुचि के बारे में पता लगाने का प्रयास किया।' 'फिर मैंने पता लगाया कि वह मैनेजर अमेरिका के होटल एक्जीक्यूटिव की एक सोसाइटी से सम्बन्ध रखता है, जिसका नाम 'होटल ग्रीटर्स ऑफ अमेरिका' है। हम इसे लेकर इतने उत्साहित थे कि वह इस संगठन का प्रेसीडेण्ट बन गया और फिर इण्टरनेशनल ग्रीटर्स संस्था का भी प्रेसीडेण्ट बन गया। इसके सम्मेलन जहां कहीं भी होते थे, वह इसकी प्रत्येक बैठक में भाग लेने जाता था।

'उसकी इसी रुचि को जानकर मैंने अगली भेंट में उसके पास जाते ही ग्रीटर्स संस्था के बारे में बातें करना शुरू कर दिया और यह सुनकर तो वह बहुत अच्छा अनुभव करने लगा। वह बहुत देर तक ग्रीटर्स संस्था के बारे में मुझसे बातें करता रहा और उसकी आवाज में विचित्र का उत्साह था। मुझे तो लगता था कि वह संस्था उसके लिए समय व्यतीत करने का साधन-मात्र नहीं थी, बल्कि वह संस्था तो उसके जीवन का प्रमुख भाग थी। उसके ऑफिस से बाहर निकलने पर उसने मुझे इस संस्था की सदस्यता 'बेच' दी थी।

'इस भेंट में मैंने अपनी ब्रेड का उल्लेख तक नहीं किया था, लेकिन कुछ दिनों बाद उस होटल के स्टीवर्ड ने मुझे फोन करके कहा कि मैं अपनी ब्रेड के सैंपल तथा कीमतें लेकर पहुँच जाऊँ।' स्टीवर्ड ने फोन पर कहा- 'मालिक आपसे बहुत प्रभावित हैं। मुझे तो समझ में ही नहीं आ रहा है कि आपने उन पर क्या जादू कर दिया है?'

'अब जरा सोचिए। जिस व्यक्ति से व्यापार प्राप्त करने के लिए मैं चार वर्षों से भटक रहा था, वही आज मुझे बुला रहा था, लेकिन मैं आज भी उसके पीछे ही चक्कर काट रहा होता, यदि मैंने उस मैनेजर की रुचि का पता न लगाया होता। '

मैरीलैण्ड में हैजर्सटाउन के एडवर्ड ई. हैरीमेन ने सेना की नौकरी पूरी करने के पश्चात् मैरीलैण्ड की सुन्दर कम्बरलैण्ड वैली में रहने का निश्चय किया, लेकिन उस क्षेत्र में बहुत कम नौकरियाँ ही उपलब्ध थीं। बहुत खोजबीन के बाद पता चला कि एक सनकी व्यापारी आर.जे. फैंकहाउजर उस क्षेत्र की अनेक कंपनियों का स्वामी था और अनेक कंपनियाँ उसके नियंत्रण में थीं। इस व्यापारी ने गरीबी से अमीरी तक पहुँचने में बहुत लम्बी यात्रा तय की थी। नौकरी खोजने वालों के लिए उन तक पहुँचना सरल नहीं था। मि. हैरीमेन स्वयं बताते हैं-

'बहुत से व्यक्तियों का साक्षात्कार लेने के बाद मुझे पता चला कि उसकी सबसे अधिक दिलचस्पी धन और सत्ता प्राप्त करने में थी। उसने एक समर्पित और कठोर सेक्रेटरी भी रख रखी थी, जिसके कारण से उससे मिलना बहुत कठिन था, फिर मैंने उस सेक्रेटरी की रुचियों तथा लक्ष्यों का पता लगा लिया और फिर तो मैं बिना अपाइंटमेण्ट लिये सेक्रेटरी से मिलने पहुँच गया। वह सेक्रेटरी तो जैसे फैकहाउजर की छाया थी, लेकिन जब मैंने उसे बताया कि मेरे पास मि. फेंकहाउजर के लिए. एक बहुत अच्छा प्रस्ताव है, जो आर्थिक तथा राजनीतिक सफलता में बदल सकता है, तो वह बहुत उत्साहित हो गई। मैंने उसे यह भी ज्ञापित कर दिया कि उसका भी फैकहाउजर की सफलता में बहुत बड़ा योगदान है। उसके बाद तो मि. फैकहाउजर से मेरी मीटिंग तत्काल निश्चित करवा दी।

'उसके भव्य ऑफिस में घुसने से पहले ही मैंने सोच लिया था कि मैं सीधे-सीधे नौकरी नहीं। वह एक शानदार कुर्सी पर बैठा हुआ था और मुझ पर बरस पड़ा- 'आप मुझसे क्या बात करना चाहते हैं?' मैंने उत्तर दिया- 'मि. फैकहाउजर, मुझे विश्वास है कि मैं आपके लिए पैसा कमा सकता हूँ। ' यह सुनकर तो वह एकदम से उठा और मुझे भी एक शानदार कुर्सी पर बैठने का निमंत्रण दे दिया, फिर मैंने अपने विचारों को साफ-साफ विस्तारपूर्वक उसके सामने प्रस्तुत किया। इन विचारों को क्रियान्वित करने के लिए मैंने अपनी सभी योग्यताओं का भी वर्णन किया और यह भी बताया कि किस प्रकार इनसे उसकी व्यक्तिगत सफलता तथा व्यापार की सफलता में वृद्धि हो सकती है। उन्होंने तुरंत ही मुझे नौकरी दे दी और अब तो बीस साल से भी अधिक हो चुके हैं, मुझे उनके व्यापार का अंग बने हुए। इससे हम दोनों को ही बहुत लाभ पहुँचा है।

इस प्रकार यह तो निश्चित है कि सामने वाले व्यक्ति की रुचियों के अनुसार बातें करने से दोनों पक्षों को ही लाभ होता है। कर्मचारी संप्रेषण के क्षेत्र के विशेषज्ञ हॉवर्ड जेड हर्जिंग ने तो सदा ही इस लाभ का पालन किया है। जब उनसे किसी ने यह पूछ लिया कि उन्हें इससे क्या लाभ हुआ है? तो मि. हर्जिंग ने तत्काल उत्तर दिया कि उसे इससे प्रत्येक व्यक्ति से अलग-अलग लाभ होता था और साथ ही उसके मित्रों का क्षेत्र भी बढ़ जाता था।

## सिद्धान्त- 5

## सामने वाले व्यक्ति की रुचि के बारे में चर्चा करें।

# 6

# लोगों को तत्काल प्रभावित कैसे करें

एक बार मैं न्यूयॉर्क में थर्टी-थर्ड स्ट्रीट पर बने पोस्ट ऑफिस में रजिस्ट्री करने गया था तथा लंबी लाइन में लगा हुआ था। मुझे लग रहा था कि पोस्ट ऑफिस का क्लर्क लिफाफों की तौल लेते-लेते, उन पर टिकट चिपकाते-चिपकाते, पैसे गिनते हुए तथा रसीद देते हुए ऊब चुका था, क्योंकि यह तो उसकी प्रतिदिन की दिनचर्या थी। तभी मैंने स्वयं से कहा- 'मैं पूरा प्रयास करूँगा कि यह क्लर्क मुझे पसंद करने लगे। वह मेरी बातों को पसंद करे, इसलिए मैं उससे अपने बारे में बातें न करके उसके सुख-दु:ख के विषय में पूछूँगा।' फिर मैं सोचने लगा, 'उस व्यक्ति में ऐसा कौन-सा गुण है, जिसकी मैं सच्ची प्रशंसा कर सकता हूँ? इस प्रश्न का उत्तर देना बहुत कठिन है और फिर वह तो मेरे लिए अजनबी था।' लेकिन मुझे अपना उत्तर मिल गया था। मैंने उसके गुण को देख लिया था, जिसकी मैं दिल खोलकर प्रशंसा कर सकता था।'

जब वह मेरे लिफाफे की तौल कर रहा था, तो मैंने उत्साहपूर्वक कहा- 'काश, मेरे बाल भी आप जैसे घुँघराले होते।'

पहले तो वह थोड़ा चौंका, लेकिन तभी उसके चेहरे पर मुस्कराहट आ गई। उसने भी बड़ी शालीनता से कहा- 'अब तो ये इतने अच्छे भी नहीं रहे।' लेकिन मैंने उसे विश्वास दिलाया कि उसके बाल अब भी बहुत आकर्षक हैं। यह सुनकर तो उसकी प्रसन्नता का ठिकाना नहीं रहा, फिर हम छोटे-छोटे तथ्यों पर चर्चा करने लगे और उस क्लर्क के अंतिम शब्द थे- 'मेरे बालों की प्रशंसा अनेक लोग कर चुके हैं।'

मैं शर्त लगा सकता हूँ कि उस दिन उसके पैर धरती पर नहीं पड़ रहे होंगे, लंच भी उसने प्रसन्नता के साथ किया होगा और घर लौटने पर अपनी पत्नी को भी यह बात अवश्य बतायी होगी। उसने अनेक बार अपने आपको शीशे में निहारा होगा, अपने बालों के साथ छेड़खानी की होगी और फिर कहा होगा- 'मेरे बाल तो वास्तव में खूबसूरत हैं।'

एक बार यह बात मैंने कुछ लोगों को सुनाई, तो वे पूछने लगे- 'इस सबसे आप क्या प्राप्त करना चाहते हैं ?'

वास्तव में मैं उससे क्या हासिल करना चाहता था? लेकिन हम सब यदि इतने स्वार्थी, इतने तुच्छ हो जायें कि हम सामने वाले से बिना कुछ कहे तनिक-सी भी प्रशंसा न करें, तनिक-सा भी न सराहें, तो हमारी आत्माएँ तो सड़े हुए सेब की भाँति सिकुड़ जायेगी और हम निश्चित रूप से असफल हो जायेंगे। हां, मैं उससे बहुत कुछ प्राप्त करना चाहता था। एक अमूल्य वस्तु चाहता था और जो वस्तु चाहता था, वह मुझे मिल गई थी। मैं चाहता था कि मैं उसे प्रसन्नता दूँ बिना किसी स्वार्थ की भावना के उसे प्रसन्न कर पाऊँ। यही भावना तो वर्षों बीत जाने के बाद भी हमारी यादों में सदा नवीन रहती है और मधुर वाणी में गुनगुनाती रहती है।

मानव-व्यवहार का एक अति आवश्यक नियम है। अगर हम उस नियम का पालन करेंगे, तो कभी भी कठिनाई में नहीं फँसेंगे। हमारे पास अनगिनत सच्चे मित्र होंगे और हम सदा प्रसन्न रहेंगे, लेकिन उस नियम को तोड़ते ही हम कठिनाइयों के घेरे में होंगे। यह नियम है- 'दूसरे व्यक्ति को सदैव महत्त्वपूर्ण अनुभव कराओ।' जॉन डँयूई पहले ही कह चुके हैं कि प्रत्येक व्यक्ति स्वयं को दूसरे की दृष्टि में महत्त्वपूर्ण दिखने की इच्छा रखता है। विलियम जेम्स भी इसी कथन से सहमत थे- 'प्रत्येक व्यक्ति के मन की गहराई में यह लालसा छिपी हुई होती है कि उसे सराहा जाये।' यही लालसा तो हमें जानवरों से अलग करती है। इसी लालसा के कारण ही तो मानव-सभ्यता का विकास हुआ है।

सदियाँ बीत गईं, दार्शनिक को चिंतन-मनन करते-करते, लेकिन सदैव ही यह बात सामने आई है कि आदमी में महत्त्वपूर्ण दिखने की इच्छा बचपन से ही होती है। यह सूत्र कोई नया नहीं है, बल्कि उतना ही पुराना है, जितना कि इतिहास। दो हजार पाँच सौ साल पहले जोरोआस्ट्र ने अपने अनुयायियों को यही शिक्षा दी थी। चीन में कन्फ्यूशियस ने भी दो हजार चार सौ साल पूर्व इसकी शिक्षा दी थी। ताओवाद के संस्थापक लाओ-त्से ने होन की घाटी में अपने शिष्यों को यही सूत्र सिखाया था। ईसा के पाँच सौ साल पहले बुद्ध ने भी पवित्र गंगा के तट पर इसका पाठ पढ़ाया था। हिन्दू धर्मग्रंथों ने भी 1900 वर्ष पहले इस सूत्र की व्याख्या की थी। इसी नियम को एक विचार के रूप में ईसामसीह ने इस प्रकार कहा था- 'दूसरों के साथ वैसा ही आचरण करो, जैसा तुम चाहते हो कि दूसरे तुम्हारे साथ करें।'

प्रत्येक मिलने-जुलने वाला आपकी प्रशंसा करे, आप केवल यही तो चाहते हैं। आप यही तो चाहते हैं कि प्रत्येक व्यक्ति आपकी तस्वीर देखते ही पहचान जाये। आप चाहते हैं कि आप अपने छोटे-से संसार के सबसे महत्त्वपूर्ण व्यक्ति बनें सच्ची प्रशंसा के तो सभी चाहने वाले हैं। तभी तो चार्ल्स श्वाब ने कहा है- 'आप चाहते हैं कि आपके सभी सहयोगी तथा मित्र हृदय खोलकर मुक्तकण्ठ से आपकी प्रशंसा के पुल बाँधे। ' इसीलिए हम सभी को इसी स्वर्णिम नियम का पालन अवश्य करना चाहिए, लेकिन कब? कैसे? कहीं? और उत्तर है- 'प्रत्येक समय, प्रत्येक स्थान पर।'

विस्कॉन्सिन के डेविड जी स्मिथ ने हमारी कक्षा में बताया था कि जब उन्हें एक चैरिटी कंसर्ट के लिए रिफ्रेशर बूथ का चार्ज दिया गया, तो उन्होंने एक कठिन परिस्थिति को किस प्रकार सँभाला था।

'जिस रात को संगीत-समारोह होने वाला था, उस रात जब मैं पार्क आया, तो मैंने देखा कि दो बुजुर्ग महिलाएँ चिढ़ी हुई-सी रिफ्रेशर स्टैण्ड के पास खड़ी हुई हैं। दोनों की एक ही गलतफहमी थी। वह सोच रही थीं कि वही उस कार्यक्रम की इंचार्ज थीं। मैं वहाँ खड़ा विचार ही कर रहा था कि क्या किया जाये, क्या नहीं? तभी प्रायोजक समिति की एक सदस्या वहाँ आईं और उसने मुझे कैशबॉक्स और उस प्रोजेक्ट पर काम करने के लिए धन्यवाद दिया, फिर उसने जेन तथा रोज का परिचय मेरे सहायकों के रूप में करवाया और वहाँ से चली गईं।

'काफी समय तक तो वहाँ सन्नाटा छाया रहा। मुझे लगने लगा था कि यह कैशबॉक्स अब सत्ता का चिह्न बन चुका है, इसलिए मैंने उसे रोज को देकर कहा कि मैं पैसे का हिसाब-किताब भली-भाँति नहीं रख पाऊँगा, इसलिए यदि आप यह जिम्मेदारी अपने हाथ में ले लें, तो मुझे बहुत

प्रसन्नता होगी, फिर मैंने जेन से कहा कि वह युवाओं को, जिन्हें रिफ्रेशमेण्ट देने के लिए नियुक्त किया गया था, सोडा मशीन ठीक प्रकार से चलाना सिखा दें, तो बहुत अच्छा रहेगा।

'फिर तो पूरी शाम आनन्द से व्यतीत हुई। रोज खुशी से पैसे गिनती रही तथा जेन किशोरों का मार्गदर्शन करती रही तथा मैं संगीत समारोह का आनंद हर्षपूर्वक लेता रहा। '

प्रशंसा रूपी जादू की छड़ी का प्रयोग करने के लिए आवश्यक नहीं कि आप फ्रांस के राजदूत हों या फिर किसी कमेटी के चेयरमैन। इसका प्रयोग तो आप प्रति दिन प्रत्येक स्थान पर कर सकते हैं।

उदाहरण के लिए पर यदि वेटर आलू के स्थान पर आपके सामने फ्रेंच बींस परोस दे, तो आप उससे कहिए- 'मैं आपको तनिक भी कष्ट नहीं देना चाहता, लेकिन मुझे फ्रेंच बींस पसंद नहीं हैं।' फिर तो वेटर प्रसन्नतापूर्वक आपके लिए आलू ला देगा, क्योंकि आपने उसके प्रति सम्मान जो दर्शाया है।

'मैं आपको तनिक भी कष्ट नहीं देना चाहता' कृपया आप यह काम कर देंगे ' धन्यवाद', 'कृपया,' जैसे छोटे-छोटे वाक्य उसके दैनिक जीवन की खुरदरी मशीन में तेल लगाकर इसे एक बार फिर चिकना बना सकती है। इन वाक्यों से ही तो पता चलता है कि आप कितने सुसंस्कृत तथा मृदुभाषी हैं।

इसका एक और उदाहरण प्रस्तुत है। बीसवीं सदी के प्रारम्भ में हॉल केन के उपन्यास बहुत लोकप्रिय थे। उनकी क्रिश्चियन, 'द डीमस्टर: 'द मैक्समैन' आदि सबसे ज्यादा बिकने वाली पुस्तकें थीं। एक लोहार के बेटे थे। वे केवल आठ साल तक ही स्कूली शिक्षा प्राप्त कर पाये थे, लेकिन अपनी मृत्यु के समय वे सबसे अमीर साहित्यकार थे।

उनकी कहानी इस प्रकार है- 'हॉल केन को बैलेड तथा सीनेट बहुत चेक थे, इसीलिए उन्होंने दान्ते, गैब्रील रॉसैटी की साहित्यिक उपलब्धियों एवं योगदान पर एक प्रशंसात्मक लेख भी लिखा और उसकी एक प्रति रॉसैटी को भेज दी। रॉसैटी तो उसे पढ़कर प्रसन्नता से गदगद हो उठे। रॉसैटी ने स्वयं से यह अवश्य कहा होगा- 'जो युवक मेरी प्रतिभा की परख कर सकता है, वह अवश्य ही प्रतिभाशाली होगा। फिर रॉसैटी ने इस लोहार के बेटे को लंदन बुलवाकर अपना सेक्रेटरी नियुक्त कर लिया। इसी घटना से हॉल केन का पूरा जीवन बदल गया और वे अपने समय के सबसे सफल साहित्यकार बन गये तथा उन्होंने अपना नाम स्वर्ण अक्षरों में आसमान पर लिखवा लिया।

आइल ऑफ मैन पर उनका घर ग्रीबा कैसल संसार-भर के पर्यटकों के लिए मक्का बन चुका था तथा अपने जाने के बाद उन्होंने करोड़ों डॉलर की सम्पत्ति छोड़ी थी, लेकिन यदि उसने उस प्रसिद्ध व्यक्ति की प्रशंसा में यह लेख न लिखा होता, तो संभवत: वह आज भी गरीबी में ही जीवन व्यतीत कर रहा होता और गरीबी में ही मर जाता। यही तो सच्चे, मन से निकलने वाली प्रशंसा की असीम शक्ति है। रॉसैटी स्वयं को महत्त्वपूर्ण मानते थे। वे भी हम सबकी ही तरह सच्ची प्रशंसा के ग्राहक थे। कितने ही लोगों का जीवन सुधर सकता है, यदि कोई उन्हें यह विश्वास दिला दे कि वे महत्त्वपूर्ण हैं। कैलिफोर्निया में हमारे कोर्स के शिक्षक रोनाल्ड जे. रॉलैण्ड इस कला के भी शिक्षक थे। उन्होंने क्रिस नामक एक विद्यार्थी के बारे में हमें बताया था-

'क्रिस एक अत्यधिक शांत तथा शर्मीला युवक था, जिसमें आत्मविश्वास की बहुत कमी थी और इसलिए लोग उस पर इतना ध्यान नहीं देते थे, जितना कि अन्य विद्यार्थियों पर। मैं एक एडवांस क्लास भी पढ़ाता हूँ जिसमें पढ़ना गर्व की बात समझी जाती है। यह माना जाता है कि उसमें पहुँचने वाले विद्यार्थी में कोई न कोई योग्यता अवश्य होती है।

एक दिन क्रिस अपनी मेज़ पर पूरे परिश्रमपूर्वक काम करने में लगा हुआ था। मुझे अनुभव हुआ कि उसके भीतर कोई अज्ञात आग धधक रही है। मैंने क्रिस से पूछ लिया कि क्या वह एडवांस क्लास में जाना चाहता है? क्रिस के चेहरे पर एकदम ही ऐसे भाव आ गये, जिन्हें बयान करना कठिन है। वह चौदह वर्षीय बच्चा, जो संकोची और शर्मीला था, अपने आँसुओं को रोकने का भरसक प्रयत्न कर रहा था।

'मिस्टर रोलैण्ड, क्या मैं इतना अच्छा हूँ?' उसने पूछा।

'हां, जिम, तुम बहुत प्रतिभाशाली हो। ' मैंने कहा।

मुझे अपनी बातें वहीं रोकनी पड़ी, क्योंकि मेरी आँखों से भी आँसू निकलते समय स्वयं को दो इंच लम्बा अनुभव कर रहा था। उसने अपनी नीली चमकदार आंखों से मेरी ओर बड़े आत्मविश्वास से देखा और कहा- 'मिस्टर रॉलैण्ड, आपका बहुत-बहुत धन्यवाद।'

क्रिस ने ही तो मुझे वह सबक सिखाया था, जिसे मैं सदा स्मरण याद रखूँगा, स्वयं को महत्त्वपूर्ण महसूस करने की हमारी प्रबल आकांक्षा, फिर मैंने निर्णय लिया कि इस नियम को मैं सदा अपने मस्तिष्क में रखूँगा और फिर मैंने एक पोस्टर तैयार कर लिया, जो बहुत महत्त्वपूर्ण है। अब यह पोस्टर कक्षा की सामने वाली दीवार पर सबकी आंखों के सामने टँगा रहता है और प्रत्येक विद्यार्थी को यह अनुभूति दिलाता है कि वह बहुत महत्त्वपूर्ण है।

इस बात को इस प्रकार स्पष्ट किया जा सकता है कि आपसे मिलने वाले अधिकतर व्यक्ति अपने आपको किसी-न-किसी मामले में आपसे अधिक श्रेष्ठ मानते हैं। उनका मन जीतने का सबसे सफल ढंग यही है कि आप उन्हें यह अनुभूति करा दें कि वे वास्तव आपको महत्त्वपूर्ण मानते हैं।

इमर्सन ने कहा था- 'प्रत्येक व्यक्ति मुझसे किसी न किसी गुण में बेहतर अवश्य होता है। मैं उसकी यह बात जल्दी ही सीख जाता हूँ। '

हां, इस मामले का एक दु:खद पहलू यह है कि ऐसे लोग, जिनके पास स्वयं को सर्वश्रेष्ठ समझने का कोई कारण नहीं होता, तो वह अपने अहं को सन्तुष्ट करने के लिए विवाद का सहारा लेते हैं, जो मन को दु:खाने वाली बात है। शेक्सपियर ने भी कहा है- 'व्यक्ति, अहंकारी व्यक्ति, तनिक-सी सत्ता की पोशाक पहनते ही, ईश्वर के सामने ही ऐसे-ऐसे नाटक करने लगता है, जिन्हें देखकर देवदूत भी आँसू बहाने पर विवश हो जाते हैं।'

अब मैं आपको यह बताने जा रहा हूँ कि मेरे कोर्स के विद्यार्थियों ने किस प्रकार इन सिद्धान्तों को अपने जीवन में उतारा था। यह उदाहरण कनैक्टिकट के एक वकील का है, जिसने अपने सम्बन्धियों के कारण अपना नाम गुप्त रखने की लिए कहा है।

कोर्स में भाग लेने के कुछ ही दिनों के पश्चात् मि. आर. अपनी पत्नी के साथ लीग आइलैण्ड पर अपनी पत्नी के सम्बन्धियों से मिलने गये। मि. आर. की पत्नी स्वयं तो अपने युवा

सम्बन्धियों से बात करने में व्यस्त हो गयीं तथा मि. आर. को अपनी एक बूढ़ी चाची के साथ बात करने के लिए बैठा दिया। चूँकि मि. आर. को हमारी क्लास में एक लेक्चर देना था, जिसमें उन्हें प्रशंसा के तथ्यों पर चलकर उसके सुखद परिणामों के बारे में बताना था, इसलिए उन्होंने उस वृद्ध महिला की ही प्रशंसा करने का निर्णय लिया।

उन्होंने पूछा- 'यह घर संभवत: 1980 के लगभग बना होगा?'

'यह घर उसी वर्ष ही बना था।' महिला ने उत्तर दिया।

फिर मि. आर. ने बोलना आरंभ किया- 'यह घर मुझे उस स्थान की स्मृति नवीन कराता है, जहाँ मेरा जन्म हुआ था। इस घर को बहुत मन से बनाया गया है और वास्तव में यह बहुत सुन्दर है। अब इतने खुले-खुले घर कहाँ बनते हैं?

फिर वृद्ध औरत कहने लगी- 'आपने एकदम ठीक कहा है। अब लोगों को सुंदर घर की कद्र कहां है? अब तो लोग एक छोटा-सा अपार्टमेण्ट खरीदते हैं और अपनी गाड़ी में घूमकर इतराते रहते हैं।'

उस बूढ़ी महिला ने आगे कहा- ' 'इस घर में तो हमारे सपने बसे हैं। इसको हमने बहुत प्यार ने बनवाया था। मैंने और मेरे पति ने इस घर का सपना बरसों तक देखा था। इसका नक्शा भी हमने स्वयं ही तैयार किया था।'

फिर तो उस महिला ने मि. आर. को पूरा घर बड़े प्रेम से दिखाया। फिर मि. आर. ने उस प्रत्येक वस्तु की खुले मन से प्रशंसा की, जिसे उस महिला ने अपनी यात्राओं के दौरान खरीदा था और जिन्हें वे बहुत सँभालकर रखती थी। प्राचीन अंग्रेजी टीसेट, मखमली शॉल, सिल्क के पर्दे, जो कभी फ्रांस के महल की शोभा बढ़ाते थे।

पूरा घर ठीक प्रकार से दिखाने के बाद वह महिला मि. जे. को घर के गैरेज में ले गयी। वही पर एक नई चमकदार पैकार्ड कार कवर से ढकी हुई खड़ी थी। उस कार को दिखाते हुए उस महिला ने धीमे से कहा- 'मेरे पति ने अपनी मौत से कुछ दिनों पहले यह कार खरीदी थी, लेकिन उनकी मौत के बाद कभी भी इस कार में कभी भी नहीं बैठी। मुझे अच्छी वस्तुएँ बहुत ही इज्जत है, इसलिए यह कार मैं तुम्हें उपहार के रूप में देना चाहती हूँ। '

फिर मि. आर. ने कहा- 'अरे, आण्टी जी, आप तो मुझे अभिभूत कर रही हैं। मुझे आपकी उदारता की बहुत इज्जत करता हूँ लेकिन मैं इस कार को स्वीकार नहीं कर सकता। मैं आपका कोई बहुत निकट-सम्बन्धी भी नहीं हूँ। ऐसे और भी अनेक सम्बन्धी होंगे, जो आपके इस कार को प्राप्त करना चाहते होंगे। वैसे भी मेरे पास तो अपनी नई कार है।

'सम्बन्धी, कैसे सम्बन्धी' महिला रुँधे गले से बोली- 'मेरे सम्बन्धी तो मेरे मरने की प्रतीक्षा कर रहे हैं, ताकि वे मेरी इस कार पर अपना अधिकार कर सकें, लेकिन मैं यह कार किसी को भी नहीं देने वाली।'

मैंने उन्हें सुझाव दिया- 'अब यदि आप नहीं चाहतीं कि यह कार आपके किसी भी सम्बन्धी के पास चली जाये, तो आप इसे आसानी से किसी सेकंड हैण्ड डीलर को भी बेच सकती हैं।'

महिला तो एकदम चीख पड़ी- 'बेच दूँ क्या? तुम्हें लगता है कि मैं इस कार को बेचूँगी? मैं तो ऐसा सोच भी नहीं सकती। इस कार को मेरे पति ने मुझे बड़े शौक से मेरे लिए खरीदा

था। यह कार मैं तुम्हें केवल इसलिए दे रही हूँ क्योंकि तुम्हें खूबसूरत चीजों की बहुत कद्र करते हो।'

मैंने बहुत चाहा कि वह इस उपहार को अस्वीकार कर दें, लेकिन उस वृद्ध महिला का दिल दु:खाये बिना ऐसा कर पाना सम्भव था।

वह बूढ़ी औरत अपने खूबसूरत महल में अपने मखमली शालों तथा अंग्रेजी टी सैट के साथ-साथ अपने पति की खूबसूरत यादों में जी रही थी, जिसे केवल थोड़ा-सा आदर, थोड़ी-सी प्रशंसा, तथा थोड़ा-सा महत्त्व चाहिए था।

वह भी तो कभी युवा और सुन्दर थी। उसने भी तो कभी अपने घर को बड़े प्यार से सजाया था और अब वह अकेली अपना बुढ़ापा काट रही थी। वह तो बस प्रेम चाहती थी, सराहना चाहती थी और संभवत: पति की मौत के बाद सब उसे कभी भी नहीं मिले थे। और जब मैंने प्रशंसा और सराहना रूपी मरहम उनकी दु:खी आत्मा पर लगा दिया, तो उन्हें लगा, जैसे उन्हें रेगिस्तान में झरना मिल गया है। वे तो अपनी कृतज्ञता मुझे पैकार्ड जैसी कार देकर दिखाना चाहती थीं।

अब यहाँ एक और उदाहरण प्रस्तुत है। डोनाल्ड एम. मैक्मैहन न्यूयॉर्क में राई में लैण्डस्केप आर्किटैक्ट कम्पनी ल्यूइस एण्ड वेलेन्टाइन का सुपरिटेण्डेण्ट था। यह घटना उसी ने हमें सुनाई थी।

'हाऊ टु विन फ्रेंड्स एण्ड इन्फ्लुएंस पीपुल कोर्स में भाग लेने के बाद मैं एक दिन एक प्रसिद्ध जज की सम्पत्ति को लैण्डस्केप कर रहा था। बाहर आकर जज ने मुझे कई निर्देश दे डाले कि पौधों को कहां और कैसे लगाना है।'

मैंने उस जज से कहा- 'आपकी रुचि बहुत अच्छी है। आपने कुत्ते भी बहुत सुंदर-सुंदर पाल रखे हैं। मुझे पूरा विश्वास है कि आप मैडीसन स्कवेयर गार्डन के शो में प्रति वर्ष अनेक नीले रिबन अवश्य जीतते होंगे।'

'इस छोटी-सी प्रशंसा का प्रभाव अद्भुत था। जज ने तुरंत उत्तर दिया- 'बेशक आइए मैं आपको अपना डॉग हाउस दिखाता हूँ।'

'फिर वह जज बहुत देर तक मुझे अपने कुत्ते तथा जीते गये पुरस्कार दिखाता रहा। इसके बाद वह अपनी वंशावली का गुणगान करते रहे कि किस प्रकार उनके शुद्ध जातीय रक्त के कारण ही वे इतने बुद्धिमान तथा सुंदर हो पाये हैं।'

'आखिरकार मेरी तरफ मुड़ते हुए उन्होंने मुझसे पूछा-क्या आपका कोई छोटा बच्चा है?'

मैंने कहा- 'हां, मेरा एक प्यारा सा-बेटा है।' जज पूछने लगे- 'क्या वह कुत्ते के पिल्ले के साथ खेलना चेक करेगा।' मैंने भी तत्काल उत्तर दिया- 'क्यों नहीं?

वह तो खुशी से पागल हो जायेगा।'

'तो फिर ठीक है, मैं एक पिल्ला तुम्हें उपहारस्वरूप दे देता हूँ।' जज ने कहा। 'इसके बाद वे मुझे उस पिल्ले के रहन-सहन तथा खान-पान सम्बन्धी आदतों के बारे में बताने लगे, 'फिर उन्होंने उस पिल्ले की सारी दिनचर्या मुझे लिखकर दी। जरा सोचिए उस जज ने सैकड़ों डॉलर का अनमोल पिल्ला तथा अपना ढेर सारा कीमती समय मुझे केवल इसलिए तो दिया था, क्योंकि मैंने उनकी रुचियों और उनकी उपलब्धियों की खुले मन से सच्ची सराहना की थी।'

कोडक फेम जॉर्ज ईस्टमैन ने पारदर्शी फिल्म का आविष्कार किया था, जिसके कारण गतिशील फिल्म बनना सम्भव हो सका था। वे संसार के सबसे सफल व्यापारियों में से एक थे, जिनके पास करोड़ों डॉलर की संपत्ति थी, लेकिन वे भी अपनी उपलब्धियों की प्रशंसा पाने के उतने ही इच्छुक थे, जितना कि एक मालूमी-सा ड्राइवर या एक वॉचमैन।

एक और उदाहरण लेते हैं। ईस्टमैन रॉशेस्टर में 'स्कूल ऑफ म्यूजिक' तथा 'किलबोर्न हॉल' बनाने वाले थे। ईस्टमैन की इन इमारतों में थियेटर कुर्सियाँ लगनी थीं तथा इसके लिए सुपीरियर सीटिंग कंपनी के प्रेसीडेण्ट अपनी कंपनी के लिए उनसे कुर्सियों का ऑर्डर लेना चाह रहे थे। मि. एडमसन ने आर्किटैक्ट को फोन करके रोशेस्टर में मि. ईस्टमैन से मिलने का समय निश्चित कर लिया। एडमसन के ऑफिस पहुँचने पर आर्किटेक्ट ने उनसे कहा- 'मुझे मालूम है कि आप यह ऑर्डर लेना चाहते हैं, लेकिन मैं आपको बता दूँ कि यदि आपने ईस्टमैन का पाँच मिनट से अधिक समय लिया, तो वे आपसे कुद्ध भी हो सकते हैं। संभवत: तब आपको ऑर्डर भी न मिल सके, क्योंकि ईस्टमैन बहुत अनुशासनप्रिय व्यक्ति हैं। वे नहीं चाहते कि कोई उनका समय नष्ट करे। इसलिए जल्दी-से-जल्दी अपनी बात को कहकर वापस चले आना।'

मि. ईस्टमैन के ऑफिस में प्रवेश करने पर एडमसन ने देखा कि मिस्टर ईस्टमैन अपनी मेज़ पर रखे कागजों के ढेर को उलट-पुलट रहे थे। थोड़ी देर बाद मि. ईस्टमैन ने सिर उठाया, चश्मा उतारा तथा मि. एडमसन एवं आर्किटैक्ट से सम्बोधित होकर बोले- 'गुड मॉर्निंग, कहिए आप क्या चाहते है ?'

जब आर्किटैक्ट उनका परिचय करा चुका, तो मि. एडमसन ने कहा 'जब मैं बाहर आपकी प्रतीक्षा कर रहा था, मि. ईस्टमैन, तो मन-ही-मन में, मैं आपके ऑफिस की सुन्दरता की प्रशंसा कर रहा था। प्रत्येक व्यक्ति चाहेगा कि वह ऐसे ऑफिस में काम कर सके। मैं कई वर्षों से इंटीरियर बिजनेस में हूँ लेकिन इतना सुन्दर ऑफिस तो मैंने आज तक नहीं देखा है।'

इस पर जॉर्ज ईस्टमैन ने तत्काल उत्तर दिया- 'जिस बात को मैं पूरी तरह से भूल चुका था, आपने तो वही बात मुझे फिर से स्मरण करा दिया। वास्तव में मेरा ऑफिस सुंदर है। है ना? जब मैंने इसको बनवाया था, तो आरम्भ में मुझे आनन्द आता था, लेकिन अब तो मेरा मस्तिष्क दूसरी ही समस्याओं से घिरा रहता है और अनेक हफ्तों तक तो मैं अपने कमरे को ही ठीक से नहीं देख पता हूँ।' फिर एडमसन उठे तथा एक पैनल को छूकर कहा- 'यह तो इंग्लिश ओक से बनी लगती है। यह इटेलियन ओक से भी अधिक अच्छी लगती है। ईस्टमैन ने बड़े गर्व से कहा- 'हां, इसे मेरे एक मित्र ने विशेष रूप से चेक करके चुना था। उसे लकड़ियों का बहुत ज्ञान है।'

उसके बाद तो ईस्टमैन ने मि. एडमसन को अपना पूरा कमरा दिखाया। उसके आकार, रंग, और उन सारी वस्तुओं पर टिप्पणी कीं, जो उन्होंने अपने ऑफिस को तैयार करवाने में लगायी थीं। जब वे लोग कमरे में घूम रहे थे, तभी वे उस एक खिलाड़ी के सामने रुक गये और जॉर्ज ईस्टमैन ने बड़े शालीनतापूर्वक उन संस्थाओं की ओर संकेत किया, जिनके द्वारा वे मानवता की सेवा करने का अथक प्रयास कर रहे थे। 'जनरल अस्पताल', 'फ्रैंडली होम', 'चिलड्रंस अस्पताल' आदि। एडमसन ने उनके इस प्रयास की मुक्तकंठ से प्रंशसा की कि वे अपने धन का सही उपयोग मानवमात्र की सेवा करने में कर रहे हैं। उसके बाद जॉर्ज ईस्टमैन ने काँच का एक डिब्बा खोलकर उसमें रखा अपना पहला कैमरा निकालकर एडमसन को बड़े गर्व से दिखाया- एक आविष्कार, जिसे मि. ईस्टमैन ने एक अंग्रेज से खरीदा था।

फिर एडमसन ने ईस्टमैन से उनकी सफलता से पहले दिनों के बारे में पूछा कि उन्हें किन-किन संघर्षो से गुजरना पड़ा था, फिर मि. ईस्टमैन ने उन्हें अपने बचपन की गरीबी के बारे में बताया कि उनकी माँ विधवा थीं और वे एक बोर्डिंग हाउस चलाती थीं और वे एक बीमा ऑफिस में क्लर्क के पद पर कार्यरत थे। गरीबी का दानव सदा ही उनके सिर पर मँडराता रहता था। तभी उन्होंने यह शपथ ली कि वे इतनी सम्पत्ति कमायेंगे कि उनकी माँ को काम न करना पड़े। मि. एडमसन जो ईस्टमैन से प्रश्न पूछते रहे और मन लगाकर उनके उत्तर सुनते रहे, फिर ईस्टमैन ने बताया कि किस प्रकार से वे ट्राई फोटोग्राफिक प्लेट्स के साथ नये-नये प्रयोग करते रहते थे। किस प्रकार वे पूरी रात जागकर प्रयोगशाला में काम करते रहते थे। वहीं पर बैठे-बैठे वे झपकी ले लेते थे और केमिकल्स अपना कार्य करते रहते थे। कभी-कभी तो तीन-चार दिनों तक कपड़े तक भी नहीं बदल पाते थे। उन्हीं कपड़ों में काम करते थे और उन्हीं में ही सो जाते थे।

ईस्टमैन के ऑफिस में घुसने से पहले जेम्स एडमसन को यह चेतावनी दी गयी थी कि वे अधिक समय नष्ट न करें, लेकिन ईस्टमैन तथा एडमसन की बातें तो समाप्त होने का नाम ही नहीं ले रही थीं।

अन्त में, जॉर्ज ईस्टमैन एडमसन से कहने लगे- 'पिछले वर्ष मैंने जापान से कुछ कुर्सियाँ मँगवाई थीं, लेकिन पोर्च में रखे-रखे धूप के कारण उनका पेन्ट उखड़ गया था। इसलिए मैंने उन्हें दोबारा से पेन्ट किया है। आइए, मैं आपको दिखाता हूँ कि मैंने कैसा पेण्ट किया है। चलिए, आज आप दोपहर का भोजन मेरे घर पर ही कर लेना।'

खाने के बाद मि. ईस्टमैन ने वे कुर्सियाँ, जिन्हें वे जापान से खरीदकर लाये थे, मि. एडमसन को दिखायी। उनका मूल्य कोई अधिक नहीं था, लेकिन एक अरबपति को इस बात पर गर्व महसूस हो रहा था कि उन कुर्सियों पर उन्होंने अपने हाथ से पेन्ट किया था।

जाहिर सी बात है कि वह 90,000 डॉलर की कुर्सियों का ऑर्डर जेम्स एडमसन को ही मिला होगा, न कि उनके किसी प्रतिद्वंद्वी को? इस घटना के बाद मि. ईस्टमैन तथा मि. एडमसन की मित्रता बहुत पक्की हो गयी थी। यह मित्रता मि. ईस्टमैन की मृत्यु तक चली थी।

क्लाड मॉरिस, जो फ्रांस के एक रेस्तरां के मालिक थे, इसी सिद्धान्त को अपनाकर एक कुशल कर्मचारी को नौकरी से त्यागपत्र न देने के लिए मना लिया था। इस महिला को इनके यहाँ काम करते हुए पाँच वर्ष हो चुके थे। वह मॉरिस तथा उनके बीस लोगों के स्टाफ के बीच की एक बहुत ही महत्त्वपूर्ण कड़ी थी। उस महिला का त्यागपत्र देखकर मॉरिस सकते में पड़ गए थे। उनका कहना था- 'मैं बहुत निराश भी था तथा आश्चर्यचकित भी, क्योंकि मैं तो उसकी सभी आवश्यकताओं का ध्यान रखता था। वह कर्मचारी होने के साथ-साथ मेरी अच्छी मित्र भी थी, इसलिए मैं उससे कुछ अधिक ही अपेक्षाएँ करता था। संभवत: इसी कारण उस पर कुछ अतिरिक्त मानसिक दबाव पड़ गया था।

'मैं पूरी बात जानना चाहता था। मैंने उसे बुलाकर कहा- 'पीलेट! मैं तुम्हारा त्यागपत्र किसी भी स्थिति में स्वीकृत नहीं कर सकता। तुम हमारी कंपनी के लिए बहुत महत्त्वपूर्ण हो। इस रेस्तरां की सफलता में तुम्हारा भी उतना ही योगदान है, जितना कि मेरा।'

ये शब्द मैंने सारे स्टॉफ के सामने कहे, फिर मैंने उसे अपने घर पर खाने पर आमंत्रित किया तथा परिवार के सदस्यों के सामने भी यही कहा। उसके बाद पीलेट ने अपना त्यागपत्र वापस ले

लिया और अब तो वह मेरी और भी अधिक विश्वासपात्र बन गई है। मैं प्राय: ही उसके काम की प्रशंसा करता रहता हूँ तथा उसे यह अनुभूति दिलाता हूँ कि वह मेरे तथा मेरे रेस्तराँ के लिए कितनी महत्त्वपूर्ण है।'

डिजराइली, जो ब्रिटिश साम्राज्य पर शासन करने वाले सबसे बुद्धिमान शासकों में से थे, उन्होंने कहा था- 'लोगों से उन्हीं के बारे में बातें कीजिए और फिर वे घंटों आपसे बातें करते रहेंगे।'

## सिद्धान्त- 6

## सामने वाले व्यक्ति को अनुभूति दिलाओ कि वह महत्त्वपूर्ण है वह भी पूरी सच्चाई और ईमानदारी से।

# भाग — तीन

# क्या करें जो आपकी बात सब मान जायें

# 1

# बहस से किसी का कोई लाभ नहीं

पहले विश्वयुद्ध की समाप्ति के कुछ समय बाद मैंने एक रात को लंदन में एक अनमोल पाठ सीखा। उस समय मैं सर रॉस स्मिथ का मैनेजर था। सर रॉस युद्ध के समय फिलिस्तीन में ऑस्ट्रेलियाई सरकार के एक महत्त्वपूर्ण व्यक्ति थे। युद्ध की समाप्ति पर सर रॉस ने आधे संसार का हवाई चक्कर लगाकर सारे संसार को दाँतों तले अँगुली दबाने पर विवश कर दिया था। इस अभूतपूर्व प्रयास ने सारे संसार में विचित्र सनसनी फैला दी थी, क्योंकि इससे पहले यह कार्य किसी ने भी नहीं किया था। इस कार्य से प्रसन्न होकर इंग्लैण्ड के सम्राट ने उन्हें 'नाइट' की उपाधि से विभूषित कर दिया था और फिर तो वे ब्रिटिश साम्राज्य के सबसे चर्चित व्यक्ति बन गये थे। सर रॉस के सम्मान में दिये गये भोज में एक बार मुझे भी उपस्थित होने का अवसर मिला और तभी डिनर के समय मेरे समीप बैठे एक हँसमुख से व्यक्ति ने एक हास्यास्पद-सी कहानी सुनायी, जो इस कहावत पा आधारित थी- 'कोई दैवीय शक्ति हमारे भाग्य को नियंत्रण में रखती है, फिर चाहे हम कितना भी प्रयास क्यों न कर लें। '

कहानी सुनाने वाला कहने लगा कि यह कहानी बाइबल की है और मुझे मालूम था कि यह गलत था। मुझे इस बारे में कोई संदेह भी नहीं था। तभी महत्त्वपूर्ण बनने की इच्छा के कारण और स्वयं को श्रेष्ठ प्रमाणित करने के लिए मैंने स्वयं को सुधारक समिति का अध्यक्ष बना लिया है। वह व्यक्ति अपनी बात से टस से मस भी न हुआ। क्या शेक्सपियर का कोटेशन? झूठ बकवास यह कोटेशन बाइबिल का ही है। वह तो स्वयं को ही सही मान रहा था।

मनगढ़ंत कहानी सुनाने वाला वह व्यक्ति मेरे दाई तरफ बैठा था और में, पुराने मित्र फ्रैंक गैमण्ड मेरी बायीं ओर बैठे थे। गैमण्ड ने तो शेक्सपियर का साहित्य खूब पढ़ा था। इसलिए हमें लगा कि वे ही इस बहस का अंत कर सकते थे। गैमण्ड ने पूरी बात को ध्यानपूर्वक सुना और फिर मेज़ के नीचे से मेरे पैर पर अपना पैर मारते हुए कहा- 'डेल, तुम सही नहीं हो। यह व्यक्ति ही सही है। यह कोटेशन वास्तव में बाइबिल का ही है।' रात को घर लौटते समय मैंने गैमण्ड से कहा- 'फ्रैंक, यह क्या? तुम तो जानते थे कि वह कोटेशन शेक्सपियर का ही है, फिर तुमने झूठ क्यों बोला?'

इस पर फ्रैंक ने शांतचित्त होकर उत्तर दिया- 'हाँ-हाँ, तुम ठीक कह रहे हो। यह कोटेशन 'हेलमेट' नाटक के पांचवें अंक के दूसरे सीन में कहा गया है, पर मेरे प्रिय डेल, 'हम उस भोज में अतिथि बनकर गये थे। किसी भी व्यक्ति को गलत सिद्ध करके क्या लाभ? इससे तो वह व्यक्ति हम दोनों को ही नापसंद करने लगता, क्योंकि तुम उसकी इज्जत खराब करना चाहते थे। उसने तुम्हारी सलाह तो नहीं पूछी थी? वह तो अपनी राय बता रहा था, फिर बहस करने से क्या लाभ। तीखी बहस से सदा ही सौ पग दूर भागना चाहिए।

पहले बहस करना, लोगों की बात गलत प्रमाणित करना मेरा प्रिय शौक था और मुझे ऐसे सबक की ही अधिक आवश्यकता थी। अपनी युवावस्था में तो मैं संसार की प्रत्येक बात पर

तर्क-वितर्क करने के लिए तैयार रहता था। कॉलेज जाने पर भी मैंने तर्कशास्त्र का गूढ़ अध्ययन किया तथा वाद-विवाद प्रतियोगिताओं में बढ़-चढ़कर भाग लिया। संभवत: लोगों में यह आदत होती है। मैं तो वहाँ जन्मा था। मैं संसार को दिखाना चाहता था कि मैं क्या हूँ? फिर वाद-विवाद के ये कार्य मैंने न्यूयॉर्क शहर में भी सिखाये। एक बार तो मैं इस विषय पर एक पुस्तक भी लिखने की सोच रहा था, लेकिन अब यह सब सोचकर मुझे लज्जा आती है। मैंने अपने अब तक के जीवन में अनगिनत बहसों में भाग लिया है। उन्हें देखा-सुना है और उसके बाद मैं इस परिणाम पर पहुँचा हूँ कि ईश्वर की इस रचना में हम बहस से केवल एक ही ढंग से लाभदायक हो सकते हैं और वह यह है कि हम बहस से उसी प्रकार बचकर भागें, जैसे हम भूकम्प या साँप से बचकर भागते हैं।

सौ में से नब्बे बार तो कोई लाभ इसलिए नहीं होता, क्योंकि दोनों ही पक्ष स्वयं को सही प्रमाणित करने का पूरा प्रयास करते हैं।

बहस में जीत किसी की भी नहीं हो सकती। पराजित होने पर भी आपकी हार होती है और अगर आप जीत भी गये, तो भी पराजय आपकी ही होती है। क्योंकि मान लीजिए कि आपने पूरा प्रयास करके सामने वाले को गलत प्रमाणित कर भी दिया, तो इसका अर्थ यह हुआ कि उसके तर्क में कोई दम नहीं है और आपने उसके प्रत्येक तर्क की धज्जियाँ उड़ा दीं, लेकिन इससे भी क्या होगा? आपको अच्छा तो लगेगा कि उसे सबके सामने नीचा दिखाया है, अपमानित किया है। आपने उसके गर्व को, उसके अहं को चोट पहुँचाई है। वह तो आपकी जीत पर खिन्न हो जायेगा तथा- 'जिस बात को सामने वाला बिना अपनी इच्छा के मानता है, वह अभी भी उसी विचार का होता है।'

वर्षों पहले की बात है, जब मेरी कक्षा में पैट्रिक जे. ओ. हेयर नाम का विद्यार्थी था। उसे बहस करने में बहुत आनंद आता था। हालाँकि उसकी शैक्षणिक योग्यता अधिक नहीं थी। एक बार वह शोफर का काम भी कर चुका था। वह मेरे पास इसलिए आया था, क्योंकि वह ट्रक बेचने का धंधा करता था और उसके ट्रक बिकने बंद हो गये थे। थोड़ी-सी ही बातचीत के बाद यह बात स्पष्ट हो गयी कि उसके ट्रक बिकने इसलिए बंद हो गये थे, क्योंकि वह ग्राहकों के साथ जबरदस्ती की बहस करने लगता था। धोखे से भी यदि ग्राहक उसके ट्रक में कोई कमी निकाल दे, तो फिर तो वह ग्राहक के सिर ही चढ़ जाता था। पैट ने मुझे स्वयं बताया कि इस प्रकार वह बहुत-सी बहसों में विजयी हो चुका है, फिर उसने मुझे बताया कि मैं प्राय: ही किसी ग्राहक के ऑफिस से यह कहता हुआ निकलता था- 'आज तो मैंने इसे सबक सिखा ही दिया।' सबक तो वह सिखा देता था, लेकिन उसे माल नहीं बेच पाता था।

मुझे समस्या इस बात की नहीं थी कि पैट्रिक को ठीक-ठीक बोलना सिखाया जाये, बल्कि मेरी समस्या तो यह थी कि पैट्रिक को अधिक बोलने से तथा फालतू की बहस में पड़ने से रोका जाये।

कुछ दिनों बाद पैट्रिक 'ओ हेयर व्हाइट' मोटर कंपनी के कुशल सेल्समैन बन गये। यह सब कैसे सम्भव हो सका, उन्हीं के शब्दों में सुनिए- 'अब जब भी मैं किसी ग्राहक के ऑफिस में जाता हूँ और वह कहता है- 'क्या? व्हाइट कंपनी कार ट्रक? वह तो एकदम व्यर्थ है। मैं तो इस कंपनी का ट्रक दो कौड़ी में भी न खरीदू। मैं तो हूजइट कंपनी के ट्रक ही खरीदूँगा, क्योंकि इसके ट्रक बहुत दमदार हैं। इस कंपनी के ट्रक खरीदने के बाद आपको कभी भी पछताना नहीं पड़ेगा। इस कंपनी के तो सेल्समैन भी बहुत अच्छे हैं।'

'यह सुनकर ग्राहक तो मुझे देखता ही रह जाता है। अब बहस की तो कोई सम्भावना ही नहीं बचती। यदि वह कहता है कि उस कम्पनी के ट्रक सबसे अच्छे हैं, तो मैं यह मान लेता हूँ और उससे

बहस नहीं करता। अब मैं सहमत हो जाता हूँ। तो पूरी दोपहर हम हूजइट के विषय से आगे निकलकर अपनी व्हाइट कंपनी के ट्रक की अच्छाईयों के बारे में बताता हूँ लेकिन पहले इससे उलटा होता था। यदि गलती से भी किसी ग्राहक ने मेरी कम्पनी के ट्रक के विषय में कुछ भी कह दिया, तो समझो उसकी कुशल नहीं थी। मैं क्रोध के मारे आगबबूला हो जाया करता था, फिर मैं जोर-जोर से हूजूइट कंपनी की बुराई करता था। मेरा ग्राहक मेरी प्रतियोगी कंपनी की उतनी ही अधिक प्रशंसा करता था। फिर वह पूरे मन से वह ट्रक खरीदना चाहता था।

'पीछे मुड़कर जब भी मैं अपने जीवन को देखता हूँ तो मुझे आश्चर्य होता है कि मैंने इतना माल भी कैसे बेच दिया? बहस करने में तथा झगड़ने में मैंने अपने जीवन के अनेक वर्ष नष्ट कर दिये, लेकिन अब तो मैं अपना मुँह बंद रखता हूँ। इससे मुझे बहुत लाभ भी होता है। '

बेन फ्रेंकलिन ने भी एक बार कहा था- 'जब आप बलपूर्वक बहस करके सामने वाले का विरोध करते हैं, तो अनेक बार आप जीतने में सफल भी हो जाते हैं, लेकिन यह जीत खोखली होती है, क्योंकि इससे आप सामने वाले व्यक्ति का सद्भाव प्राप्त नहीं कर सकते।' अब यह आप पर निर्भर करता है कि आप बहस में नाटकीय सैद्धांतिक विजय चाहते हैं या सद्भाव प्राप्त करना। हां, दोनों चीजें एक साथ प्राप्त नहीं की जा सकती।

बोस्टन ट्रांस्क्रिप्ट में एकबार कुछ महत्त्वपूर्ण पंक्तियाँ प्रकाशित हुई थीं- 'यहाँ विलियम जे. का शरीर लेटा हुआ है, जो मर गया, केवल सही रास्ते पर चलने के लिए गाड़ी चलाते समय वह बिल्कुल सही था, पूर्णतया सही, लेकिन वह इतना ही मुर्दा है, जैसे गलती उसी की थी।'

यही बात आप पर भी चरितार्थ होती है। जब कभी आप भी बहस की गाड़ी को तेज गति से चलाते हैं, तो हो सकता है, कि आप पूरी तरह से सही हो, लेकिन जहाँ तक प्रश्न सामने वाले की मानसिकता बदलने का है। आपका प्रयास व्यर्थ ही होगा,क्योंकि आप सामने वाले को कभी गलत प्रमाणित नहीं कर सकते।

फ्रेडरिक एस. पार्सस एक आयकर सलाहकार थे। एक बार वे एक ' सरकारी टैक्स इंस्पेक्टर से एक घण्टे तक बहस करते रहे। प्रश्न नौ हजार डॉलर का था। पार्सस यह कह रहे थे कि यह राशि एक ऐसा कर्ज (bad debt) थी, जिसके भुगतान की कोई आशा नहीं थी और इसीलिए इस पर टैक्स नहीं लगना चाहिए। इंस्पेक्टर ने उत्तर दिया। 'बैड डेबिट! प्रश्न ही नहीं उठता। इस पर टैक्स अवश्य लगेगा।'

मिस्टर पार्सन्स ने यह कहानी हमारी कक्षा में सुनायी थी। इंस्पेक्टर हठी, भाव शून्य तथा बहुत जिद्दी था। तर्कों का उस पर कोई प्रभाव नहीं पड़ा। तथ्य भी उसे नहीं पिघला सके। मैंने जितनी अधिक बहस की, वह उतना ही अधिक अड़ता चला गया। इसलिए मैंने बहस को छोड़कर चर्चा का विषय बदल दिया और उसकी सराहना करने लगा। मैंने उससे कहना शुरू किया- 'मुझे लगता है कि यह तो बहुत छोटी-सी धनराशि है, जो आपके लिए अधिक महत्त्व नहीं रखती होगी, क्योंकि आपको तो बहुत बड़ी-बड़ी धनराशियों के महत्त्वपूर्ण तथा पेचीदा मामले निबटाने पड़ते हैं। वैसे तो मैंने भी टैक्सेशन के बारे में बहुत पढ़ा है, फिर भी मेरा ज्ञान मात्र पुस्तकीय है, -लेकिन आपने तो इस विषय पर वर्षों तक काम किया है। आप इस क्षेत्र में बहुत अनुभवी है। काश, मैं भी आपकी ही तरह अनुभवी होता! तो मैं बहुत कुछ प्राप्त कर सकता था।' मैंने उसकी झूठी प्रशंसा भी नहीं की थी। मैंने तो बस उसके चरित्र के सकारात्मक पहलू को देखा था।

इसके बाद तो वह इंस्पेक्टर अपनी कुर्सी पर तनकर बैठ गया और घण्टों अपने बारे में बताता रहा। उसने मुझे बड़े गर्व से बताया कि उसने कितने पेचीदा विषयों को सुलझाया है, फिर तो वह मुझसे मित्र की तरह बातें करने लगा तथा अपने बच्चों के बारे में भी बताने लगा। बातें करते समय उसने मुझसे कहा कि वह इस समस्या के बारे में और विचार करेगा तथा दो-चार दिनों में निर्णय भी सुना देगा। तीन चार दिनों बाद वह फिर से मेरे ऑफिस में आया और उसने मुझे बताया कि उसने मेरे टैक्स रिटर्न को उसी रूप में स्वीकार कर लिया है।

यह कुशल टैक्स इंस्पेक्टर भी साधारण-सी मानवीय दुर्बलता को प्रदर्शित कर रहा था। उसे भी महत्त्व की इच्छा थी। पहले वह मि. पार्संस से बहस करके अपने आपको महत्त्वपूर्ण प्रमाणित कर रहा था, लेकिन जब मि. पार्संस ने उसके महत्त्व को स्वीकार कर लिया, तो वह बहस वहीं समाप्त हो गयी तथा वह हठी, जिद्दी व्यक्ति सहानुभूतिपूर्ण तथा दयालु व्यक्ति में परिवर्तित हो गया था।

बुद्ध ने सही कहा था- 'घृणा से नहीं, बल्कि प्रेम से जीता जाता है।' संशय को भी बहस से नहीं, बल्कि समझदारी, सद्भावना, कूटनीति तथा दूसरे के गुणों को समझकर समाप्त किया जा सकता है।'

एक बार अब्राहम लिंकन ने एक नौजवान सैनिक को अपने सहयोगी के साथ बहस में उलझने के कारण बहुत फटकारा था। लिंकन ने कहा- 'जो व्यक्ति सदैव ही अपनी क्षमताओं का दोहन करने के लिए संकल्पवान रहता है, इसके अतिरिक्त वह परिणामों को अनदेखा कर दे, जिन पर आपका अधिकार दूसरों जितना ही है। साथ ही उन चीजों की भी उपेक्षा कर दो, जिस पर आपका पूर्ण अधिकार नहीं है। उदाहरण के लिए यदि कोई कुत्ता आपके रास्ते में आ जाये, तो उससे लड़ने के स्थान पर या वह आपको काट खाये या तो इसकी प्रतीक्षा करने की अपेक्षा आपको उस कुत्ते का रास्ता ही छोड़ देना चाहिए। यदि कुत्ते ने आपको काट लिया होता, तो नुकसान तो आपका ही होता, भले ही आप कुत्ते को जान से ही मार डालते।

'बिट्स एण्ड पीसेस' नाम की पत्रिका में एक बार एक लेख छपा था, जिसमें असहमति को बहस में परिवर्तित होने से कैसे रोका जाए, इस विषय पर कुछ अनमोल सुझाव दिये गये थे।

'असहमति का हृदय से स्वागत करें। स्मरण रखें, 'यदि दोनों पक्ष सदैव सहमत हो जाते हैं, तो उनमें से एक की आवश्यकता पहले दिखाता है, जिसके बारे में आपने पहले कभी नहीं सोचा था। आपको तो इस बात के लिए उस व्यक्ति का कृतज्ञ होना चाहिए। हो सकता है कि यह असहमति एक सुअवसर हो, जिसके कारण से आप गलती करने से पहले ही उसे सुधार सके।'

अपनी पहली ही भावना पर भरोसा न करें। जैसे ही हमारे सामने कोई मुसीबत आती दिखाई दे, तो हम अपने आपको सुरक्षित करना चाहते हैं। सावधान रहकर ठण्डे नियन्त्रण से विचार करें। यह भी तो सम्भव है कि आप अपने सर्वश्रेष्ठ रूप में न होकर अपने निकृष्टतम रूप में हों। अपने क्रोध पर काबू पाना सीखें। किसी भी व्यक्ति के व्यक्तित्व का कद इसी बात से का जाता है कि उसे किन-किन बातों पर क्रोध आता है।

पहले पूरी बात को ध्यानपूर्वक सुन लें। अपने विरोधियों को भी बोलने का पूरा अवसर देते हुए उन्हें अपनी पूरी बात कहने दें। उनसे बहस न करें, न ही विरोध करें, और न ही स्वयं का बचाव करें। इससे तो कभी न गिरने वाली दीवार खड़ी हो जाती है। इसके स्थान पर एक सुदृढ़

पुल बनाने का पूरा प्रयास करें, 'सहमति ढूंढ़ने का प्रयास करें। अपने विरोधियों की पूरी बात सुनने के बाद, बात को वहाँ से प्रारम्भ करें, जहाँ से आप अपने विरोधी से एकमत हों।

'सदैव ईमानदार बने रहें। सदैव उन तथ्यों को खोजें, जिनमें आप अपनी गलती मान सकते हैं और अपनी गलती को मानने में विलंब न करें, फिर अपनी गलती के लिए क्षमा भी माँग लें। इससे आपके विरोधी शांत हो जायेंगे। अपने आप से वादा करें कि आप अपने विरोधियों के विचारों पर ध्यानपूर्वक मनन करेंगे। आपके विरोधी सही भी हो सकते हैं। इस परिस्थिति में यह अधिक सरल है कि आप उनके विचारों पर सोचने के लिए विवश हो जाएं, बजाय इसके कि आप तीव्रता से आगे बढ़ जायें और कोई ऐसी गलती कर बैठें, जिससे आपके विरोधियों को बाद में यह कहने का अवसर मिल जाये- 'हमने तो आपको समझाने का भरपूर प्रयास किया था, लेकिन आपने ही हमारी बात पर ध्यान नहीं दिया। '

समस्या में दिलचस्पी लेने के लिए अपने विरोधियों को मुक्त कण्ठ से सराहें। जिस व्यक्ति को आपकी बहस में रुचि है, तो इसका अर्थ उसकी रुचि भी उसी विषय में हैं। उसे अपना सहायक समझिए, क्योंकि वह विरोधी आपका मित्र भी बन सकता है। दोनों पहलुओं से सोचने के पश्चात् ही कार्य करें। आप सामने वाले व्यक्ति से उसी दिन बाद में या फिर अगले दिन भेंट का समय ले सकते हैं और फिर सारे तथ्यों पर पुनर्विचार किया जा सकता है। इस भेंट से पहले अपने-आप से कुछ कठिन प्रश्न अवश्य पूछिए।

क्या यह सम्भव है कि मेरे विरोधी सही हों? या फिर कुछ सीमा तक सही हों? क्या उनके तर्क में कोई बल, कोई सच्चाई है? क्या मैं कोई समस्या निबटाना चाहता हूँ या फिर केवल अपने अहं को शांत कर रहा हूँ? क्या मेरी इस बहस के कारण मेरे विरोधी मुझसे दूर होते जा रहे हैं या फिर मेरे निकट आ रहे हैं? क्या उस बात से मेरी प्रतिष्ठा में कोई बढ़ोत्तरी होगी, जो मैं करने जा रहा हूँ? मुझे जीत मिलेगी या पराजय का मुँह देखना पड़ेगा? यदि मैं जीत भी जाऊँगा, तो मुझे इसका क्या मूल्य चुकाना पड़ेगा? यदि मैं इस विषय में शांत रहूँगा, तो क्या यह बहस यहीं पर समाप्त हो जायेगी?

अपने पचास वर्ष के सफल वैवाहिक जीवन का रहस्य ओपेरा स्टार जैन पियर्स ने कुछ इस प्रकार बताया था- 'मेरी पत्नी और मैंने बहुत पहले यह समझौता कर लिया था कि चाहे हम एक-दूसरे से कितने भी क्रोधित क्यों न हो जाएं, हम यह समझौता निभायेंगे, 'कि जब हममें से एक क्रोधित हो जायेगा, तो दूसरा शांत चित्त से उसकी बात सुनेगा, क्योंकि यदि हम दोनों ही बोलने लगेंगे, चिल्लाने लगेंगे, तो फिर तो किसी की भी बात पूरी नहीं होगी और घर में वाद-विवाद तथा शोर शराबे के अतिरिक्त कुछ भी नहीं होगा।'

## सिद्धान्त- 1

## बहस से एक ही लाभ हो सकता है और वह है, बहस से बचकर निकल जाना।

# 2

# अपने दुश्मन को जाने और समझे

व्हाइट हाउस में रहते हुए थियोडोर रूजवेल्ट ने यह बात स्वीकार कर ली थी कि 'यदि वे 75 अवसरों पर सही प्रमाणित हो सकें, तो उनकी सफलता में कोई भी रोड़ा नहीं आ सकता। ' अब यदि बीसवीं सदी के महानतम व्यक्तियों में से एक का यह विचार है, तो आपकी और मेरी क्या गिनती?

55 प्रतिशत अवसरों पर भी यदि आप सही हुए, तो भी आप वाल स्ट्रीट जाकर एक ही दिन में लाखों डॉलर कमा सकते हैं, लेकिन यदि 55 प्रतिशत अवसरों पर भी आप सही नहीं हैं, तो फिर तो आपको किसी और की गलती बताने का कोई अधिकार नहीं है।

केवल शब्दों से ही नहीं, बल्कि अपनी आंखों से या फिर अपनी आवाज के ढंग से या अपने हाव-भाव से भी लोगों को यह प्रतीत करा सकते हैं कि वे सही नहीं हैं। अब यदि आप किसी को गलत प्रमाणित कर भी देते हैं, तो क्या सामने वाला इस बात से सहमत होगा? क्या अपनी गलती मानेगा? कभी नहीं? क्योंकि आपने तो सीधे उसके आत्मसम्मान पर चोट की है। कोई भी व्यक्ति किसी दूसरे के विचारों को नहीं अपनाता, किसी दूसरे के लिए अपनी सोच नहीं बदलता। चाहे आप इमैनुअल काण्ट या प्लेटो के सारे तर्कों को भी उनके सामने बोल दें, तो भी वे अपने विचार नहीं बदलेंगे, क्योंकि आपने तो उनकी भावनाओं को ठेस पहुँचायी है।

'मैं आपके सामने एक बात सिद्ध करना चाह रहा हूँ।' इस तरह से अपनी बात का कभी भी आरम्भ न करें। ऐसा कहकर तो आप सामने वाले को यह बता रहे हैं- 'मैं तो आपसे कई गुना स्मार्ट हूँ।' मैं आपको कुछ ऐसी बातें बताने जा रहा हूँ जो आपके विचारों को बदल देंगे।' यह तो स्पष्ट रूप से चुनौती है। यह सुनकर तो सामने वाले की आत्मा पर चोट पहुंचती है और वह युद्ध के लिए तैयार हो जाता है। परिस्थितियाँ चाहे अनुकूल हों या प्रतिकूल, व्यक्ति की विचारधारा को बदल पाना कठिन है। तो इसे और भी कठिन क्यों बनाया जाये? स्वयं को दुर्बल क्यों बनाया जाये?

यदि आप कुछ प्रमाणित भी करने जा रहे हैं, तो इस बात का पता किसी को भी न चलने दें। इस स्थिति को पूरी चतुराई से कुशलता पूर्वक सँभाले। इसी विचार को अलेक्जेण्डर पोप ने संक्षिप्त रूप में इस तरह से व्यक्त किया था- 'लोगों को कोई भी सबक सिखाते समय पूरी सतर्कता रखनी चाहिए। उन्हें यह ज्ञान ही नहीं होना चाहिए कि उन्हें कुछ सिखाया जा रहा है। नये विचारों को इस तरह बताया जाना चाहिए जैसे कि आपको अपने पुराने विचार स्मरण हो आए हों। 'तीन सौ साल पहले गैलिलियो ने यह कहा था- 'आप किसी व्यक्ति को कुछ नहीं सिखा सकते। हां, आप उसे अपने अंदर से सीखने में सहायता कर सकते हैं।'

यही बात लॉर्ड चेस्टरफील्ड ने अपने पुत्र से कहा था- 'निश्चित रूप से दूसरे लोगों से अपने आप को अधिक बुद्धिमान बनाने का प्रयास करो, लेकिन यह बात उनसे मत कहो।'

सुकरात ने भी एथेंस में अपने अनुयायियों से बार-बार यही कहा था- 'मैं केवल एक ही बात जानता हूँ और वह यह है कि मैं कुछ भी नहीं जानता हूँ।'

अब मैं सुकरात से अधिक बुद्धिमान होने का दावा तो कर नहीं सकता, इसलिए मैंने दूसरों को गलत प्रमाणित करना भी छोड़ दिया है और इस बात का मुझे लाभ भी हुआ है। जब भी कोई व्यक्ति ऐसी बात कहे, जो आपकी दृष्टि में सही नहीं है और आप पूर्ण विश्वास से जानते हैं कि यह बात गलत ही है, तब भी हमें कुछ इस प्रकार बोलना चाहिए-

'मुझे लगता है कि मेरी राय आपसे कुछ भिन्न है, लेकिन मैं गलत भी हो सकता हूँ। ऐसा कई बार हो चुका है, जब मैं गलत प्रमाणित हो चुका हूँ और यदि इस बार भी मैं गलत प्रमाणित हो जाता हूँ तो मैं अपनी गलती सुधारने की पूरी चेष्टा करूँगा। आइए, हम मिलकर तथ्यों का मूल्यांकन करते हैं।'

इस प्रकार के वाक्यों में जादू होता है। कोई भी व्यक्ति इतना निष्ठुर नहीं हो सकता, जो ऐसे वाक्य सुनकर भी क्रोधित हो जाए।

हमारी कक्षा के ही एक सदस्य मोण्टाना के कार डीलर हैरोल्ड रैंके ने अपने ग्राहकों के साथ इस तकनीक का प्रयोग किया था। उनका कहना था कि ऑटोमोबाइल व्यापार के तनावग्रस्त वातावरण में प्राय: ग्राहकों की शिकायत पर अधिक ध्यान नहीं दे पाते थे और प्राय: उदासीन रहते थे। इसके कारण तो व्यापार में बहुत अधिक हानि होने लगी थी। ग्राहक भी क्रोधित रहते थे तथा पूरा वातावरण बिगड़ने लगा था।

उन्होंने हमारी कक्षा को बताया- 'फिर मैंने अनुभव किया कि मुझे अपनी शैली को बदलना होगा। ' मैंने अपने ग्राहकों से यह कहना प्रारंभ कर दिया- 'हमारी डीलरशिप से इतनी त्रुटियाँ हुई हैं कि प्राय: मुझे लज्जित होना पड़ता है। आपके प्रकरण में भी संभवत:: हमसे भूल हुई है। इस बारे में मुझे विस्तारपूर्वक बतायें। '

'यह शैली तो ग्राहक के क्रोध को एकदम ठण्डा कर देती थी और फिर वह अपनी शिकायत अधिक तर्कपूर्ण ढंग से बताता था। अनेक ग्राहकों ने तो मुझे धन्यवाद भी बोला, क्योंकि मैं उनकी बात ध्यानपूर्वक सुनता था। कई ग्राहक तो अपने मित्रों को भी लेकर आये, ताकि वे अच्छी सेवा प्राप्त कर सकें। आज का युग प्रतियोगिता का है और हमारे ग्राहकों को एक ऐसे व्यक्ति की आवश्यकता होती है, जो उनकी बात ध्यानपूर्वक सुन सके। यदि आप ग्राहक के विचारों को सम्मान दिखाते हुए कूटनीति तथा शिष्टता से व्यवहार करेंगे, तो निश्चित रूप से अपने प्रतियोगियों से बहुत आगे निकल जाएंगे।

यदि आप यह बात हृदय से मान लें कि आप गलत भी हो सकते हैं, तो कभी भी कठिनाई में नहीं घिरेंगे। इससे लड़ाई-झगड़ा भी नहीं होगा और सामने वाला भी स्वयं ही आपकी ही तरह निष्पक्ष और विशाल हृदय हो जायेगा। हो तो यह भी सकता है कि सामने वाला भी आपकी ही तरह बोलने लगे कि वह भी गलत हो सकता है।

यदि आपको पूरा विश्वास है कि आपका विरोधी ही गलत है और आप यह बात उससे स्पष्ट रूप से कह दें, तो सोचिए, क्या होगा? इसका एक उदाहरण यहाँ प्रस्तुत है-

'मिस्टर एस न्यूयॉर्क के एक युवा वकील थे। वे एक बार यूनाइटेड स्टेट्स सुप्रीम कोर्ट में एक महत्त्वपूर्ण मुकदमे 'लस्टगार्टन बनाम लीट कॉरपोरेशन 280 यू एस. 320' में युक्तियाँ प्रस्तुत कर रहे थे। इस मुकदमे में बहुत-सा पैसा दाँव पर लगा हुआ था, साथ ही कानून का एक बहुत ही महत्त्वपूर्ण प्रश्न भी उलझा हुआ था। उसी बहस के चलते सुप्रीम कोर्ट के जज ने उससे प्रश्न किया, 'एडमिरेलटी ली में समय-सीमा छह साल की होती है ना?'

तभी मिस्टर एस ने एक पल रुककर जज से स्पष्टत: कह दिया- 'योर ऑनर, एडमिरेल्टी ली में तो कोई भी समय-सीमा निश्चित नहीं होती।'

आगे की कहानी उस वकील ने हमारी कक्षा के सामने बताया- 'कोर्ट में सन्नाटा छा गया और कमरे का तापमान शून्य डिग्री से भी नीचे पहुँच गया। मैं स्वयं को सही बताकर और जज की त्रुटि बताकर बहुत प्रसन्न था, लेकिन क्या इस बात से हमारा व्यवहार मित्रतापूर्ण हुआ होगा? नहीं? मुझे अब भी पूरा विश्वास है कि वह मुकदमा मैं ही जीतता। इससे पहले मैंने कभी भी इतनी अच्छी तरह से बहस नहीं की थी, लेकिन स्वयं को प्रमाणित करके भी मैं अपनी बात नहीं मनवा सका और मैं मुकदमा हार गया। मेरी गलती केवल इतनी-सी थी कि मैंने एक बुद्धिमान तथा प्रसिद्ध जज को गलत प्रमाणित करने की महान् भूल की थी।

बहुत कम लोग ऐसे होते हैं, जिन्हें तर्कसंगत लोग पसंद आते हैं। हममें से अधिकतर तो पूर्वाग्रहों से घिरे होते हैं और युगों से चली आ रही मान्यताओं में ही विश्वास रखते हैं। हममें ईर्ष्या, डर, शंका तथा अहंकार कूट-कूट कर भरे होते हैं। हममें से अधिकतर लोग अपने विचारों को बिलकुल भी नहीं बदलना चाहते। अब प्रश्न चाहे उनके हेयर कट का हो, रहन-सहन का हो, धर्म का हो, साम्यवाद का हो या फिर उनके प्रिय नायिका का हो। इसलिए यदि आपने इस संसार के विचारों को बदलने या दूसरों की त्रुटियों ढूंढ़ने का बीड़ा उठा ही लिया है, तो प्रतिदिन नाश्ते के साथ-साथ नीचे लिखी पंक्तियों को भी अपने मस्तिष्क में अवश्य उतार लें। ये पंक्तियाँ जेम्स हार्वे रॉबिंसन द्वारा लिखित घनबर्द्धक पुस्तक 'द माइण्ड इन द मेकिंग' से लिया गया है।

वैसे तो हम प्राय: ही बिना किसी प्रतिरोध के अपने विचारों को बदलते रहते हैं, लेकिन यदि कोई व्यक्ति हमें गलत प्रमाणित करके विचार बदलने के लिए कहता है, तो हम इस दोषारोपण से चिढ़ जाते हैं और अपने मन में उस व्यक्ति के लिए घृणा पैदा कर लेते हैं। वैसे तो हम अपने विचारों की बिल्कुल भी चिन्ता नहीं करते, लेकिन यदि कोई दूसरा हमारे उन्हीं विचारों को गलत प्रमाणित करने का प्रयास करता है, तो हम अपने उन्हीं विचारों के प्रति बहुत आसक्त हो जाते हैं। हमें अपने विचारों से इतना प्रेम नहीं होता, जितना कि अपने आत्मसम्मान से। मानवीय सम्बन्धों में सबसे महत्त्वपूर्ण शब्द 'मेरा' होता है और बुद्धिमान व्यक्ति इसका सामना चतुरता से करता है। इस 'मेरे' में शक्ति एक-सी ही रहती है, चाहे मामला 'मेरे' डिनर, 'मेरे' कुत्ते', 'मेरे' घर, 'मेरे' पिता, 'मेरे' देश या 'मेरे' 'ईश्वर' से सम्बन्धित हो। हमें इस बात से भी चिढ़ होती है कि हमारी घड़ी गलत है या हमारी कार गंदी है, बल्कि हम इस बात से भी चिढ़ जाते हैं कि मंगल की नहरों के बारे में हमारे विचार या हमारा 'एपिक्टेटस' का उच्चारण गलत है या सेलिसिन की चिकित्सकीय उपयोगिता के विषय में हमारे विचार सही नहीं हैं या फिर विश्वयुद्ध की तारीख हमें ठीक से स्मरण नहीं है। हम तो प्रत्येक हाल में अपनी बात को सच मानना चाहते हैं और जब भी कोई दूसरा हमारी मान्यताओं पर शंका जताती है, कोई प्रश्नचिह्न लगाता है, तो हमारी सारी इंद्रियाँ उत्तेजित हो जाती हैं और हम उन्हीं मान्यताओं से चिपके रहने के लिए नये-नये बहाने ढूँढते हैं। परिणामस्वरूप हमारी तथाकथित तर्क शक्ति अपनी वर्तमान मान्यताओं के लिए तर्क ढूंढ़ने में पूरी शक्ति से जुट जाती है। '

'ऑन बिकनिंग ए पर्सन' नामक पुस्तक में प्रसिद्ध मनोवैज्ञानिक कार्ल रॉजर्स ने लिखा है-

'इस बात को मैं बहुत महत्त्व देता हूँ कि अपने-आपको सामने वाले का दृष्टिकोण समझने की अनुमति दे दूँ। यह वाक्य आपको कुछ विचित्र-सा तो अवश्य ही लग रहा होगा। तो क्या दूसरे को

समझने के लिए पहले स्वयं को समझना पड़ता है। मुझे तो यही सच लगता है। अधिकतर बातों के सम्बन्ध में हमारी पहली प्रतिक्रिया मूल्यांकन तथा निष्कर्ष की होती है और हम दूसरे की बात को समझने का परिश्रम ही नहीं करना चाहते। जब भी कोई व्यक्ति किसी भावना, विचार या विश्वास को व्यक्त करता है, तो हमारी प्रवृत्ति तुरंत यह अनुभव करने लगती है- 'यह बात मूर्खतापूर्ण है', 'यह सही बात है', 'यह बात तर्कसंगत नहीं है', 'यह अनुचित है', लेकिन कभी-कभी हम अपने आपको इस बात की आज्ञा दे देते हैं कि हम सामने वाले की पूरी बात को ध्यानपूर्वक सुनकर समझने का प्रयास करें और फिर उसका दृष्टिकोण भी समझ सकें। '

एक बार मैंने एक इंटीरियर डेकोरेटर को अपने घर की साज-सज्जा का काम सौंप दिया, लेकिन उसके द्वारा दिये गये बिल को देखकर मुझे बहुत जोर का झटका लगा, फिर कुछ दिनों बाद मेरी एक मित्र आई और कमरे में लगे नये परदों को देखने लगी, लेकिन जैसे ही मैंने उन परदों की मूल्य बताया, वह तुरंत बोली- 'क्या? इतने महंगे पर्दे! तुम्हें तो निश्चित ही उसने लूट लिया है।'

क्या यह बात सही थी? बिल्कुल, उसने मुझे सच्चाई ही बतायी थी, लेकिन बहुत कम लोग ऐसे होते हैं, जो यह स्वीकार कर लेते हैं कि किसी ने उन्हें मूर्ख बनाया है। इसलिए मानव-स्वभाव के वशीभूत होकर मैंने भी अपना बचाव करना शुरू कर दिया। मैंने दस युक्तियाँ प्रस्तुत कर दीं, जैसे अच्छी क्वालिटी का सामान तो मँहगा ही मिलता है, सुंदर तथा कलात्मक सामान तो बड़े-बड़े शोरूम में ही मिलता है न कि पटरियों पर इत्यादि, फिर कुछ दिन बाद मेरी एक और मित्र आईं, जिन्होंने पर्दे की खुले मन से प्रशंसा की। वे कहने लगीं- 'काश'! मैं भी अपने घर में इतने कलात्मक पर्दे लगा पाती !' और इस पर मेरी प्रतिक्रिया पहले से अलग थी- 'वैसे मैंने इन पर्दो का मूल्य कुछ अधिक ही दे दिया है। अब तो मैं पछता रहा हूँ कि मैं इतने बड़े शोरूम में घुसा ही क्यों था।'

तो इसका अर्थ यह हुआ कि जब हम गलत होते हैं, तो मन से तो हम अपनी गलती मान लेते हैं और कभी-कभी तो उस गलती को दूसरों के सामने भी स्वीकार कर लेते हैं। इससे हम अपनी उदारता तथा खुलेपन का परिचय देना चाहते हैं, लेकिन जब कोई स्पष्ट रूप से हमारी किसी गलती को प्रकट करता है, तो हम अड़ जाते हैं, और अपने अहं को तो चोटिल नहीं होने दे सकते।

सिविल युद्ध के समय होरेस ग्रीले अमेरिका के सबसे प्रसिद्ध संपादक थे। वे लिंकन की नीतियों के कट्टर विरोधी थे। उन्हें लगता था कि वे तर्क-वितर्क से, अपमान से या फिर लिंकन की खिल्ली उड़ाकर उन्हें अपने पक्ष से सहमत कर लेंगे। यह अभियान दिनों-दिन बलवान होता गया। जिस रात को बूथ ने लिंकन पर गोलियों की बौछार की थी, उस रात को ग्रीले ने लिंकन के लिए एक अत्यंत कटु, क्रूर, आलोचनात्मक तथा व्यक्तिगत आघात पहुँचाने वाला संपादकीय लिखा था' लेकिन क्या लिंकन कभी भी ग्रीले से एकमत हुए? सम्भावना ही पैदा नहीं होती। अपमान और उपहास द्वारा तो आप किसी को भी सहमत नहीं कर सकते।

अब यदि आप ऐसे सुझाव चाहते हैं, जिनसे आपके सम्बन्ध दूसरों के साथ मधुर हो जायें, यदि आपको भी अपने व्यक्तित्व में निखार लाना है, तो बेंजामिन कालिन की आत्मकथा को पढ़ना बहुत आवश्यक है। यह सबसे उत्तम जीवनी होने के साथ-साथ अमेरिकी साहित्य में एक अमर पुस्तक है। इसमें फ्रेंकलिन ने बताया है कि उन्होंने अपनी बहस करने की आदत पर कैसे नियन्त्रण पाया और फिर किस प्रकार वे अपने आपको अमेरिकी इतिहास के सबसे सौम्य, सभ्य, कुशल, तथा कूटनीतिक मनुष्य के रूप में स्थापित कर पाये।

अपनी युवावस्था में बेन आवश्यकता से अधिक बहस किया करते थे। एक बार उनका एक पुराना क्वेकर मित्र उन्हें एक ओर ले गया और उन पर सच्चाई के कोड़े बरसाने प्रारंभ कर दिया। उसने बेन' से कहा- 'बेन। तुम्हारा स्वभाव कोई नहीं सुधार सकता। तुम्हारे विचार तुम्हारे विरोधियों को हथौड़े की चोट पहुँचाते हैं। तुम्हारे आक्रामक विचारों की किसी को भी चिन्ता नहीं है। तुम्हारे सहयोगी तो यही चाहते हैं कि कैसे तुमसे बचा जाये। तुममें वास्तव में इतना अधिक ज्ञान है, तो किसी को भी तुम्हें कुछ भी बताने की आवश्यकता नहीं है। कोई इतना परिश्रम भी क्यों करेगा कि वह तुम जैसे विद्वान् को कुछ समझायें। इसलिए तुम्हारे पास जितना भी ज्ञान है, बस, वहीं रहेगा, दूसरों से तो तुम कुछ भी नहीं सीख पाओगे और इसमें हानि भी तुम्हारी ही होगी।' और इस बात के लिए बेन फ्रेंकलिन प्रशंसा के पात्र हैं कि उन्होंने इस अपमानजनक आलोचना को बहुत अच्छी प्रकार से लिया। यहाँ पर भी उन्होंने अपनी महानता तथा बुद्धिमत्ता का परिचय देते हुए इस आलोचना में छिपी सच्चाई को भाँप लिया कि यदि वे अपने विचारों को और अपने आपको नहीं बदलेंगे, तो वे असफलता तथा सामाजिक विनाश के गर्त में गिरते चले जायेंगे। उन्होंने अपनी गलती को मान लिया तथा अपने शब्दकोश से आलोचना तथा बहस जैसे शब्दों को निकाल फेंका।

फ्रेंकलिन अपनी जीवनी में आगे बताते हैं- 'मैंने एक नियम बना लिया कि अब से मैं दूसरों की कोमल भावनाओं पर सीधा वार तो बिल्कुल भी नहीं करूँगा और अपनी बात को भी आक्रामक शैली में कहने से बचूँगा। अब से मैं अपनी भाषा में 'निश्चित रूप से', 'निस्संदेह' जैसे शब्दों का प्रयोग नहीं करूँगा। इसके स्थान पर मेरी भाषा ऐसी होगी, 'मुझे लगता है', 'इस समय मुझे ऐसा प्रतीत हो रहा है', 'मैं समझता हूँ, इत्यादि। अब जब भी कोई व्यक्ति अतार्किक बात कह देता था और मैं जानता था कि वह सही नहीं है, तो भी मैं उसका विरोध सीधे रूप में करने से बचता था। यदि मुझे गलती बतानी भी होती थी, तो मैं एक कूटनीतिज्ञ के रूप में बताता था जैसे, अनेक मामलों या परिस्थितियों में सामने वाले की बात सही हो सकती थी, लेकिन मुझे ऐसा प्रतीत होता है कि इस मामले में यह सही नहीं होगी। मुझे अपनी शैली बदलने से बहुत लाभ भी हुआ। अब मेरी चर्चाएँ शांतिपूर्ण होने लगीं। अब मैं अपने विचारों को बड़े ही विनम्र तथा शालीन शैली में दूसरों के समक्ष प्रस्तुत करता था, इसलिए वे भी प्रसन्नतापूर्वक मेरी बात से सहमत हो जाते थे। यदि मैं गलत भी होता था, तो भी मुझे घोर अपमान का सामना नहीं करना पड़ता था, क्योंकि प्रत्येक चीज उसी रूप में हमारे पास वापस आती है, जिस रूप में हम दूसरों को देते हैं। जब मैं सही होता था, तो मेरे विरोधी भी मेरी बात से सहमत हो जाते थे। वे भी तो मेरी ही नीति पर चल रहे थे। प्रारंभ में इस तकनीक पर चलते हुए मुझे अपनी स्वाभाविक इच्छाओं का हनन करना पड़ रहा था। मुझे बहस किये बिना जीना पड़ रहा था, लेकिन बाद में यही तकनीक मेरे लिए सहज हो गयी और मुझे इसकी आदत-सी पड़ गई, फिर मैं अपनी इसी आदत के कारण से अपने मित्रों तथा सहयोगियों में इतना प्रसिद्ध हो गया कि जब भी मैं किसी नई संस्था का प्रस्ताव रखता था या फिर पुरानी संस्था में कोई बदलाव चाहता था, तो वे मेरी बात पर आसानी से सहमत हो जाते थे। राजनैतिक क्षेत्र में भी मेरी सफलता का यही रहस्य था। तनिक सोचिए, मैं न तो एक अच्छा वक्ता था, बोलने की कला में भी मैं कुशल नहीं था, मेरी शब्दावली भी अधिक लुभावनी नहीं थी, लेकिन फिर भी मैं अपनी बात मनवा ही लेता था।

तो क्या फ्रेंकलिन का यह ढंग व्यापार में भी सफल प्रमाणित हो सकता है? इस बात को सिद्ध करने के लिए दो उदाहरण प्रस्तुत हैं-

नॉर्थ कैरोलिना के किंग्स माउण्टेन की निवासी कैथरीन ए. अल्फ्रेड एक यार्न-प्रोसेसिंग प्लाण्ट में इण्डस्ट्रियल इंजीनियरिंग सुपरवाइजर रहीं। हमारी कक्षा में अपना अनुभव बताते हुए उन्होंने कहा कि किस प्रकार से उन्होंने हमारी ट्रेनिंग से पहले तथा बाद में एक संवेदनशील समस्या का सामना किया। उनके अनुसार-

'मेरी सबसे मुख्य जिम्मेदारी यह है मैं हमारे ऑपरेटर्स को प्रोत्साहित करती रहूँ तथा स्तरीयता को बनाये रख सकूँ जिससे हम अधिक से अधिक यार्न का उत्पादन करके अधिक पैसा अर्जित कर सकें। पहले हमारे पास दो या तीन तरह के यार्न थे और तब तक सब कुछ ठीक ठाक चल रहा था, लेकिन अभी कुछ दिनों पहले ही हमने अपनी रेंज को विस्तृत कर लिया और इसी कारण हमें बारह अलग-अलग तरह के यार्न से काम करना पड़ा। काम बढ़ जाने के कारण हम अपने ऑपरेटर्स को अच्छा वेतन नहीं दे पा रहे थे और काम में रुचि बनाये रखने के लिए उन्हें प्रोत्साहित भी नहीं कर पा रहे थे। तभी मैंने एक नयी तकनीक प्रयोग करने का निर्णय लिया, जिससे हम ऑपरेटर्स को यार्न की उस श्रेणी के अनुरूप भुगतान करें, जिस तरह वह वर्तमान में काम कर रहा था। इसी योजना को हाथ में लिये-लिये मैं एक मीटिंग में गई। अपनी इस योजना को मैं मैनेजमेण्ट के सामने सही प्रमाणित करना चाहती थी। मैंने उन्हें इस बात की विस्तृत जानकारी दी कि वे कहीं गलत थे, कहीं पर वे पक्षपात कर रहे थे और किस प्रकार मेरी योजना पर चलकर सब कुछ ठीक किया जा सकता है, लेकिन मैं सफल नहीं हो सकी। नई योजना पर अपनी स्थिति के बचाव में इतनी अधिक व्यस्त हो गई थी कि मैंने उनके लिए पुरानी योजना से सम्बन्धित समस्याओं को स्वीकार करने के लिए कोई सम्भावना ही नहीं छोड़ी थी।फिर वह विषय बीच में ही अटक गया।

'फिर जब मैंने इस कोर्स में बहुत कुछ सीखा, तो मुझे अपनी गलती का ज्ञान हो गया। मैंने एक बार फिर मीटिंग बुलाई और इस बार मैंने उनसे पूछा कि उनके अनुसार समस्याएँ कहीं आ रही हैं, फिर हमने प्रत्येक बिंदु पर विचार-विमर्श किया और मैंने उनसे पूछा कि वह कौन -सा सर्वश्रेष्ठ ढंग है, जिससे समस्या का समाधान हो सकता है। बीच-बीच में मैंने भी विनम्रतापूर्वक कुछ सुझाव दिये, लेकिन मैंने सिस्टम को विकसित करने का काम उन्हीं को सौंप दिया। मीटिंग के अन्त में जब मैंने उनके समक्ष अपनी योजना प्रस्तुत की, तो उन्होंने पूरे उत्साह से उसे स्वीकार कर लिया।

'अब मुझे इस बात का पूरा विश्वास हो चुका था कि यदि आप किसी व्यक्ति को स्पष्ट रूप से गलत बताते हैं, तो उससे लाभ के स्थान पर हानि ही अधिक होती हैं। ऐसा करके तो आप उसके स्वाभिमान पर आघात करते हैं और स्वयं को भी उसकी दृष्टि में बुरा बना लेते हैं।

अब एक और उदाहरण यहाँ प्रस्तुत है। यह प्रकरण ऐसा है, जो हजारों लोगों के अनुभव हो सकते हैं-

न्यूयॉर्क की एक लंबर कंपनी में सेल्समैन आर. वी. क्राउले वर्षों से कठोर दिल लंबर इंस्पेक्टरों को यह बताने में लगे थे कि वे गलत थे। अनेक बहसों में उसने विजय भी पा ली थी, लेकिन इससे उसे कोई लाभ नहीं हुआ था। क्राउले का कहना था- 'लंबर इंस्पेक्टर बेसबॉल के अंपायर के भाँति व्यवहार करते हैं। यदि उन्होंने एक बार कोई निर्णय सुना दिया, तो वे इससे टस से मस भी नहीं होते।'

तभी मिस्टर क्राउले ने गणित लगाया कि बहस में जीत प्राप्त करने के बावजूद उनकी फर्म को हजारों डॉलर का नुकसान झेलना पड़ रहा है। तभी उन्होंने हमारे कोर्स में भाग लिया और बहस करने की तकनीक को छोड़ दिया। इसका परिणाम क्या निकला ? मिस्टर क्राउले ने यह कहानी स्वयं पूरी कक्षा के सामने सुनायी थी-

'एक बार प्रात: ही मेरे फोन की घंटी बज उठी। फोन पर एक गुस्सैल तथा चिंतित व्यक्ति ने मुझे बताया कि हमने उसके प्लाण्ट में जो लंबर सप्लाई की थी, वह एकदम घटिया किस्म की थी। उसकी फर्म ने हमारे बाकी माल को उतरवाने से इनकार कर दिया था और अब वे चाहते थे कि उस स्टॉक को उनके यार्ड से जल्दी-से-जल्दी उठवा लें। लगभग एक चौथाई माल उतर जाने के बाद लेबर इंस्पेक्टर ने अपनी रिपोर्ट दी थी कि लंबर का स्तर अपेक्षित क्वालिटी से 55 प्रतिशत कम था। इसीलिए वे माल को वापस करना चाहते थे।

'यह बात सुनते ही मैंने तुरंत ही उस फर्म के गोदाम में जाकर सारी स्थिति का निरीक्षण करने की योजना बनाई। सारे रास्ते में इस समस्या से निपटने की रणनीति तैयार करता रहा। इस कोर्स में आने से पहले मैंने इस परिस्थिति में बहस की होती, लंबे चौड़े नियम बता दिये होते, अपने ज्ञान और अनुभव की लंबी-लंबी डींगे हाँकी होती, जिससे सामने वाले इंस्पेक्टर के मस्तिष्क में यह बात घुस जाये कि वह गलत था और मैं सही, लेकिन इस बार मैंने कोर्स की अवधि में सीखे गये नियमों का पालन करने का निर्णय किया।

'जैसे ही मैं प्लाण्ट में पहुँचा, तो मैंने देखा कि प्लाण्ट का मैनेजर तथा लंबर इंस्पेक्टर पूरी तरह बहस करने तथा झगड़ा करने के मूड में थे। मैं उस ट्रक के पास गया, जिससे माल को उतारा गया था, फिर मैंने उनसे आग्रह किया कि वे माल को उतारना जारी रखें, जिससे मैं माल की गुणवत्ता की जाँच ठीक प्रकार से कर सकूँ फिर मैंने इंस्पेक्टर से कह दिया कि वह अच्छे तथा घटिया माल को अलग-अलग रखता जाए, जैसा वह मेरे आने से पहले भी कर रहा था।

'कुछ देर तक मैं उसे देखता रहा और फिर मैं समझ गया कि वह नियमों का गलत प्रयोग कर रहा था और वह जाँच भी बहुत निष्ठुर ढंग से कर रहा था। मुझे यह मालूम था कि उस इंस्पेक्टर को हार्डवुड का अच्छा ज्ञान है, लेकिन सफेद पाइन के बारे में वह अधिक नहीं जानता और यह लेबर सफेद पाइन का था। मैं तो सफेद पाइन का कुशल विशेषज्ञ था, लेकिन फिर भी मैंने उसके कम ज्ञान पर कोई टिप्पणी नहीं की। मैं चुपचाप देखता रहा और जिन टुकड़ों को वह घटिया की श्रेणी में रख रहा था, उन टुकड़ों के बारे में पूछता रहा कि उनमें क्या कमी है। मैंने उस इंस्पेक्टर को एक बार भी यह अनुभव नहीं होने दिया कि वह गलत है। मैं तो बार-बार उसे यही जताता रहा कि मेरे पूछने का कारण केवल यह है, क्योंकि अगली बार मैं उन्हें वैसा ही माल भिजवाऊँगा, जैसा उन्हें पसंद है।

'मैं बार-बार उससे यही कहता रहा कि जिन टुकड़ों से वह संतुष्ट नहीं है, उन्हें अलग करता जाये, तो इससे हमारे बीच की दुश्मनी की दीवार पिघलने लगी। मैंने बातों-बातों में उन्हें यह सुझाव भी दे दिया कि संभवत: वे थोड़ा मँहगा माल खरीदना चाहते थे, क्योंकि उन्हें इससे अच्छी क्वालिटी चाहिए थी। इससे उनके मस्तिष्क में यह बात आ गयी कि उन्होंने जिस ग्रेड के माल का ऑर्डर दिया था, कई रिजेक्टेड टुकड़े उस ग्रेड के माल से बिलकुल ठीक बैठते थे। फर्म के मैनेजर ने भी इस बात को स्वीकार कर लिया कि उन्हें वास्तव में अच्छी किस्म के और महंगे माल की आवश्यकता थी। मैं बहुत सतर्क था कि कहीं वह यह न सोचने लगे कि मैं इसी विषय को मुद्दा बनाकर असली मुद्दे से भटक रहा हूँ।

'फिर धीरे-धीरे उसका दृष्टिकोण बदलने लगा। उस लेबर इंस्पेक्टर ने अंतत: यह स्वीकार कर ही लिया कि उसे सफेद पाइन का अधिक ज्ञान या अनुभव नहीं है और फिर तो वह मुझसे ही प्रत्येक टुकड़े के बारे में जानता रहा। मैं भी उसे पूरी जानकारी देता रहा, लेकिन बीच-बीच में यह भी कहता रहा कि यदि उसे कोई टुकड़ा पसंद नहीं है, तो उसे अलग कर दे। अंतत: अब वह उस स्थिति में

पहुँच चुका था, जब किसी भी टुकड़े को गलत बताते समय वह अपराध-बोध का अनुभव कर रहा था। फिर वह यह भी समझ गया कि गलती उसी की थी क्योंकि उसने उस क्वालिटी के माल का ऑर्डर नहीं दिया था, जिसकी उसे आवश्यकता थी। इसके परिणामस्वरूप मेरे वहाँ से लौटने के पश्चात् उसने एक बार फिर पूरे ट्रक के माल की जाँच पड़ताल की। उसने सारा माल ले लिया और मुझे पूरी राशि का चेक भी भिजवा दिया। तो एक छोटे-से उदाहरण से, थोड़ी-सी व्यवहारकुशलता से और थोड़ी-सी समझ से कि सामने वाले की गलती को कैसे छुपाया जाये, केवल इन सब बातों से हमारी कंपनी को दोहरा लाभ हुआ, पहला आर्थिक लाभ एवं दूसरे सद्भावना मिली, जो बहुत अनमोल थी।

एक बार मार्टिन लूथर किंग से किसी ने पूछ लिया कि वैसे तो वे शांति के पक्षधर हैं, लेकिन फिर भी देश के सबसे बड़े अश्वेत ऑफिसर एयरफोर्स जनरल डेनियल 'चैपी' जेम्स के महान् प्रशंसक हैं, तो उन्होंने तत्काल उत्तर दिया, 'मैं लोगों को अपने सिद्धांतों पर न तौलकर, उन्हीं के सिद्धांतों पर तोलता हूँ। '

एक बार इसी प्रकार जनरल रॉबर्ट ई. ली. ने कांफेडरेसी के प्रेसीडेण्ट जेफरसन डेविस के सामने अपने एक अधीनस्थ ऑफिसर की खूब प्रशंसा की। उनके पास खड़ा एक दूसरा ऑफिसर यह सब सुनकर अवाक् रह गया। वह कहने लगा- 'जनरल, आप जानते भी हैं कि जिसकी प्रशंसा के आप झपटे गाड़ रहे हैं, मुक्तकण्ठ से सराहना कर रहे हैं, वह तो आपके लिए अपने मन में बहुत मैल रखता है और अवसर मिलते ही आपकी आलोचना करने लगता है।' इस पर जनरल ली ने उत्तर दिया- 'मुझे सब ज्ञात है, लेकिन प्रेसीडेण्ट ने उसके बारे में मेरे विचार पूछे थे, मेरे बारे में उसके विचार नहीं पूछे थे। '

वैसे इस अध्याय में मैंने जो भी बातें बतायी हैं, वे कोई नई नहीं हैं। यही बातें ईसा मसीह ने दो हजार वर्ष पहले बतायी थीं- 'अपने विरोधी से तुरंत एकमत होकर सहमत हो जाओ।' और ईसा मसीह के पैदा होने के भी 2, 200 वर्ष पहले मिस्र के सम्राट अख्तोई ने अपने बेटे को यह कारगर सीख दी थी- 'सदैव कूटनीतिज्ञ बनने का प्रयास करो। इससे लोग तुम्हारी बात तुरंत मान जाएंगे और इससे तुम्हें भी बहुत लाभ होगा।'

इस बात को दूसरे शब्दों में इस प्रकार कहा जा सकता है कि कभी भी अपने ग्राहक, अपनी पत्नी या फिर अपने विरोधी से कभी भी बहस न करें। उन्हें गलत प्रमाणित करने की भूल कभी भी न करें। हां, थोड़ी-सी कूटनीति का प्रयोग अवश्य करें।

## सिद्धान्त- 2

**हमेशा दूसरे व्यक्ति के विचारों का सम्मान करें।**
**भूलकर भी यह न कहें - 'आपकी बात गलत है।'**

# 3

# गलती स्वीकारने में परहेज नहीं होना चाहिए

मेरे घर के समीप ही एक घना जंगल था। उसमें बहुत ऊँचे-ऊँचे पेड़ थे। बसंत के मौसम में तो यहाँ पर ब्लैकवेरी की घनी झाड़ियाँ सफेदी की छटा सब ओर बिखेर देती थीं, लंबी-लंबी घास उग जाती थी और गिलहरियाँ अपने-अपने घर बना लेती थीं। इस सुन्दर जंगल का नाम 'फरिस्ट पार्क' था और यह बिल्कुल वैसा ही दिखता था, जैसा कि यह उस समय दिखता होगा, जब कोलंबस ने अमेरिका की खोज निकाला था। प्राय: ही मैं इस सुन्दर से जंगल में अपने छोटे-से बोस्टन बुलडॉग रैक्स को घुमाने के लिए ले जाया करता था। रैक्स बहुत ही मित्रतापूर्ण प्रकृति का एक ऐसा कुत्ता था, जो किसी को भी हानि नहीं पहुँचा सकता था। इसलिए मैं जंगल में उसे खुला छोड़ देता था, क्योंकि वहाँ पर हम दोनों के अतिरिक्त कोई भी नहीं होता था।

एक दिन अचानक हमें उस जंगल में एक पुलिसवाला मिल गया, जो बलात् अपनी सत्ता का प्रदर्शन करना चाहता था। फिर तो पुलिस वाले को जैसे उचित अवसर मिल गया था। मुझे फटकारते हुए वह बोला- 'आपने कुत्ते को खुला क्यों छोड़ रखा है? इसे चेन से क्यों नहीं बाँधा? क्या आपको नहीं मालूम कि यह कानून के विरुद्ध है?'

मैंने बड़े धीमे स्वर में उत्तर दिया- 'हाँ मुझे मालूम तो है, लेकिन मुझे पता है कि यह यहाँ पर किसी को हानि नहीं पहुँचायेगा। '

पुलिस वाला तो जैसे इसी अवसर की खोज में था। वह मुझ पर बरसा- 'आपको ऐसा लगता है, आपको वैसा लगता है, लेकिन कानून को इस बात से क्या मतलब कि आपको क्या लगता है? जानवर ही तो है यदि बिगड़ गया, तो किसी बच्चे को भी काट सकता है या फिर किसी गिलहरी को भी मार सकता है। इस बार तो मैं आपको छोड़ रहा हूँ लेकिन यदि अगली बार ऐसा हुआ, तो मैं आपको और आपके कुत्ते दोनों को न्यायालय के कटघरे तक अवश्य पहुँचा दूँगा।' मैंने भी आगे से कभी भी ऐसी गलती न करने का विश्वास दिलाया।

और फिर मैंने काफी दिनों तक अपना वादा निभाया, लेकिन फिर वही पुरानी आदतवश, रैक्स को चेन में बाँधना तो बिलकुल भी पसंद नहीं था और मैं भी अपने प्यारे कुत्ते की इच्छा के विरुद्ध नहीं जाना चाहता था। इसलिए हमने निर्णय भाग्य के हाथों में सौंप दिया। बहुत दिनों तक सब कुछ ठीक-ठाक चलता रहा। रैक्स और मैं स्वतन्त्रता से घूमते रहे, लेकिन एक दिन मैं और रैक्स एक पहाड़ी पर दौड़ लगा रहे थे, तभी मेरी दृष्टि उसी पुलिस वाले पर पड़ गयी। रैक्स भी आगे की ओर सीधे पुलिस ऑफिसर की दिशा में दौड़ रहा था।

मुझे मालूम था कि मैं बुरी तरह से घिरा हुआ था। इसलिए मैंने पुलिस वाले के बोलने से पहले ही कहना शुरू कर दिया- 'सॉरी ऑफिसर, आपने मुझे रंगे हाथों पकड़ लिया है। मैं अपना अपराध स्वीकार करता हूँ। अब मैं न तो कोई सफाई देना चाहता हूँ न ही कोई बहाना बनाना चाहता हूँ। आपने तो मुझे पहले भी चेतावनी दे दी, थी लेकिन गलती मेरी ही है, जो मैंने आपकी बात पर आचरण नहीं किया।'

इस पर पुलिस वाला थोड़े धीमे स्वर में बोला- 'मुझे पता है कि प्रत्येक व्यक्ति अपने कुत्ते को बिना बाँधे ही घुमाना चाहता है, विशेष रूप से जब स्थान एकदम सूना हो। '

मैंने भी उत्तर दिया- 'सर, अच्छा लगने से क्या होता है? मैंने कानून को तोड़ा है। '

'लेकिन इतना छोटा-सा, प्यारा-सा कुत्ता किसी को क्या हानि पहुँचा सकता है?' पुलिस वाला बोला।

'लेकिन सर, यह गिलहरियों को तो मार ही सकता है।' मैं बोला।

फिर उसने कहा- 'संभवत: आपने मेरी बातों को अधिक ही गंभीरता से ले लिया है। आप अपने कुत्ते को मेरे से दूर लेकर चले जाएंगे और फिर हम दोनों ही इस बात को भूल जाएंगे। '

अब आप समझे, पुलिस वाले भी आदमी ही होते हैं। वह तो मुझ पर रोब जमाकर स्वयं को महत्त्वपूर्ण प्रमाणित करना चाहता था, लेकिन मैंने जब स्वयं को ही दोषी मान लिया, तो वह भी अपना आत्मसम्मान दर्शाते हुए दयालु और उदार बन गया, लेकिन यदि मैं बहस करता, अपनी बात पर अड़ा रहता, तो फिर इसका परिणाम दूसरा ही होता। वैसे भी पुलिस वालों से बहस में तो कोई जीत ही नहीं सकता। उसके साथ शाब्दिक तर्क-वितर्क करने के स्थान पर मैंने स्वयं को ही गलत मान लिया और उसे सही। मैंने अपनी गलती तुरंत ही पूरे उत्साह से मानी थी। फिर वह मेरा पक्ष लेने लगा और मैं उसका। इस प्रकार सारा मामला सरलता से सुलझ गया। उस पुलिस वाले ने तो लॉर्ड चेस्टर फील्ड से भी अधिक उदारता का प्रदर्शन किया था, जबकि उसी पुलिस वाले ने कुछ दिनों पहले मुझे कटघरे तक ले जाने की बात कही थी।

अब आप भी इस तकनीक का प्रयोग करके अवश्य देखें। यदि कोई आपकी गलती पर आपको डाँटने वाला हो, तो अच्छा यही होगा कि आप उससे पहले ही अपनी गलती मान लें, अपनी बुराई करना शुरू कर दें। बजाय इसके कि सामने वाला आपकी गलतियाँ बताकर आपको डांटे। अपनी उन सारी गलतियों को मन से स्वीकार कर लें, जिनके लिए आपको डाँट पड़ने वाली है। यदि आप ऐसा करेंगे, तो सामने वाला भी आपके प्रति उदार होकर आपको क्षमा कर देगा जैसाकि उस पुलिस वाले ने किया था। सौ में से निन्यानवे बार तो ऐसा होगा ही।

अपने एक हठी तथा चिड़चिड़े ग्राहक के सामने कॉमर्शियल आर्टिस्ट फर्डिनंड ई. वारेन ने भी इसी तकनीक का प्रयोग किया था। मिस्टर वारेन ने हमें यह कहानी इस प्रकार सुनायी थी। प्रकाशन तथा विज्ञापन के लिए ड्राइंग बनाते समय एकदम सटीक तथा चौकन्ना होना बहुत महत्त्वपूर्ण होता है।, लेकिन छोटी-छोटी गलतियाँ तब अधिक हो जाती हैं, जब कोई आर्ट एडिटर बहुत शीघ्रता से काम करने के लिए कहता है। मेरी दृष्टि में एक ऐसा आर्ट एडिटर है, जिसे दूसरों की गलतियाँ ढूंढ़ने में ही आनंद आता है। इसलिए जब भी मैं उसके ऑफिस से बाहर आता हूँ तो मेरा मूड बहुत खराब हो जाता है। कारण उसकी आलोचना नहीं है, बल्कि उसके आक्रमण का तरीका है। अभी कुछ समय पहले ही मैंने एक जल्दी वाले काम को तत्काल करके एक एडिटर के पास भिजवाया और उसने मुझे तुरंत ऑफिस आने के लिए कहा। फोन पर ही उसने मुझे बता दिया कि मुझसे कोई गलती हुई थी। जैसा मैंने सोचा था, बिल्कुल वैसा ही हुआ। जैसे ही मैं उसके ऑफिस में पहुँचा, तो मैं समझ गया कि वह शतुतापूर्ण मूड में था और मन ही मन बहुत प्रसन्न था कि चलो निंदा करने का एक और मौका हाथ आ गया। फिर उसने मुझ पर प्रश्नों की बौछार कर दी, 'मैंने ऐसा क्यों किया' इत्यादि-इत्यादि। फिर मैंने सोचा कि क्यों न आपके

कोर्स में बताये गये आत्म-आलोचना के पाठ को आजमा लिया जाए? मैं उससे बोला- 'आप बिलकुल ठीक कह रहे हैं। गलती मेरी ही है और मैं इसके लिए कोई बहाना भी नहीं बनाना चाहता। मैं बहुत समय से ड्राइंग कर रहा हूँ फिर भी मुझसे गलती हो गयी। मैं वास्तव में स्वयं पर शर्मिन्दा हूँ।' और आश्चर्यजनक रूप से वह तो मेरा बचाव करने लगा- 'हां, आप ठीक कह रहे हैं लेकिन गलती इतनी भी गंभीर नहीं है। यह तो बस..।'

मैंने उसे बीच में ही टोक कर कहा- 'किसी भी गलती के कारण चिढ़ पैदा होना तो स्वाभाविक ही है और गलती तो गलती ही है चाहे छोटी हो या बड़ी। छोटी-से-छोटी गलती भी कभी-कभी बहुत मँहगी साबित होती है।'

'वह फिर से बीच में बोलना चाहता था, लेकिन मैंने उसे बोलने का अवसर ही नहीं दिया। मैं तो जीवन में पहली बार अपनी स्वयं की आलोचना कर रहा था, इसलिए मुझे बहुत आनंद आ रहा था।'

मैंने आगे कहा- 'मुझे अपने कार्य को सावधानीपूर्वक करना चाहिए था। आप मुझे इतना काम देते हैं, तो मेरा भी तो कर्तव्य बनता है कि मैं सर्वश्रेष्ठ काम करूँ। इसलिए इस ड्राइंग को मैं दोबारा बनाकर दूँगा। यही मेरी गलती का दण्ड है।'

उसने विरोध किया- 'नहीं-नहीं, ऐसा करने की कोई आवश्यकता नहीं है।' फिर वह मेरे काम की प्रशंसा करने लगा और कहा कि 'मुझे अधिक परेशान होने की आवश्यकता नहीं है, इसमें केवल एक छोटे से सुधार की आवश्यकता है। मेरी इस छोटी-सी गलती से उसकी फर्म को कोई नुकसान नहीं होगा। '

'मेरे द्वारा स्वयं की गलती स्वीकार कर लेने से तथा स्वयं के दोष गिनाने से उसका क्रोध एकदम शांत हो गया। वह मुझे खाने पर ले गया और जाते समय मुझे पूरी धनराशि का चेक देने के -साथ-साथ नया काम भी सौंप दिया।' इस प्रकार स्वयं की गलती मानने के लिए तथा स्वयं अपनी बुराई करने के लिए बहुत बड़ा दिल चाहिए, लेकिन ऐसा करके मनुष्य को आत्म-संतुष्टि जरूर मिलती है। ऐसा करने से न केवल हमारे अंदर का अपराधबोध और सुरक्षात्मकता समाप्त होते हैं, बल्कि साथ-साथ इस गलती के कारण उत्पन्न समस्या भी सरलता से सुलझ जाती है।

अल्बकर्की, न्यू मोक्सिको के बूस हार्वे ने मेडिकल की छुट्टी पर गये एक कर्मचारी को भूल से पूरा वेतन दे दिया। जब उसे अपनी गलती का पता चला, तो उसने उस कर्मचारी से कह दिया कि वह अगले महीने के वेतन में से वे सारे पैसे काट लेगा। इस पर कर्मचारी ने यह प्रार्थना की कि अगर वह पूरा वेतन एक साथ काट लेंगे, तो फिर वह भारी आर्थिक संकट में फँस जायेगा, इसलिए वह किस्तों में उसके पैसे काट लें, लेकिन ऐसा करने के लिए हार्वे को अपने सुपरवाइजर से अनुमति लेनी होगी और निश्चित ही वह उस पर बहुत क्रोधित हो जाएंगे। तभी हार्वे ने निश्चय किया कि यह सारी परेशानियाँ उसकी अपनी गलती के कारण उत्पन्न हुई हैं, इसलिए उसने कहा कि वह बॉस के सामने अपनी गलती मान लेगा।

'मैंने बॉस के ऑफिस में जाकर उनसे कह दिया कि मुझसे एक बड़ी गलती हो गई है और फिर मैंने सारी कहानी सुना दी। बॉस ने क्रोध में कहा कि यह मेरी नहीं, बल्कि पर्सनल डिपार्टमेण्ट की गलती है। मैंने फिर दोहराया कि नहीं, मेरी ही गलती है। एक बार फिर बीस ने उस गलती को दो लोगों के सिर पर मढ़ दिया, लेकिन मैं भी बार-बार यही दोहराता रहा कि नहीं गलती मेरी

ही थी। अंत में बीस भी मेरी बात से सहमत होकर कहने लगे- 'चलो ठीक है, गलती तुम्हारी ही थी, इसलिए अब जाकर इसे सुधार लो।' और फिर सारी उलझनें सुलझ गईं और किसी को पता भी नहीं चला। मैं भी बहुत प्रसन्न था कि मैंने एक तनावपूर्ण परिस्थिति को इतने आराम से सुलझा दिया था और यह काम मैंने अपना बचाव न करते हुए बहुत साहसिक ढंग से किया था। इस घटना के बाद तो बॉस मेरा अधिक इज्जत करने लगे और मैं बॉस की।

प्रत्येक मूर्ख व्यक्ति अपनी गलती को छिपाने के लिए हमेशा सौ प्रकार के बहाने बनाता है और हममें से अधिकतर लोग यही करते हैं, लेकिन यदि आप अपनी गलती मान लेते हैं, तो सामने वाले की दृष्टि में आप और भी ऊपर उठ जाते है तथा इससे आपको आनंद तथा प्रतिष्ठा का भी अनुभव होता है। उदाहरण के लिए, इतिहास ने इस बात को स्पष्ट किया है कि रॉबर्ट ई. ली के बारे में जो सबसे अच्छी बात थी, वह यह थी कि उन्होंने केवल स्वयं को ही गोटिसबर्ग के युद्ध में पिकेट के आक्रमण के बाद हुई हार के लिए दोषी माना था।

निस्संदेह पिकेट का आक्रमण पश्चिमी संसार के इतिहास में हुआ सबसे शानदार तथा दर्शनीय आक्रमण था। जनरल जॉर्ज ई. पिकेट अपने आप में ही काफी दर्शनीय थे। उनके बाल कंधे तक झूलते रहते थे तथा नेपोलियन की ही तरह वे भी प्रत्येक दिन युद्ध के समय में ही भावनात्मक उत्कटता से भरपूर प्रेमपत्र लिखते थे। उनके सैनिकों ने उस दर्दनाक जुलाई को उनका जोश और साहस बढ़ाते हुए नारे लगाए। पिकेट यूनियन लाइंस की ओर तीव्रता से आगे बढ़ने लगा तथा पूरी सेना उसके पीछे-पीछे चल दी। यह दृश्य वास्तव में बहुत साहसिक, बहुत भव्य था। जिसने भी यह दृश्य देखा, उसने मुक्त कण्ठ से इसकी सराहना की थी।

पिकेट की सेना आसानी से आगे की ओर बढ़ती गई। पूरे समय दुश्मन की तोप के गोले उनकी सेना को लक्ष्य बनाए हुए थे, लेकिन वे बिना किसी भय या चिंता के आगे बढ़ते रहे। तभी सीमेंट्री रिज की पत्थर की दीवार के पीछे से संघीय सेना ने अचानक ही पिकेट की सेना पर गोलाबारी प्रारंभ कर दी। इस समय पहाड़ी की चोटी तो ज्वालामुखी की भाँति धधक रही थी। कुछ ही मिनटों के अंदर पिकेट के सारे ब्रिगेड कमाण्डर मर गये और पाँच हजार सैनिकों की सेना में से केवल एक हजार सैनिक ही बच पाये। चारों ओर मौत का ताण्डव नृत्य चल रहा था।

जनरल ल्यूइस ए. आर्मिस्टीड ने अंतिम आक्रमण में सैनिकों का नेतृत्व किया। वे आगे बढ़कर पत्थर की दीवार पर चढ़ गये और अपनी तलवार की नोक पर अपनी टोपी को लहराते हुए चीखने लगे- 'मेरे वीर सैनिकों! उन्हें मजा चखाकर ही साँस लेना। '

सैनिकों ने भी उनकी आज्ञा का पालन किया। दीवार को लाँघकर शतुओं पर संगीनों से वार किया तथा सीमेट्री रिज पर दक्षिण के झण्डे गाड़कर ही दम लिया। यह सफलता के झपटे मात्र एक दो मिनट ही वहाँ रहे, लेकिन ये कुछ पल ही इतिहास में स्वर्ण अक्षरों में लिखे गये। 'ली' असफल हो गये थे और पिकेट का आक्रमण अद्भुत तथा साहसिक होने के साथ-साथ अंत की शुरुआत थी।

यह सब देखकर 'ली' को बहुत धक्का लगा। वे बहुत दु:खी थे और इसलिए उन्होंने अपना त्यागपत्र भिजवा दिया तथा संघ के प्रेसीडेण्ट जेफरसन डेविड से कहा कि 'वे उनके स्थान पर किसी 'नौजवान तथा अधिक कुशल व्यक्ति को नियुक्त कर दें।' ली चाहते, तो वे भी इस युद्ध की पराजय का दोष किसी अन्य के सिर थोप कर कई बहाने अपने बचाव में बना सकते थे। वास्तव में गलतियाँ उनके सैनिकों से भी हुई थीं, उनके कई डिवीजन कमाण्डरों ने उनसे विश्वासघात भी किया था।

लेकिन जनरल 'ली' ने अपनी महानता को प्रमाणित करते हुए सारा दोष अपने सिर पर ले लिया था। जब पिकेट के हताश तथा खून से सने सिपाही वापस आए, तो राबर्ट ई. ली उनसे अकेले में मिले थे और उनका अभिनंदन उन्होंने स्वयं की आलोचना के साथ किया था। उन्होंने साफ कह दिया- 'सारी त्रुटियाँ मुझसे ही हुई हैं। इस पराजय के लिए भी मात्र मैं ही जिम्मेदार हूँ।'

सारे इतिहास में शायद ही किसी और ने इतनी विशाल हृदयता तथा दृढ़ चारित्रिक विशेषताओं का परिचय दिया होगा।

हमारे कोर्स में हांगकांग के माइकल च्यांग भी पढ़ाते हैं। उन्होंने हमें बताया कि किस प्रकार चीन की संस्कृति अनेक बार कुछ विशेष समस्याओं को जन्म देती है और फिर किस प्रकार नए सिद्धांतों को अपनाकर लाभ होता है। उनकी कक्षा में एक ऐसा भी सदस्य था, जिसका अपने बेटे के साथ बहुत समय से विवाद और मनमुटाव चल रहा था। पिता पहले अफीम के अभ्यस्त थे, लेकिन अब वे यह आदत छोड़ चुके थे। चीन की एक प्राचीन परंपरा के अनुसार पिता कभी भी पहले क्षमा माँगने के लिए कदम नहीं उठाते। इसीलिए पिता चाहते थे कि क्षमा की पहल पुत्र की ओर से ही हो। उन्होंने बताया कि अपने पोते-पोतियों को उन्होंने अभी तक देखा भी नहीं है और इसके लिए वे तड़प रहे हैं। इसीलिए वे चाहते हैं कि उनके पुत्र और उनके बीच सन्धि हो जाए। कक्षा के सारे सदस्य भी चीन के ही थे, इसलिए वे भली-भाँति समझ सकते थे कि सदियों से चली आ रही परंपरा और उनकी इच्छा में कितना भयंकर संघर्ष चल रहा होगा। पिता सोचते थे कि वह तो बड़ा है और उसके बेटे को चीन की परंपरा का भली-भाँति ज्ञान है कि कैसे हमारे यहाँ बुजुर्गों का सम्मान किया जाता है। इसीलिए उन्हें पूरी आशा थी कि एक दिन उनका बेटा आएगा और अपनी गलती की क्षमा माँगेगा।

यह बात कोर्स के प्रारम्भिक दिनों की थी। उसी कोर्स के अंत में उसी पिता ने एक बार फिर पूरी कक्षा को संबोधित करते हुए कहा- 'मैंने डेल कारनेगी की इस कक्षा में सीखा है कि यदि गलती आपकी हो, तो उसे तुरंत मान लेना चाहिए। वैसे तो अब अपनी गलती मानने के लिए मुझे बहुत देर हो चुकी है, लेकिन फिर भी मैं अपनी गलती को मानने के लिए तैयार हूँ। मुझसे ही अपने बेटे के साथ अन्याय हुआ है। गलती मेरी ही थी। इसमें उसका कोई दोष नहीं है कि वह मुझसे नाराज है। वैसे तो बेटे से क्षमा माँगना हमारी परंपरा में सम्मिलित नहीं है लेकिन जब गलती मेरी थी,तो उसे मानने में कैसी शर्म, कैसी परंपरा ?' पूरी कक्षा उनकी महानता के आगे झुक गई। सभी ने खूब तालियाँ बजाईं और उनका समर्थन किया। उन्होंने ही बताया कि किस प्रकार वे अपने पुत्र के घर गये और उनके सम्बन्धों में फिर से मधुरता घुल गईं। अब उनको अपनी बहू तथा पोते-पोतियों को देखने का सपना भी सच हो चुका है।

'अल्बर्ट हवार्ड' देश के बहुत सम्मानित तथा प्रसिद्ध लेखक थे। कभी-कभी उनके वाक्यों की चुभन से लोगों की भावनाएँ भड़क उठती थीं, लेकिन हवार्ड में लोक-व्यवहार की दुर्लभ कला कूट-कूटकर भरी थी। इसी के कारण उनके शत्रु भी उनके मित्र बन जाते थे। उदाहरणतया यदि कोई पाठक उनके लेख से चिढ़कर यह लिखता था कि वह उनके उस लेख में व्यक्त विचारों से बिल्कुल भी सहमत नहीं है तथा अन्त में वह लेखक में कमी भी निकाल देता था, तो हवार्ड उस पत्र का उत्तर इस प्रकार से देते थे-

'यदि ध्यानपूर्वक देखा जाये तो, आज की तारीख में मैं स्वयं ही अपने उस लेख के विचारों से पूर्णतया सहमत नहीं हूँ। मैं जो कुछ भी आज लिखता हूँ अगले दिन वही मुझे अच्छा नहीं

लगता। मैं मन से आपका आभारी हूँ कि आपने अपने विचार लिखकर भेजे। मुझे प्रसन्नता होगी कि आप और मैं, किसी दिन इस विषय पर विस्तारपूर्वक चर्चा करें। हां, अभी इस समय मैं दूर से ही आपको नमस्ते करता हूँ।

आपका अपना...

अब आप स्वयं ही सोचिए कि इस प्रकार का उत्तर पाकर क्या कोई उस व्यक्ति के बारे में कुछ गलत सोच सकता है?

तो इस अध्याय का सार यही है कि जब हम सही हों, तो हमें अपनी बात को धीरे-धीरे से और कूटनीति से लोगों से मनवाने का प्रयास करना चाहिए, पर जब हम गलत हों.. .तो हमें तत्काल बिना किसी झिझक के पूरे उत्साह तथा ईमानदारी से उस गलती को मान लेना चाहिए। इस तकनीक का प्रयोग करने से सुखद परिणाम निकलेंगे तथा साथ-साथ आपको भी आत्मिक संतुष्टि का अनुभव होगा। एक पुरानी कहावत को हमेशा अपने मस्तिष्क में रखें- 'लड़ाई से आपको मनचाहा नहीं मिलता, लेकिन हार मान लेने से आपको मनचाहे से भी अधिक मिल जाता है।'

## सिद्धान्त- 3

## गलती होने पर उसे तुरत स्वीकार कर लें

# 4

# शहद की एक बूँद ही काफी है

यदि आप क्रोध से दहक रहे हैं और तभी आप सामने वाले को खरी-खोटी सुना देते हैं, तो इससे आपके मन का गुबार तो निकल जायेगा, लेकिन सोचिए, उस बेचारे पर क्या बीतेगी? क्या वह भी आपके जितना प्रसन्न होगा? और सबसे अधिक काम की बात यह कि क्या आपके क्रोध से वह आपकी बात मान लेगा?

बुडरो विल्सन ने भी कहा था- 'यदि आप मेरी ओर मुक्का तानकर बढ़ते हैं, तो मैं भी तो अपना मुक्का तान सकता हूँ लेकिन यदि आप प्यार से शांतिपूर्वक मुझसे यह कहते हैं कि क्यों न हम मिल-बैठकर अपने आपसी मतभेदों को मिटाने का प्रयास करें, तो इससे सुखद परिणाम सामने आएंगे। अनेक विषयों पर दोनों के विचार समान होंगे और जहाँ असमानता होगी, वहाँ पर भी धैर्य से काम लेने पर कोई न कोई हल अवश्य निकल आएगा।'

जॉन डी. रॉकफेलर, जूनियर इस बात का एक ज्वलंत उदाहरण हैं। सन् 1915 में रॉकफेलर को कॉलोरेडो के लोग घृणा भरी दृष्टि से देखते थे। दो वर्षों से रॉकफेलर की कंपनी में हड़ताल चल रही थी। अमेरिकी इतिहास में संभवत: यह सबसे भयानक हड़ताल थी। क्रोध से बौखलाए मजदूर कॉलोरेडो फ्यूल एण्ड आयरन कंपनी से अधिक वेतन की माँग कर रहे थे। उस कंपनी की ' सारी बागडोर रॉकफेलर के हाथ में थी। मजदूरों ने तोड़-फोड़ आरम्भ कर दी और इसके लिए पुलिस-बल का प्रयोग करना पड़ा। बहुत जान-माल की हानि हुई। खूब गोलियाँ चलीं और कितनों की तो मौतें ही हो गईं।

इतनी घृणा के बीच भी रॉकफेलर हड़ताल करने वालों से अपनी बात मनवाना चाहते थे तथा उन्होंने ऐसा किया भी, लेकिन कैसे? यहाँ प्रस्तुत है सम्पूर्ण कथा-

अनेक हफ्ते तो रॉकफेलर ने मित्र बनाने में लगा दिये फिर उन्होंने हड़तालियों के प्रतिनिधियों को संबोधित किया। उनके इस अद्भुत भाषण के आश्चर्यजनक परिणाम सामने आए। इसी भाषण से घृणा की सारी तूफानी लहरें शांत हो गईं। वही, जो लहरें रॉकफेलर को डुबोना चाहती थीं। उनके प्रशंसकों की संख्या बढ़ गई। सारे तथ्यों को समझने के बाद मजदूरों ने हड़ताल समाप्त करके काम पर आने का निश्चय कर लिया और सबसे बड़ी बात यह कि जिस बात पर सारा बवाल मचा था कि उनका वेतन बढ़ाया जाए, उसके बारे में तो उन्होंने बात तक भी नहीं की।

इस ऐतिहासिक भाषण में मित्रता की झलक है। रॉकफेलर उन लोगों से बात कर रहे थे, जो उन्हें जान से मार डालना चाहते थे, लेकिन रॉकफेलर ने उन्हें इतने मैत्रीपूर्ण ढंग से उदारतापूर्वक संबोधित किया, जैसे वे किसी मेडिकल मिशनरीज को संबोधित कर रहे हों। उन्होंने अपने भाषण में इस प्रकार के वाक्यों का प्रयोग किया- 'मुझे यहाँ आकर बहुत गर्व और प्रसन्नता की अनुभूति हो रही है। मैं आपके घरों में मेहमान के तौर पर गया था, 'मैं आपकी पत्नियों तथा अन्य सदस्यों से मिल चुका हूँ। हम कोई अजनबी नहीं, बल्कि मित्र हैं, इत्यादि।

अपने भाषण को रॉकफेलर ने इस प्रकार प्रारंभ किया- 'मेरे जीवन का यह अत्यंत महत्त्वपूर्ण दिन है। पहली बार मुझे इस कंपनी के कर्मचारी प्रतिनिधियों से मिलने का सुअवसर प्राप्त हुआ है। इस भेंट को मैं सदैव स्मरण रखूँगा। पिछले सप्ताह मैं दक्षिणी कोयला क्षेत्र के सारे कैंपों में घूम चुका हूँ और मैं आप सभी के घरों में जाकर आपके परिवार के सभी सदस्यों से व्यक्तिगत रूप से मिल चुका हूँ। हमारी मुलाकात अजनबियों जैसी नहीं, बल्कि मित्रों जैसी है। इसीलिए मैं आपके तथा अपने हितों के बारे में आपसे कुछ चर्चा करना चाहता हूँ।'

तो क्या यह उदाहरण एक प्रमाण नहीं है कि शत्रुओं को भी मित्र कैसे बनाया जाता है।

अब तनिक दूसरे ढंग से सोचिए। रॉकफेलर ने दूसरी शैली ही अपनायी होती और सारा दोष हड़तालियों के सिर मढ़ दिया होता, उनके विनाशकारी तथ्यों को बढ़ा-चढ़ाकर बताया होता और उन्हें धमका दिया होता, तो क्या होता? समझ लीजिए कि वे सारे तथ्यों को जोड़-तोड़कर उन मजदूरों को गलत प्रमाणित भी कर देते, तो भी परिणाम तो दु:खद ही होता। दोनों पक्षों में पहले तनाव बढ़ता, फिर घृणा और फिर विद्रोह भड़क उठता।

'तर्कशास्त्र के माध्यम आप किसी भी व्यक्ति के मन में जमी दुर्भावना के मैल को नहीं धो सकते। फटकारने वाले बास, डाँटने वाले माँ-बाप, चिड़चिड़े पति-पत्नी यह बात अच्छी तरह समझ लें कि लोग अपने विचार कभी भी नहीं बदलते। शक्ति के बल पर तो वे कभी भी आपसे एकमत हो ही नहीं सकते। हां यदि आप उनसे विनम्रता पूर्वक मैत्रीपूर्ण में बात करें, तो वे आपकी बात का मान अवश्य रख सकते हैं।'

इसी बात को अब्राहम लिंकन ने वर्षों पहले इस तरह कहा था- 'एक सच्ची तथा पुरानी कहावत है- 'एक बूँद शहद को जितनी मक्खियाँ पकड़ सकती हैं, एक गैलन सिरका नहीं।' ठीक उसी प्रकार यदि आप किसी के मन पर राज करना चाहते हैं, तो उसे पहले अनुभूति दिलाइए कि आप उसके शत्रु नहीं, बल्कि मित्र हैं। यही तो वह शहद की एक बूँद है, जो उसे आपके प्यार में बंदी कर लेगी और यही वह आसमान-सी राह है, जिसके द्वारा आप उसे अपने विचारों से सहमत करा सकते हैं।'

अब बिजनेस एक्जीक्यूटिव्ज बात को समझ चुके हैं कि हड़तालियों के प्रति मित्रतापूर्ण व्यवहार अपनाने से ही लाभ होता है। तभी तो, व्हाइट मोटर कंपनी के 2500 से अधिक कर्मचारी जब अधिक वेतन की माँग को लेकर हड़ताल पर चले गये, तो भी कंपनी के प्रेसीडेण्ट रॉबर्ट एफ. ब्लैक ने अपना नियंत्रण नहीं खोया। उन्होंने न तो उनकी निंदा की, न उन्हें डरा-धमकाकर साम्यवाद या तानाशाही का ही उल्लेख किया। इसके स्थान पर उन्होंने तो उन हड़तालियों की प्रशंसा की, उन्होंने हड़तालियों के शांतिपूर्ण ढंग से हड़ताल करने के लिए उनकी प्रशंसा करते हुए क्लीवलैण्ड के सभी अखबारों में एक विज्ञापन भी छपवाया। हड़तालियों के टाइम-पास के लिए उन्होंने उन्हें बेसबॉल वैट तथा दस्ताने भी खरीदकर दिये तथा उन्हें खाली स्थानों पर बेसबॉल खेलने का सुझाव दिया।

और फिर वही परिणाम सामने आये। ब्लैक की मैत्रीपूर्ण पहल का कर्मचारियों ने भी मैत्रीपूर्ण उत्तर दिया। हड़तालियों ने अपने औजार उठाये और फैक्टरी के चारों ओर पड़े कागज, माचिस-सिगरेट के टुकड़े इत्यादि को साफ कर दिया। कल्पना कीजिए कि ये वह कर्मचारी थे, जो अधिक वेतन की चाह में हड़ताल पर चल गये थे। इस तरह की घटना अमेरिका की औद्योगिक

हड़तालों के लंबे तथा तूफानी इतिहास की पहली घटना थी और फिर यह हड़ताल बिना किसी कटुता या तनाव के एक हफ्ते में ही समाप्त हो गई।

संसार के महानतम वकीलों में से एक डेनिमल वेबस्टर ईश्वर की तरह दिखते थे तथा देवदूतों की तरह बोलते थे। वे अपने सशक्त तर्कों को इस शैली में प्रस्तुत करते थे- 'इस बात पर ज्यूरी को ध्यान देना चाहिए।', 'इससे सम्भवतः यह पता चलता है', 'ये तथ्य हमें स्मरण रखने चाहिए,' 'आप जैसे गुणी लोग इन तथ्यों को सरलता से समझ सकते हैं इत्यादि-इत्यादि। न कोई आक्रामकता, न कोई दबाव और न ही अपने विचारों को दूसरों पर लादने की कोई इच्छा। अपनी इसी मैत्रीपूर्ण, मृदु तथा शांत शैली के कारण वेक्टर इतने सफल तथा महान् वकील बन पाए थे। आवश्यक नहीं कि आपको भी हड़ताल समाप्त करवानी पड़े या किसी मुकदमें की पैरवी करनी पड़े, लेकिन आपको अपना किराया तो कम करवाना पड़ सकता है। तब यह दोस्ताना शैली आपके बहुत काम आएगी।

पेशे से इंजीनियर ओ. एल. स्ट्रॉब अपने मकान का किराया कम कराना चाहते थे, लेकिन वे जानते थे कि उनका मकान, मालिक बहुत कड़क मिज़ाज है। उन्होंने हमारी कक्षा में बताया- 'मैंने मकानमालिक को लिख दिया कि लीज़ समाप्त होते ही मैं उनका मकान खाली करना चाहता हूँ लेकिन सच में मैं ऐसा नहीं चाहता था। मैं तो प्रसन्नतापूर्वक वहीं रहता, यदि मेरा किराया थोड़ा कम हो जाता। दूसरे किरायेदारों ने भी मुझसे पहले कोशिश की थी, लेकिन वे असफल रहे थे। तभी मैंने स्वयं से कहा- 'मैं लोक-व्यवहार का कोर्स कर रहा हूँ इसलिए मैं अपने सिद्धांतों का प्रयोग अपने मकान मालिक पर भी करके देखूँगा।'

'पत्र पाकर वह अपने सेक्रेटरी के साथ मुझसे मिलने आ गया। मैंने गेट पर मित्रतापूर्वक उनका अभिवादन किया तथा उन्हें अंदर आने के लिए आमंत्रित किया। सद्भाव और उत्साह मेरे व्यवहार से स्पष्ट झलक रहे थे। मैंने यह कहने की भूल नहीं की कि किराया बहुत अधिक है। मैं तो उनके घर की प्रशंसा करने लगा। मैंने खुले मन से उनके मकान की तारीफ की। कहा कि वास्तव में वे अपने मकान की बहुत अच्छी तरह देखभाल करते हैं। इसके बाद मैंने उनसे कहा कि मैं तो अनेक वर्षों तक ऐसे मकान में रहना चाहूँगा, लेकिन इतना अधिक किराया देना मेरे वश की बात नहीं है।

'प्रकट था कि किसी भी किरायेदार ने उनसे इस प्रकार बात नहीं की होगी। अब वह मकान मालिक स्वयं ही नहीं समझ पा रहा था कि ऐसी परिस्थिति में वह क्या करे।' 'उसने फिर मुझे अपनी कठिनाइयों से अवगत कराया कि कैसे किरायेदार उन्हें शिकायतें कर-करके परेशान करते थे। एक किरायेदार ने तो उन्हें अनेक अशिष्टता भरे पत्र भी लिखे थे, जो उनके पास आज भी सुरक्षित हैं। उसने कहा-आपकी तरह के हँसमुख तथा संतुष्ट किरायेदार को कौन नहीं रखना चाहेगा और फिर उसने अपने आप ही मेरा किराया कम कर दिया।' 'जब वह जाने लगा, तो मैंने उससे पूछ लिया कि वह अपने घर में किस प्रकार की सजावट पसंद करेगा?

'अब यदि मैंने भी दूसरे किरायेदारों की तरह बुरा-भला कहकर जबरदस्ती किराया कम करवाना चाहा होता, तो मैं भी सफल नहीं हो पाता। सफल तो मैं मैत्रीपूर्ण, प्रशंसात्मक तथा सहानुभूतिपूर्ण ढंग अपनाकर हुआ था।'

पेनसिल्वेनिया के पिट्सबर्ग में रहने वाले डीन बुडकाक स्थानीय इलेक्ट्रिक कंपनी के एक डिपार्टमेण्ट में सुपरिटेण्डेण्ट हैं। उनके स्टाफ को एक खंभे पर लगे किसी उपकरण को ठीक करने

का काम मिला। इस प्रकार का काम पहले किसी दूसरे डिपार्टमेण्ट के पास था और यह काम बुडकाक के डिपार्टमेण्ट को अभी-अभी मिला था। उनके कर्मचारियों ने इस काम का प्रशिक्षण तो लिया था, लेकिन वास्तव में यह काम करने का अवसर उन्हें पहली बार मिला था। कंपनी का प्रत्येक व्यक्ति यह देखना चाहता था कि वे इस काम को कर भी सकते हैं या नहीं? और यदि करते भी हैं, तो किस प्रकार से करते हैं? अनेक कार तथा ट्रक वाले वहाँ पर खड़े थे और बहुत से लोग खंभे पर चढ़े दोनों व्यक्तियों को देखने के लिए वहाँ पर इकट्ठे हो गये थे।

तभी बुडकाक ने एक व्यक्ति को कार से उतरते हुए देखा, जिसके हाथ में एक कैमरा भी था। उनकी कंपनी सार्वजनिक छवि को लेकर बहुत सजग थी। तभी बुडकाक के मन में विचार आया कि इस कैमरामैन को कहीं यह न लगने लगे कि अवगण ही दो आदमियों के काम के लिए इतने लोग इकट्ठे हो रहे हैं। वह फोटोग्राफर के पास जाकर बोला- 'संभवत: आपको हमारे काम में बहुत अधिक रुचि है।' वह व्यक्ति बोला- 'बिल्कुल, मेरी माँ तो इस काम में और भी अधिक रुचि लेंगी। वे आपकी कंपनी की स्टॉकहोल्डर हैं। इससे उनकी आँखें खुल जायेंगी। मैंने पहले भी उन्हें समझाया था कि वे आपकी कंपनी में निवेश न करें, लेकिन अब क्या लाभ। अखबार वालों को भी ये फोटो अवश्य पसंद आएंगे।'

'आप बिल्कुल ठीक कह रहे हैं। आपके स्थान पर यदि मैं होता, तो मैं भी ऐसा ही सोचता, लेकिन यह तो एक विशेष परिस्थिति है।' 'और फिर बुडकीक ने उसे बताया कि 'यह तो उनके डिपार्टमेण्ट का पहला पत्र है। यही कारण है कि उनकी कंपनी के सभी ऑफिसर और कर्मचारी भी इस काम में पूरी रुचि ले रहे हैं, फिर उन्होंने उस व्यक्ति को बताया कि सामान्य परिस्थितियों में केवल दो ही व्यक्ति यहाँ पर काम कर रहे होते। यह सुनकर तो फोटोग्राफर जैसे शांत पड़ गया। उसने कैमरा रखकर मुझसे हाथ मिलाया तथा मुझे धन्यवाद कहा कि मैंने इतनी अच्छी तरह से पूरा मामला उसे समझा दिया था।

डीन बुडकाक की मित्रतापूर्ण शैली ने उनकी कंपनी की साख बचाये रखने में बहुत सहायता की थी।

हमारी कक्षा के एक अन्य सदस्य न्यू हैंपशायर के जेराल्ड एच. विन ने हमें बताया कि किस प्रकार मैत्रीपूर्ण शैली के कारण उन्हें एक 'डैमेज क्लेम' पर संतोषजनक सेटलमेण्ट प्राप्त हो सका था।

उन्होंने हमें बताया- 'वसंत ऋतु के प्रारंभ में पृथ्वी जब बर्फ से ढकी हुई थी, तभी अचानक भारी बारिश हुई, फिर निकटस्थ नालियों में बहने वाला पानी इस क्षेत्र में घुस आया, जिसमें मैंने अभी कुछ दिनों पहले ही घर बनवाया था। पानी निकलने का कोई भी स्थान न होने के कारण घर की नींव के चारों ओर दबाव पड़ने लगा और, फिर पानी कंक्रीट की बेसमेण्ट फ़्लोर को तोड़ता हुआ अंदर तक आ गया और फिर सारे बेसमेंट में पानी भर गया। इससे मुझे बहुत हानि हुई और इस हानि की भरपाई करने के लिए मुझे दो हजार डॉलर से भी अधिक की आवश्यकता थी, लेकिन मेरे पास इस तरह के हानि की भरपाई करने हेतु कोई बीमा भी नहीं था।

'लेकिन शीघ्र ही मुझे इस बात का पता चल गया कि इस सबडिवीजन के मालिक ने घर के पास स्टॉर्म ड्रेन नहीं बनवाया था। यदि उसने स्टॉर्म ड्रेन बनवाया होता, तो इस प्रकार की समस्या नहीं आती, फिर मैंने उससे मुलाकात का समय निश्चित किया। रास्ते में मैं योजना बनाता रहा कि कैसे बिना क्रोध किये तथा कोर्स के नियमों का पालन करते हुए पूरी समस्या को सुलझाया

जा सकता है। जब मैं वहाँ पहुँचा, तो मैं शान्त रहा और प्रारंभ में मैंने उससे उसकी हाल की वेस्टइंडीज यात्रा के बारे में जानना चाहा और फिर थोड़ी देर बाद मैंने उसे बताया कि पानी के कारण मेरा थोड़ा-बहुत नुकसान' हुआ है। वह तुरंत मान गया कि इस समस्या से निबटने में वह उसे पूरा सहयोग देगा।

'फिर कुछ दिनों बाद वह आया और कहने लगा कि वह शीघ्र ही स्टॉर्म ड्रेन बनवा देगा, जिससे भविष्य में ऐसी हानि न हो और साथ ही उसके हानि की भी भरपाई कर देगा।

वैसे तो गलती उस सबडिवीजन के मालिक की ही थी, लेकिन यदि मैंने जाते ही उसकी गलती उसे बता दी होती और मैत्रीपूर्ण ढंग में बात न की होती, तो वह कभी भी इतनी आसानी से मानता नहीं।'

वर्षों पहले की बात है, जब उत्तर-पश्चिमी मिसूरी में पढ़ने वाले देहाती बालकों की भाँति मैं भी नंगे पैर जंगल से होकर जाया करता था। बाल्यावस्था में मैंने भी हवा तथा सूर्य की नीति-कथा पढ़ी थी। दोनों के बीच बहस इस बात को लेकर हो रही थी कि कौन अधिक शक्तिशाली है। हवा बोली- 'मैं यह बात सरलता से प्रमाणित कर सकती हूँ कि मैं ही अधिक शक्तिशाली हूँ। वह व्यक्ति जो कोट पहनकर जा रहा है, मैं उसके कोट को तुमसे जल्दी उतरवा सकती हूँ।'

सूर्य बादलों की ओट में छिप गया और हवा तूफानी गति से बहने लगी। लेकिन हवा जितनी तेजी से चलती थी, वह व्यक्ति उस कोट को उतना ही कसकर जकड़ लेता था। अंत में हवा ने अपनी पराजय स्वीकार कर ली और फिर वह अपनी सामान्य गति से चलने लगी। सूर्य भी बादलों की ओट से बाहर आ गया और उस व्यक्ति पर दयाभाव दिखाते हुए हँसने लगा। उस व्यक्ति ने अपना पसीना पोंछा और कोट उतार दिया। तब सूर्य देवता ने हवा को समझाया कि क्रोध और बल के स्थान पर मित्रता तथा दयाभाव रखकर कोई भी काम सरलता से करवाया जा सकता है।

जिन लोगों के मस्तिष्क में यह बात आ चुकी है कि एक गैलन सिरके से अधिक शक्ति एक बूँद शहद में होती है, एक बूँद शहद तो अनगिनत मक्खियों को अपनी ओर आकर्षित कर लेती है, वे अवश्य ही विनम्र तथा मैत्रीपूर्ण शैली का उपयोग करते हैं।

एक बार लूथरविले, मैरीलैण्ड के निवासी एफ. गैल. कॉनर अपनी चार-पाँच महीने पुरानी कार को कार डीलर के सर्विस डिपार्टमेण्ट में तीसरी बार लेकर गये, तो उन्होंने भी इसी तकनीक का प्रयोग किया था। उन्होंने हमारी क्लास में अपना अनुभव इस प्रकार बताया- 'यह बात तो स्पष्ट थी कि सर्विस मैनेजर से बहस करने, तर्क-वितर्क करने या चीखने-चिल्लाने से मेरी समस्या का कोई हल नहीं निकलने पाता। मैंने शोरूम में जाकर एजेंसी के मालिक मिस्टर हाइट से मिलने का विनम्र अनुरोध किया। बहुत देर प्रतीक्षा करने के बाद मुझे उनके ऑफिस में भेजा गया। मैंने उन्हें बताया कि मैंने उनकी एजेंसी से कार इसलिए खरीदी थी, क्योंकि मेरे कुछ सहयोगियों ने कुछ ऐसा करने का सुझाव दिया था। उन्होंने बताया था कि आपकी कीमतें एकदम उपयुक्त हैं और सेवा भी एकदम चुस्त-दुरुस्त है।' मेरा इतना कहना था कि मि. हाइट का चेहरा कमल की भाँति खिल उठा। उसके बाद मैंने सारी समस्या उनके सामने रख दी- 'मुझे ऐसा लगता है कि आप ऐसी स्थिति को अवश्य जानना चाहेंगे, जिससे आपकी प्रतिष्ठा पर दाग लग सकता है।' उन्होंने मुझे ऐसा करने के लिए धन्यवाद दिया और उन्होंने मुझे समस्या का हल ढूंढ़ने का भी आश्वासन दिया। वे मेरी बातों से अधिक प्रभावित हुए कि उन्होंने मेरी समस्या में

व्यक्तिगत रुचि लेते हुए मेरी कार की सर्विस ठीक प्रकार से करवाई और फिर उतने समय के लिए मुझे अपनी कार भी उधार दे दी, जिससे कहीं आने-जाने में मुझे कठिनाई न हो।'

ईसप एक ग्रीक दास थे तथा वे क्रॉसियस के दरबार में रहा करते थे। उन्होंने ईसा मसीह से छह सौ वर्ष पहले अपनी अमर कथाएँ लिखी थीं। मानव-स्वभाव की जिन सच्चाइयों को उन्होंने छब्बीस सदी पहले एथेंस में लिखा था, वे सच्चाइयाँ आज के बॉस्टन तथा बर्मिंघम में भी उतनी ही खरी उतरती है। हवा के स्थान पर सूर्य में कोट उतरवाने की अधिक क्षमता है, वैसे ही क्रोध या निंदा के स्थान पर दयालुता, मित्रतापूर्ण शैली तथा प्रशंसात्मक रवैया अपनाकर लोगों की मानसिकता को अधिक शीघ्रता से बदला जा सकता है।

तभी तो लिंकन ने सही कहा था- 'जितनी मधुमक्खियाँ एक बूँद शहद एकत्रित कर सकती हैं, उतनी मक्खियाँ एक गैलन सिरका नहीं कर सकती।'

## सिद्धान्त- 4

## मित्रतापूर्ण रवैया अपनाकर शुरुआत करें।

# 5

# सुकरात का रहस्य

किसी से भी बात का आरम्भ करते समय अपने मतभेदों का उल्लेख सबसे पहले न करें। पहले उन बातों पर बल दीजिए, जिन पर आप दोनों एकमत हों। जहाँ तक सम्भव हो सदैव इस बात पर बल दीजिए कि आप दोनों का लक्ष्य तो एक समान ही है और आपमें अन्तर केवल उस साधन का है, जिनके माध्यम से आप उस लक्ष्य तक पहुँचना चाहते हैं। अत: प्रारंभ से ही सामने वाले व्यक्ति को ''हाँ-हाँ, बोलने पर विवश कर दीजिए। ऐसी स्थिति ही न आने दें कि सामने वाला व्यक्ति 'नहीं' शब्द कह सके। प्रोफेसर ओवरस्ट्रीट के अनुसार- 'यदि सामने वाला व्यक्ति एक बार 'नहीं' कर देता है, तो फिर उसकी 'ना' 'हां' में बदलवाना बहुत कठिन होता है। आखिर सामने वाला भी तो अपने आत्म स्वाभिमान को बचाना चाहता है। हो सकता है कि आपको अपनी 'नहीं' गलत लगे, लेकिन अपने घमंड के कारण आप यह गलती स्वीकार नहीं करना चाहते। प्रत्येक व्यक्ति अपनी कही बात पर अड़े रहना चाहता है, इसलिए बातचीत का प्रारंभ 'हां' से करें। समझदार वक्ता अपने श्रोताओं से प्रारंभ में ही 'हां' कहलवा लेता है। वह अपने श्रोताओं की मानसिकता सकारात्मक दिशा में ले जाता है। यह सोच किसी बिलियर्ड की गेंद की गति की तरह ही है। गेंद की ही भाँति इसकी दिशा को बदलना बहुत कठिन काम है।

इस बात का मनोवैज्ञानिक तथ्य यह है कि जब कोई व्यक्ति 'नहीं' कहता है, तो वह सही में ही नकारात्मक होता है। उसका पूरा शरीर, सारी इंद्रियाँ, उसका माँसपेशीय तंत्र सब नकारात्मक हो जाते हैं। सारा-का-सारा न्यूरोमस्कुलर सिस्टम स्वीकार करने के विपक्ष में चला जाता है। इसके विपरीत जब कोई व्यक्ति 'हां' कहता है, तो अलगाव के लक्षण गायब हो जाते हैं। पूरा सिस्टम, पाँचों इंद्रियाँ स्वीकार करने को तैयार रहती हैं। इसलिए हम प्रारंभ में ही सामने वाले से जितनी बार 'हां' कहलवाते हैं, हम अपने अंतिम प्रस्ताव को मनवाने में उतने ही शीघ्र सफल हो जाते हैं।

'हां' कहलवाने की यह तकनीक अधिक कठिन नहीं है, फिर भी अधिक लोग इसे केवल इसलिए उपेक्षित कर देते हैं, क्योंकि वे आरम्भ में ही विरोध प्रदर्शन करके स्वयं का महत्त्व प्रमाणित करना चाहते हैं। जब भी कोई बालक, पति, पत्नी, माँ या विद्यार्थी या फिर कोई अन्य शुरुआत में ही 'ना' कह देता है, तो उसे 'हां' कहलवाने के लिए आपको देवताओं वाली बुद्धि तथा महान् धैर्य की आवश्यकता होती है। 'हां' कहलवाने की इसी कला के कारण न्यूयॉर्क में ग्रीनविच सेविंग्स बैंक के टेलर जेम्स एबरसन एक ग्राहक को अपने बैंक में बचत खाता खोलने के लिए तैयार कर सके थे।

मि. एबरसन ने बताया- 'यह व्यक्ति हमारे बैंक में खाता खोलना चाहता था। मैंने उसे एक फॉर्म भरने के लिए दे दिया। उसने कुछ प्रश्नों के उत्तर तो प्रसन्नतापूर्वक दे दिये, लेकिन कुछ का उत्तर देने से उसने एकदम मना कर दिया।

इस कोर्स में भाग लेने से पहले यदि ऐसा होता, तो मैं उस ग्राहक से स्पष्ट शब्दों में कह देता कि 'यदि वह इन प्रश्नों के उत्तर नहीं देगा, तो हम उसका खाता नहीं खोल पायेंगे।' अब मुझे यह

बात स्वीकार करने में बहुत शर्म आती है कि अतीत में इस तरह की बातें अनेक बार कह चुका हूँ। हां मुझे ऐसा कहकर बहुत संतुष्टि होती थी। मैं उसे बता देता था कि बॉस कौन था और बैंक के नियमों को उपेक्षित नहीं किया जा सकता, लेकिन तब मेरे इस तरह के व्यवहार से सामने वाले उस आदमी को महत्त्व तथा स्वागत का अनुभव नहीं होता था।

'लेकिन इस बार मैंने अपनी बुद्धि का प्रयोग करने का निर्णय किया। मैंने सोचा कि मैं ग्राहक को यह नहीं बताऊँगा कि बैंक क्या चाहता है, बल्कि यह बताऊँगा कि उन प्रश्नों का उत्तर देना ग्राहक के अपने पक्ष में था। और फिर मैंने उसे शुरू से ही 'हां, 'हां' कहने के लिए विवश कर दिया। मैंने उसे यह भी बता दिया कि यदि वह यह जानकारी नहीं देगा, तो भी बैंक को इससे कोई अंतर नहीं पड़ेगा। फिर मैं उससे बोला- 'लेकिन कल यदि आपको कुछ हो गया, तो क्या आप नहीं चाहेंगे कि आपका पैसा आपके वारिस को मिले, जो कि कानूनन उसे मिलना भी चाहिए।'

'हाँ- 'हाँ बिल्कुल,' उसने तुरंत उत्तर दिया।

मैं बोला- 'क्या आपको ऐसा नहीं लगता कि आप अपने वारिस का नाम बता दें, जिससे हम आपके वारिस को आपकी मृत्यु के पश्चात् पैसा बिना किसी देरी के या गलती के दे सकें।'

इस बार भी वह बोला- 'हाँ-हाँ, बिलकुल।'

'अब तक उस आदमी का मूड बदल चुका था, क्योंकि अब वह जान चुका था कि यह जानकारी उसके अपने हित में है, न कि बैंक के हित में। बैंक से जाने से पहले उसने मुझे पूरी जानकारी शांतिपूर्वक दी तथा साथ ही मेरे कहने पर अपनी माँ के नाम पर एक ट्रस्ट अकाउण्ट भी खोल दिया, फिर तो उसने अपनी माँ के बारे में भी सारे प्रश्नों को उत्तर प्रसन्नतापूर्वक दे दिये। 'मैंने यह पाया कि प्रारंभ से ही 'हां, हां' करवाने से वह मूल विषय से भटक गया तथा मेरे दिये सुझावों को एक के बाद एक मानता चला गया। '

जोसेफ एलिसन वेस्टिंग हाऊस इलेक्ट्रिक कंपनी के सेल्समैन थे। उन्होंने हमें अपनी कहानी इस प्रकार बतायी थी- 'मेरे क्षेत्र के एक व्यक्ति को हमारी कंपनी माल बेचना चाहती थी। मुझसे पहले एक सेल्समैन दस वर्ष तक प्रयास कर चुका था, लेकिन सफल नहीं हुआ था। इस क्षेत्र की जिम्मेदारी सँभालने पर मैं भी तीन वर्ष तक प्रयास करता रहा था, लेकिन मुझे भी कोई ऑर्डर नहीं मिला था। अंततः तेरह वर्ष तक प्रयास करने के बाद हम उसे कुछ मोटरें बेच पाये थे। मुझे पूरी आशा थी कि यदि हमारी मोटर उसे अच्छी लगेगी, तो वह हमसे बहुत-सी मोटर्स और भी खरीद लेगा।

'मुझे पूरा विश्वास था कि उसे हमारी मोटरें अवश्य पसंद आयेंगी। इसलिए जब तीन-चार सप्ताह बाद मैं उससे मिलने गया, तो बहुत अच्छे मूड में था,' 'लेकिन उस चीफ इंजीनियर ने मुझसे स्पष्ट रूप से कह दिया कि वह हमसे बाकी की मोटरें नहीं खरीदना चाहता।'

मैंने हैरानी से पूछा- 'क्यों? आखिर क्यों ?'

'क्योंकि, आपको मोटरें इतनी तेज गर्म हो जाती हैं कि मैं उनको छू भी नहीं सकता।'

'पहले भी मैं अनेक बार ऐसी परिस्थितियों में फँस चुका था, इसलिए मुझे मालूम था कि बहस करने से कोई लाभ नहीं होगा। तभी मैंने 'हाँ-हाँ' कहलवाने वाली तकनीक का प्रयोग किया।'

मैं बोला- 'मिस्टर स्मिथ, आप बिलकुल ठीक कह रहे हैं। वास्तव में हमारी मोटरें अधिक गर्म हो जाती हैं, इसलिए आपको वही मोटर खरीदनी चाहिए, जो नेशनल इलेक्ट्रिकल मैन्यूफैक्चर्स के स्टैण्डर्ड से अधिक गर्म न होती हों।'

वह सहमत हो गया और मुझे पहली 'हां' मिल गई थी।

'इलैक्ट्रिकल मैन्यूफैक्चर्स एसोसियेशन के नियमानुसार मोटर का तापमान कमरे के तापमान से 72 डिग्री फारेनहाइट से अधिक नहीं होना चाहिए। क्या यह बात सही है ?'

उसने उत्तर दिया- 'हां, लगभग 75 डिग्री फारेनहाइट।' इस पर मैं तुरंत बोला- 'यदि कंपनी के कमरे का तापमान 75 डिग्री फारेनहाइट है तथा हम इसमें 72 डिग्री और मिला दें, तो यह कुल मिलाकर 147 डिग्री फारेनहाइट हो जाता है। तब यदि आप अपने हाथ को 147 डिग्री फारेनहाइट के गर्म पानी में रखेंगे, तो क्या आपका हाथ नहीं जलेगा ?'

इस बार भी उसे 'हां' ही बोलना पड़ा।

'तो फिर तो आपके मन में यही होगा कि आप अपना हाथ मोटर से दूर ही रखें।'

वह बोला- 'आप ठीक कह रहे हैं। इसके बाद उसने अपने सेक्रेटरी को बुलाया तथा अगले महीने के लिए हमें 35000 डॉलर के व्यापार का आदेश दे दिया।' बहस करने से कोई भी लाभ नहीं होता, यह पाठ मैंने व्यापार में हजारों डॉलर का घाटा झेलने के बाद सीखा था। वही व्यक्ति जल्दी सफल होता है, जो सामने वाले का दृष्टिकोण समझ जाता है। उसके दृष्टिकोण को समझकर उससे 'हाँ-हाँ' कहलवाना अधिक लाभदायक प्रमाणित होता है।

एड्डी स्नो ओकलैण्ड, कैलिफोर्निया में हमारे कोर्स स्पांसर करते हैं। उन्होंने ही हमें बताया कि एक दुकान के प्रोपराइटर ने उन्हें 'हां हां' बोलने पर विवश कर दिया था तथा इसीलिए वे उस दुकान के अच्छे ग्राहक बन गये थे। एड्डी की बो हण्टिंग में बहुत रुचि थी और इसके उपकरण खरीदने में उन्होंने बहुत पैसे व्यय कर दिये थे। जब उनका भाई उनसे मिलने आया, तो उन्होंने अपने भाई के लिए एक धनुष किराये पर लेना चाहा। एड्डी ने एक बो स्टोर पर फोन किया, लेकिन वहाँ से उत्तर मिला कि वे तो किराये पर नहीं देते, फिर उन्होंने दूसरे स्टोर पर फोन किया, जहाँ से उन्हें इस प्रकार उत्तर मिला।

'एक बहुत खुशमिज़ाज व्यक्ति ने फोन पर उत्तर दिया। किराये पर धनुष देने के मेरे प्रश्न के बारे में उसका दृष्टिकोण ही भिन्न था। उसने कहा कि उसे अफसोस है कि वे धनुष किराये पर नहीं देते हैं।

वह पूछने लगा कि 'क्या मैंने पहले भी कभी धनुष किराये पर लिये हैं ?' मैंने कहा- 'हां, लेकिन बहुत वर्षों पहले।' 'फिर उसने मुझे स्मरण दिलाया कि संभवत: मैंने उसका किराया 25 या 30 डॉलर दिया होगा। ' इस बार भी मैंने 'हां' कहा। फिर वह पूछने लगा कि 'क्या मैं पैसे बचाना चाहता हूँ।' साफ-सी बात है, इसका उत्तर भी 'हां' ही था। फिर उसने मुझे बताया कि उनके स्टोर में ऐसे वो सेट हैं जिनमें सारे आवश्यक उपकरण मौजूद हैं तथा उनकी कीमत केवल 34. 95 डॉलर के लगभग हैं। जितना पैसा मैं किराये पर व्यय करता उसमें मात्र 4.95 डॉलर और मिलाकर मैं अपना स्वयं का धनुष सेट खरीद सकता था। उसने यह भी बताया कि तभी तो वे धनुष किराये पर नहीं देते हैं। फिर उसने पूछा कि 'क्या मुझे उसका यह तर्क ठीक

नहीं लगा?' मैंने 'हां' की और वह सेट खरीद लिया। उस धनुष-सेट के साथ मैंने वहाँ से और भी खरीदारी की और तब से तो मैं उस स्टोर का नियमित ग्राहक बन चुका हूँ।

एथेंस के रहने वाले सुकरात निश्चित रूप से पूरे संसार के महानतम दार्शनिकों में से एक थे। उन्होंने वह किया, जो हममें से बहुत कम ही कर पाते हैं। उन्होंने तो मानव-चिंतन का रुख ही बदल डाला था। उनकी मृत्यु हुए कई सदियाँ बीत चुकी हैं, लेकिन आज भी उन्हें सर्वश्रेष्ठ वाद-विवाद करने वालों में गिना जाता है। वे लोगों से अपनी बात मनवाने की कला में निपुण थे।

तो क्या था सुकरात का तरीका? क्या वे लोगों को यह बताते थे कि वे गलत हैं? नहीं, सवाल ही पैदा नहीं होता! वे तो बहुत चतुर थे। 'सुकरात की तकनीक' तो 'हाँ-हाँ' का उत्तर प्राप्त करने की तकनीक थी। वे सामने वाले से ऐसे-ऐसे प्रश्न करते थे कि सामने वाले को उनसे सहमत होना ही पड़ता था। वे तो बार-बार ही बोलने के लिए सामने वाले को विवश कर देते थे। वे लगातार बिना रुके ऐसे प्रश्न पूछते जाते थे और अन्त में उनके विरोधी इस स्थिति में आ जाते थे कि उन्हें सुकरात की बात से सहमत होना ही पड़ता था।

तो अगली बार जब भी आपकी इच्छा यह बताने की हो कि वह गलत है और आप सही, तो उस विद्वान् सुकरात को एक बार अवश्य स्मरण कर लें और फिर बड़े विनम्र ढंग में एक ऐसा प्रश्न पूछें, जिसका उत्तर 'हां' में ही हो।

चीन में एक प्रसिद्ध कहावत है, जिसमें पूरब की सदियों पुरानी बुद्धिमत्ता का सार छिपा हुआ है- 'हलके-हलके पगों से चलने वाला व्यक्ति बहुत दूर तक जाता है।'

## सिद्धांत- 5

## 'सामने वाले को तुरंत' 'हां - हाँ' कहने के लिए विवश कर दें।

# 6

# शिकायतों से मुक्ति संभव

हममें से अधिकतर व्यक्तियों का स्वभाव होता है कि जब भी हम किसी से कोई बात मनवाना चाहते हैं, तो हम बहुत बोलते हैं, लेकिन इसके स्थान पर हमें सामने वाले को अधिक बोलने का अवसर देना चाहिए। उन्हें अपने व्यापार या अपनी समस्याओं के बारे में आपसे अधिक मालूम है। इसलिए हमें तो बस, प्रश्न पूछते रहना चाहिए और उन्हें स्पष्ट उत्तर देने दीजिए।

यदि आप सामने वाले से सहमत नहीं होते, तो आपका मन करता है कि उसकी बात को बीच में ही काट दें, लेकिन ऐसा करना ठीक नहीं है। यह बहुत भयानक स्वभाव है। उनके मस्तिष्क में बहुत सारे विचार एक साथ घूम रहे होते हैं, इसलिए वे उस समय आपकी बात पर ध्यान नहीं देंगे। इसलिए इसी में सबकी भलाई है कि आप सामने वाले की बात धैर्यपूर्वक सुनें। उन्हें अपने विचारों को पूर्णतया व्यक्त करने के लिए प्रोत्साहित करें।

यह ढंग व्यापार में भी बहुत सफल सिद्ध होता है। इसका एक उदाहरण है, उस सेल्समैन की कहानी, जिसे विवशता में शांत रहना पड़ा था-

अमेरिका के एक बहुत बड़े ऑटोमोबाइल निर्माता को पूरे वर्ष के लिए अपहोल्स्ट्रि फ्रेब्रिक्स की आवश्यकता थी। तीन अत्यंत महत्त्वपूर्ण निर्माताओं ने अपने-अपने नमूने भेज दिये। मोटर कंपनी के एक्जीक्यूटिब्ज ने उन नमूनों की पूरी जाँच-पड़ताल की, फिर सब निर्माताओं को एक-एक नोटिस भेज दिया गया कि एक निश्चित दिन उन्हें यह अवसर दिया जाएगा, जब वे अपने काण्ट्रैक्ट पर अन्तिम विवरण दे सकेंगे।

फिर एक निश्चित दिन तीनों कंपनियों के निर्माता प्रतिनिधि विस्तृत विवरण देने के लिये पहुँच गए। दुर्भाग्यवश जी. बी. आर. नाम के प्रतिनिधि को लैरिंगाइटिस का ऐसा दौरा पड़ा कि उसका गला एकदम खराब हो गया।

मि. जी.बी.आर. ने ही हमारी क्लास के सामने यह मामला इस प्रकार सुनाया, 'जब उस कान्फ्रेंस में एक्जीक्यूटिव्ज के सामने बोलने की मेरी बारी आई, तो मेरे गले तो आवाज ही नहीं निकल रही थी, फिर मुझे एक कमरे में ले जाया गया, जहाँ पर टेक्सटाइल इंजीनियर, परचेजिंग एजेंट, सेल्स डायरेक्टर और कंपनी के प्रेसीडेंट सभी पहले से मौजूद थे। मैं बोलना चाहता था, बहुत कोशिश की, लेकिन कुछ शब्दों से ज्यादा बोल न सका।

'तभी लोग गोलमेज के चारों ओर बैठे थे। मैंने एक कागज पर लिखा, 'मेरा गला खराब है। बिलकुल बोल नहीं सकता।'

तभी कंपनी के प्रेसीडेंट ने कहा, 'चिंता न करिए। आपकी ओर से मैं बोलूँगा।' फिर वे बोलने लगे। उन्होंने मेरे सैंपल दिखाकर उनकी विशेषता गिनवाना शुरू कर दिया। मेरे प्रॉडक्ट की क्वालिटी पर एक बहस शुरू हो गई। बराबर प्रेसीडेंट मेरे पक्ष में बोल रहे थे। उन्होंने चर्चा में

मेरा ही प्रतिनिधित्व किया। मेरी भूमिका कुछ मुस्कराहटों, सिर हिलाने तथा चेहरे के हाव-भाव तक ही सिमट गई।

'इस अद्भुत मीटिंग ने मुझे पाँच लाख गज अपहोल्स्ट्रि फैब्रिक्स का ऑर्डर दिलवा दिया, जिसकी कीमत लगभग 16,00,000 डॉलर थी। यह मेरा अब तक का सबसे बड़ा ऑर्डर था।'

'मेरा गला खराब नहीं होता, तो यह कॉन्ट्रेक्ट कभी नहीं मिलता। मैंने यह सीख लिया कि कई बार दूसरे के बोलने से बहुत अधिक लाभ हो जाता है।' कभी-कभी पारिवारिक मामलों में भी कम बोलना लाभप्रद सिद्ध होता है। बारबरा विल्सन के बेटी से बढ़ते जा रहे थे। बेटी लॉरी पहले बहुत शांत लड़की थी, लेकिन अब वह बहुत चिड़चिड़ी हो गयी थी और किसी से तालमेल नहीं कर पाती थी। बारबरा ने उसे फटकार कर, हर तरह से समझाना चाहा, फिर भी कोई लाभ नहीं हुआ।

मिसेज विल्सन ने हमारी कक्षा में बताया, 'एक दिन मैंने हार मान ली। वह मनमानी करती रही। मुझसे बिना पूछे सहेली के घर चली गयी। जब लौटी, तो उसे डाँटना चाहती थी, लेकिन मुझमें डाँटने की भी शक्ति नहीं थी। मैंने केवल दुख से उसकी तरफ देखकर कहा, 'आखिर क्यों, लॉरी?

लॉरी ने मेरी हालत को समझकर शांत स्वर में पूछा, 'क्या वास्तव में आप यह जानना चाहती हैं ?' मैंने तुरंत सिर हिला दिया, फिर लॉरी ने बात शुरू करते हुए अपने दिल की सारी भड़ास निकाल दी। शायद गलती मेरी थी। मैं उसे बोलने का मौका नहीं देती थी। बस, बीच में ही चुप करा देती। मुझे अनुभव हो गया कि बेटी मुझसे दोस्ताना व्यवहार चाहती, जबकि मैं उसके साथ डाँटने, हुक्म चलाने वाली माँ जैसा बर्ताव कर रही थी। वह किशोरावस्था के तनावों से गुजर रही थी और अपना दिल हलका करना चाहती थी, जबकि मैं खुद बोलती रहती थी, लेकिन अब मुझे अपनी गलती का अनुभव हो चुका था।

'उस दिन के बाद उसकी प्रत्येक बात ध्यान से सुनता हूँ। हमारे संबंध भी अच्छे हो गये हैं और वह भी प्यारी लड़की बन गई है।'

न्यूयॉर्क के एक समाचार-पत्र में एक विज्ञापन छपा, जिसमें नौकरी के लिए एक योग्य तथा अनुभवी उम्मीदवार की आवश्यकता थी। चार्ल्स टी. क्यूबेलिस ने अपना आवेदन भेज दिया। उसे इंटरव्यू के लिए बुलाया गया। उसने कंपनी तथा स्वामी के बारे में वॉल स्ट्रीट से हर तरह की जानकारी प्राप्त करने की कोशिश की। इंटरव्यू में वह बोला, 'मुझे आपकी कंपनी का सहयोगी बनकर बहुत गर्व होगा, क्योंकि इसका रिकार्ड बहुत अच्छा है। मेरे विचार से आपने 28 वर्ष पहले एक डेस्क रूम तथा एक स्टेनोग्राफर के साथ बिजनेस शुरू किया था। क्या मैं सही हूँ न ?'

हर सफल व्यक्ति चाहता है कि कोई उससे संघर्ष के दिनों की बातें करे। यह भी यही चाहता था। वह काफी देर तक कहानी सुनाता रहा कि किस तरह 450 डॉलर और एक सुंदर सपने के साथ अपनी बिजनेस की शुरुआत की। लोगों ने उसकी बहुत हँसी उड़ाई, बहुत निरुत्साहित किया, लेकिन उसने हिम्मत नहीं हारी।

शुरू में उसे सोलह घंटे काम करना पड़ता था। न छुट्टी, न आराम, सिर्फ काम ही-काम। परिश्रम से उसने विजय प्राप्त कर ली और आज इस ऊंचाई में पहुँच गया कि बॉल स्ट्रीट के

बड़े-बड़े एक्जीक्यूटिव भी उससे परामर्श लेने आते हैं। वह अपने बारे में बताते हुए गर्व महसूस कर रहा था। अपनी कहानी सुनाने के बाद उसने क्यूबेलिस के अनुभवों के बारे में जानना चाहा, फिर अपने वाइस प्रेसीडेंट को बुलाकर कहा, 'मुझे पूरा विश्वास है, हमें ऐसे ही व्यक्ति की जरूरत थी। '

मि. क्यूबेलिस को सफलता मिली थी, क्योंकि उन्होंने अपने होने वाले मालिक के बारे में जानकारी हासिल करने का प्रयास किया था। उसने सामने वाले की सफलता में रुचि दिखायी थी।

सैक्रेमेंटो, कैलिफोर्निया के रॉय जी. ब्रेडले की समस्या इससे उलटी थी। एक व्यक्ति ब्रेडले की फर्म में नौकरी के लिए आया उन्होंने उसकी पूरी बात सुनी। रॉय ने हमारी कक्षा में बताया!

'हमारी फर्म अतिरिक्त लाभ, जैसे मेडिकल इंश्योरेन्स, पेंशन या बाहर आने-जाने का भत्ता नहीं देती थी, क्योंकि यह छोटी-सी ब्रोकरेज फर्म थी। हम अपने ग्राहकों को लीड भी देते थे, क्योंकि विज्ञापन का खर्च उठा नहीं सकते थे, जैसा दूसरे बड़े प्रतिद्वंद्वी करते थे।

'रिचर्ड प्रायर व्यक्ति में वे गुण थे, जो हम चाहते थे। मेरे असिस्टैंट ने इंटरव्यू में उसे काम के बारे में सारी नकारात्मक बातें बता दीं वह निराश-सा लगा। मैंने उसे अकेला लाभ बताया, जो उसे हमारी फर्म से जुड़ने पर मिलने वाला था। हमारी फर्म का वह स्वतंत्र कान्टैक्टर बन सकता था इस तरह वह एक तरह से सेल्फ एम्प्लोइड बनता।

'इंटरव्यू के लिए आते हुई बहुत-सी नकारात्मक बातें थीं, लेकिन जब इन लाभों के बारे में बातें शुरू कीं तो सारे नकारात्मक विचार दूर होने लगे। लग रहा था, जैसे वह स्वयं से बातें कर रहा हो और मन-ही-मन कुछ सोच रहा था। मन में आया कि उसके विचारों को मैं स्पष्ट कर दूँ लेकिन शान्त रहा। इंटरव्यू समाप्त हो गया, तो लगा कि हमारी फर्म जरूर काम करना चाहेगा।

'मैं एक अच्छा श्रोता था और मुझमें सहनशक्ति थी कि चुप रह सकूं औरों को बोलने का अवसर दूँ, अंत: डिक को ही बोलने का अधिक अवसर दिया। उसने सकारात्मक तथा नकारात्मक पहलुओं पर विचार करने के बाद सकारात्मक रवैया अपनाते हुए नौकरी को चुनौती की तरह लिया। आज वह फर्म का स्थायी प्रतिनिधि है। अब यह है कि हमारे दोस्त हमारी उपलब्धियों के बारे में अधिक नहीं जानना चाहते, जितना कि अपनी स्वयं की उपलब्धियों के बारे में। प्रसिद्ध फ्रांसीसी दार्शनिक ला रोशफूको ने कहा था, 'यदि आप शत्रु बनाना चाहते हैं, तो मित्रों से आगे निकल जाओ, लेकिन अगर आप मित्र बनाना चाहते हैं, तो मित्रों को खुद से आगे निकल जाने का अवसर दो।'

यह बात शत-प्रतिशत सच है, क्योंकि यदि आपके दोस्त आपसे आगे निकल जाते हैं, तो वे स्वयं को महत्त्वपूर्ण समझने लगते हैं, फिर ईर्ष्या का सवाल ही नहीं उठता, लेकिन जब आप अपने से आगे निकलने की होड़ में लग जाते हैं, तो बस, ईर्ष्या ही रह जाती है।

न्यूयॉर्क में मिडटाउन पर्सनल एजेंसी की हेनरीटा जी. लोकप्रिय प्लेसमेंट काउंसलर थीं। पहले ऐसा नहीं था। नौकरी के शुरूआत में उनकी किसी से मित्रता नहीं थी। वह तो इसलिए, क्योंकि हमेशा अपनी उपलब्धियों की डींग हांकती रहती थीं।

हेनरी ने अपना अनुभव कक्षा में बताया, 'मुझे स्वयं पर तथा स्वयं के काम पर बहुत गर्व था, क्योंकि मैं अपना काम पूरे दिल से करती थी, लेकिन मेरे सहकर्मियों को मेरी सफलताओं से

कोई खुशी नहीं होती थी, बल्कि वे तो बहुत चिढ़ जाते थे, लेकिन मैं चाहती थी कि मेरे सहकर्मी मुझे पसंद करें, मुझे सराहें। मैं सही में दोस्त बनाना चाहती थी, फिर इस कोर्स में बताये गये सुझावों को मानते हुए मैंने अपने बारे में बातें करना कम कर दिया। मेरे सहकर्मी भी तो अपने बारे में, अपनी उपलब्धियों के बारे में बताना चाहते थे, इसलिए मैं उनके बारे में सुनने लगती और अपने बारे में कम बताने लगी। अब जब भी हम फुर्सत में बैठकर बातचीत करते, तो मैं अपने सहकर्मियों से पूछती कि उनका आज का दिन कैसा बीता, उनकी उपलब्धियों पर बधाई देती हूँ। परिणामत: अब सभी मेरे अच्छे मित्र हैं।

## सिद्धांत- 6

## सामने वाले व्यक्ति को ज्यादा बोलने का मौका दें।

# 7

# दूसरों का सहयोग कैसे लिया जाये

इंसान को जितना विश्वास अपनी बात पर होता है, उतना किसी और की पर नहीं, लेकिन यह कोई समझदारी, नहीं कि हम किसी दूसरे को अपना विचार मानने के लिए मजबूर करें। इसके स्थान पर हमें दूसरों को सुझाव देने चाहिए, निष्कर्ष के बारे में उन्हें स्वयं सोचने दें।

एक बार कोर्स के विद्यार्थी तथा ऑटोमोबाइल शोरूम के सेल्स मैनेजर एडॉल्फ सेल्टज के सामने अचानक यह समस्या आ गई कि उन्हें अपने ऑटोमोबाइल सेल्समैनों में जोश भरना था। उन्होंने एक सेल्स मीटिंग बुलाई और सभी सेल्समैनों से पूछ लिया कि वे कंपनी से क्या-क्या चाहते हैं? उनके विचारों को सुनते समय उन्होंने सुझावों को ब्लैकबोर्ड पर लिख दिया। इस पर उन्होंने कहा, 'आपको वह सब जरूर मिलेगा, जो आप मुझसे चाहते हैं। मैं यह जानना चाहता हूँ कि आपसे क्या-क्या अपेक्षाएं कर सकता हूँ ?' तुरंत मिले-जुले जवाब आये, 'ईमानदारी, वफादारी, हर दिन आठ घंटे मन लगाकर काम, एकजुटता, जोश, उत्साह आदि।' मीटिंग एक नई प्रेरणा, एक नई आशा के साथ समाप्त हुई। एक सेल्समैन ने तो चौदह घंटों तक काम करने का वायदा किया। उनकी कंपनी की बिक्री बहुत बढ़ गई।

मि. सेल्ट्ज ने आगे बताया, 'इन लोगों के साथ मेरा एक तरह का नैतिक समझौता हुआ। यदि मैं अपनी बात पर कायम रहूँ तो वे भी अपनी बात पर रहेंगे। उनकी इच्छाओं के बारे में पूछना मेरा जादुई तरीका था, जिसने चकित कर दिया।'

यह बात कोई भी पसंद नहीं करता कि कोई उसे कुछ समझायें। हम सब यही चाहते हैं कि खुद कोई बात सोचें, अपने मन की सुनें। हम सभी को इच्छानुसार काम करना अच्छा लगता है।

यूजीन वेसन ने यह सच्चाई जानी, तब वे हजारों डॉलर का कमीशन गँवा चुके थे। मि. बेसन स्टाइलिस्ट्स तथा टेक्सटाइल निर्माताओं को स्केच बेचने का काम करते थे। वह तीन सालों से हर हफ्ते न्यूयॉर्क के एक प्रसिद्ध स्टाइलिस्ट के पास जाते, लेकिन उसने मि. वेसन का कोई स्केच नहीं खरीदा। मैं हमेशा उनके स्केच देखता था, प्रशंसा भी करता था। अंत में कहा देता था कि यह स्केच उनके काम का नहीं था।

वेसन 150 से भी ज्यादा बार असफल हो चुके थे। तभी महसूस किया कि शायद वह ही ठीक से काम नहीं कर पा रहे हैं। तब उन्होंने एक हफ्ते का 'लोक-व्यवहार' कोर्स ज्वाइन किया, ताकि कुछ नये विचार हासिल हो सकें तथा उत्साहवर्धन हो।

उसने कोर्स के दौरान सीखे एक नये तरीके को आजमाया। वह करीब छह अधबने स्केच लेकर उस ग्राहक के ऑफिस गया और बोला, 'मुझे आपकी मदद चाहिए। मेरे पास कुछ अधूरे स्केच हैं। मैं चाहता हूँ कि आप मुझे बतायें कि उन्हें किस तरह से पूरा करूँ, ताकि आपके काम आ सकें।'

ग्राहक ने उलट-पलट कर उन अधूरे स्केचों को देखा और बोला, 'ऐसा करिये आप इन स्केचों को यहीं छोड़ जाइए तथा कुछ दिन बाद आकर मुझसे मिलें।' वेसन तीन-चार दिन बाद उसके ऑफिस गया। उसने जो सुझाव दिये उनके अनुसार सारे स्केच पूरे कर दिए और परिणाम भी निकला कि उसने सारे स्केच मंजूर कर लिये।

उस ग्राहक ने और स्केचों के ऑर्डर भी वेसन को दिये तथा साथ ही अपने विचार भी बता दिये। मिस्टर वेसन ने अपनी असफलता का राज बताते हुए कहा, 'मेरी असफलता का कारण था कि मैं अपनी मर्जी की चीज बेचना चाह रहा था, लेकिन फिर अपनी शैली को पूरी तरह बदल दिया। मैंने उसके विचार जाने, जिससे उसे लगा कि वह स्वयं ही स्केच बना रहा हो, फिर उसने अपनी मर्जी से वे स्केच खरीदे।

सामने वाले व्यक्ति को यह एहसास कराना कि उसका ही विचार महत्त्वपूर्ण है, और कारगर सिद्ध होता है। बिजनेस, राजनीति, परिवार, मित्रों सबके लिए यह अचूक नुस्खा है। ओक्लाहामा के पॉल एम. डेविस ने कक्षा में अपना अनुभव बताया।

'वे कुछ दिनों पहले परिवार के साथ एक दिलचस्प वैकेशन ट्रिप का आनंद लेकर लौटे थे। मेरा सपना था कि ऐतिहासिक स्थानों में गेटिसवर्ग में गृहयुद्ध की भूमि, फिलाडेल्फिया में 'इंडिपेंडेंस हॉल' तथा देश की राजधानी आदि की यात्रा करूँ।

'एक दिन मेरी पत्नी प्रेन्सी बोली कि वह गर्मियों में न्यू मैक्सिको, एरिजोना, नेवादा, कैलिफोर्निया आदि पश्चिमी राज्यों का भ्रमण करना चाहती है। वह काफी दिनों से ऐसे ट्रिप पर जाना चाहती थी, लेकिन दोनो ट्रिप एक साथ सम्भव नहीं थे। '

'मेरी बेटी एन ने जूनियर हाईस्कूल में अमेरिकी इतिहास का एक कोर्स पूरा किया था तथा उसकी रुचि अपने देश के विकास को साकार करने वाली घटनाओं में बहुत थी। मैंने उससे पूछा कि क्या उन जगहों का भ्रमण करना चाहेगी, जिनके बारे में कुछ पहले उसने किताबों में पढ़ा है, सुनकर वह बहुत खुश हुई।

'इस के करीब एक सप्ताह बाद हम डाइनिंग टेबल पर बैठे थे,' तभी नैनसी बोली यदि सब सहमत हों, तो गर्मियों की छुट्टियों में पूर्वी राज्यों का भ्रमण करें, यह यात्रा एन के लिए बहुत रोमांचक होगी तथा हमें भी मजा आएगा। सब सहमत हो गये।'

इसी मनोवैज्ञानिक तकनीक को एक एक्सरे निर्माता ने भी अपनाया। ब्रुकलिन के एक अस्पताल में एक्स-रे मशीन की जरूरत थी। इन्हें अच्छी बढ़िया क्वालिटी की आधुनिकतम मशीन चाहिए थी। डी. एल. एक्स-रे विभाग के प्रभारी थे, उनके पास कई कंपनियों के सेल्समैन आ चुके थे सब अपनी कंपनी की मशीनों की बेहद प्रशंसा करते थे। एक निर्माता बहुत होशियार था। उसे मानव व्यवहार की बहुत परख थी। उसने डी. एल. को एक पत्र इस प्रकार लिखा-

'हमारी कंपनी ने अभी एक नयी एक्स-रे मशीन बनवाई है। जानते हैं कि इस मशीन में कुछ कमियाँ अवश्य होंगी। इसके बारे में आपको बहुत ज्ञान है। इसलिए चाहते हैं कि इस मशीन को एक बार देख लें बतायें कि इसे आपके व्यवसाय के लिए और उपयोगी कैसे बना सकते हैं। आप व्यस्त रहते हैं, इसलिए आपके कहे समय पर आपको लेने के लिए कार भेज देंगे।'

डॉ. एल. ने कक्षा में बताया, 'यह पत्र पाकर मैं चकित था। इसके पहले कभी किसी ने पत्र लिखकर हमारी राय नहीं माँगी थी, मुझे लगता था कि मैं बहुत महत्त्वपूर्ण था। मैंने उसे मिलने का समय दे दिया। और मशीन को गौर से देखा। मुझे मशीन बहुत उपयोगी लगी।'

'किसी ने यह कोशिश नहीं की कि जबरदस्ती मशीन खरीदूं। मैंने अनुभव किया कि मशीन हमारे लिए बहुत उपयोगी रहेगी, इसलिए मैंने इसे खरीद लिया।'

जब बुडरो विल्सन व्हाइट हाउस में थे, तब कर्नल एडवर्ड एम हाउस राष्ट्रीय एवं अंतर्राष्ट्रीय मामलों में काफी दखल रखते थे। विल्सन कर्नल हाउस की गोपनीय सलाह पर जितने निर्भर थे, उतने केबिनेट के मंत्रियों पर भी नहीं थे।

प्रेसीडेंट को प्रभावित करने के लिए कर्नल कौन-सी तकनीक अपनाते थे ? हमें यह मालूम है, क्योंकि हाउस ने यह बात आर्थर डी. हाउस स्मिथ को बताई थी, जिन्होंने इसका वर्णन 'द सैटरडे ईवनिंग पोस्ट' में प्रकाशित अपने लेख में किया है।

हाउस ने बताया था, 'मैंने सबसे पहले प्रेसीडेंट के बारे में अच्छी तरह से जान लिया कि उनसे अपनी बात मनवाने का सबसे अच्छा तरीका है, किसी विचार को हलके-फुलके ढंग से उनके सामन प्रस्तुत करना, जिससे मन में उस विचार पर रुचि जाग्रत हो और फिर स्वयं ही उसके बारे में सोचने लगे। पहली बार यह संयोग से ही हो गया था। मैं व्हाइट हाउस गया और उनके सामने एक नीति पर विचार रखा, जिस पर उस समय वे बिल्कुल असहमत थे। कुछ दिनों बाद उसी राय को उन्होंने मेरे सामने तोड़-मरोड़ कर ऐसे पेश किया, जैसे वह विचार उन्हीं का हो। क्या हाउस ने प्रेसीडेंट को बीच में टोककर यह कहा, 'यह विचार मेरा है, आपका नहीं।' शायद नहीं। वे बुद्धिमान थे। श्रेय लेने की परवाह नहीं करते थे। उन्हें अच्छे परिणामों की परवाह थी, इसलिए उन्होंने विल्सन को यह अनुभव होने दिया, जैसे विचार उन्हीं का हो। हाउस ने भी सार्वजनिक रूप से विल्सन को उसके लिए श्रेय भी दिया।

इस बात का ध्यान रखना चाहिए कि जिन लोगों के संपर्क में हम आते हैं, वे भी बुडरो विल्सन की तरह ही होते हैं, इसलिए हमें उन पर कर्नल हाउस की तकनीक का प्रयोग करना चाहिए।

एक बार इस तकनीक का प्रयोग न्यूब्रन्सविक के सुंदर कनाडा क्षेत्र के एक व्यक्ति ने मुझ पर किया और मुझे अपना ग्राहक बना लिया। एक बार मैं न्यू न्यूब्रन्सविक में फिशिंग तथा केनोइंग करने की योजना तैयार कर रहा था। इसलिए मैंने टूरिस्ट ब्यूरो से कैंप की जानकारी प्राप्त करनी चाही। मेरा नाम तथा पता वेटिंग लिस्ट में डाल दिया, फिर मेरे पास अनेक केप मालिकों की चिट्ठियां, बुकलेट आदि आये। मैं दुविधा में था, समझ नहीं पा रहा था कि क्या करूँ ? तभी एक कैंप मालिक ने चतुराई दिखायी। उसने न्यूयॉर्क के कुछ लोगों के नाम तथा टेलीफोन नंबर भिजवा दिये तथा मुझसे कहा कि फोन करके उनसे इस बात की जानकारी प्राप्त कर सकता हूँ कि उनके कैंपों की व्यवस्था कैसी है ?

संयोग से उस सूची में से मैं एक व्यक्ति को पहचानता था। मैंने उससे उसका अनुभव पूछा और कैंप के मालिक को अपने पहुँचने का संदेश भेज दिया। उत्तर यहाँ भी वही था। दूसरे लोग मुझे अपनी सेवायें बेचने का प्रयास कर रहे थे, जबकि इसने मुझे सेवायें खरीदने के लिए मजबूर कर दिया। इसीलिए तो वह जीत गया था।

लगभग ढाई हजार साल पहले लाओत्से नाम के चीनी दार्शनिक ने ऐसी बातें कही थीं, जिन पर हर किसी को अमल करना चाहिए, 'समुद्र तथा नदियाँ सैकड़ों पहाड़ी झरनों का पानी केवल इसलिए ग्रहण करती हैं, क्योंकि वे सदा अपने को उनसे नीचे रखती हैं। इसी कारण, पहाड़ी झरनों पर शासन करती हैं। इसी प्रकार संत-साधु भी खुद को इंसानों से नीचे रखते हैं, ताकि उनसे ऊपर उठ सकें, उनसे पीछे रखते हैं, जिससे वे उनसे पहले रह सकें। इसीलिए संत लोगों से ऊपर होता है, लेकिन फिर भी लोगों को उससे कोई परेशानी नहीं होती, हालाँकि वह उनसे पहले होता है, लेकिन फिर भी लोगों को उससे कोई तकलीफ नहीं होती।

## सिद्धांत - 7

## दूसरे व्यक्ति को यह एहसास कराये कि यह विचार उसी का है।

# 8

# बेहतर तकनीक चमत्कार भी कर सकती है

एक बात हमेशा दिमाग में रखें कि दूसरे लोग पूर्णतया गलत हो सकते हैं, लेकिन अपनी नजरों में सही होते हैं। इसलिए उनकी निंदा या आलोचना मत करिये। कोई भी मूढ़ व्यक्ति ऐसा कर सकता है। उन्हें समझने का प्रयास कीजिए। केवल योग्य, विरले ही ऐसा कदम उठाने का प्रयास करते हैं।

सामने वाला ऐसा आचरण क्यों कर रहा है, ऐसा क्यों सोच रहा है, इसके पीछे कोई कारण अवश्य ही होता है। उस कारण की तह में जाने का प्रयास कीजिए, उसके सारे कार्यों की चाबी आपके हाथ आ जाएगी।

उसके बाद पूरी ईमानदारी से स्वयं को उसके स्थान पर रखकर सारी स्थितियों का मिश्रण कीजिए। स्वयं से प्रश्न कीजिए, 'यदि मैं उसके स्थान पर होता, तो कैसा महसूस करता?' यदि आप ऐसा करते हैं, तो सारी समस्याएं पलक झपकते दूर हो जायेंगी, क्योंकि 'कारण में दिलचस्पी लेकर निष्कर्षों की आलोचना करने से बच सकते हैं।' आपकी मानवीय संबंधों की कला में भी निखार आयेगा।

'हाऊ टु टर्न पीपुल इट्वै गोल्ड' पुस्तक में केनेल एम. गुड ने लिखा है, 'थोड़ी देर रुककर सोचिये। आपकी अपने में बहुत रुचि है, लेकिन दूसरों में रुचि बहुत कम है। दुनिया का प्रत्येक व्यक्ति ऐसा सोचता है। आप यह बात जान लेंगे, तो आप भी रूजवेल्ट तथा लिंकन की भाँति मानवीय संबंधों की अकेली बुनियाद को समझ जायेंगे। लोगों को प्रभावित करने के लिए आपको सामने वाले के नजरिये को समझना होगा।'

हैम्प्स्टेड, न्यूयॉर्क के सैम डगलस की पत्नी अक्सर लीन की सफाई करती थी, लेकिन सैम को लगता कि वह बेकार समय बर्बाद करती हैं। वह लीन से खरपतवार साफ करती थी, खाद देती थी। इतनी मेहनत के सैम कहता था कि लान गंदा ही नजर आता है उसकी यह बात सुनकर मिसेज सैम चिढ़ जाती थी। उनकी सारी शाम बर्बाद हो जाती थी।

डगलस ने हमारे कोर्स में भाग लिया और अनुभव किया कि वह इतने सालों से कितना मूर्खता आचरण कर रहा था। उसने सोचा भी नहीं था कि पत्नी अपने सफाई के शौक के कारण इतनी मेहनत करती थी और प्रशंसा सुनना चाहती थी।

एक शाम खाने के बाद पत्नी ने कहा कि वह लीन की सफाई करना चाहती है। उसने सैम से भी चलने का अनुरोध किया। पहले सैम ने मना किया, लेकिन फिर वह लॉन में गया तथा खरपतवार उखाड़ने में मदद करने लगा। पत्नी बहुत खुश हुई और फिर दोनों ने बातें करते एक घंटे में लॉन की सफाई कर दी और पता नहीं चला।

अब सैम अक्सर बागबानी में पत्नी की मदद करने लगा तथा साथ ही प्रशंसा भी करता कि उसी की मेहनत का परिणाम है, जो कंक्रीट जैसी सख्त जमीन के बाद लॉन इतना साफ दिखता है। इसे उनका वैवाहिक जीवन पहले से भी ज्यादा सुखी हो गया। डगलस ने पत्नी के दृष्टिकोण से देखना शुरू कर दिया था, चाहे मामला खरपतवार जैसी मामूली, सी चीज का था।

'गेटिंग थ्रू पीपुल' पुस्तक में डी. जेराल्ड एस. निरेनवर्ग लिखते हैं, 'किसी चर्चा के दौरान आप दूसरों का सहयोग तभी प्राप्त कर सकते हैं, जब दूसरों के विचारों और भावनाओं को अपने विचारों तथा भावनाओं के बराबर महत्त्व देते हैं। यदि आप चाहते हैं कि श्रोता आपके विचारों को पसंद कर उनके साथ सहमत हों, तो आपको चर्चा इस प्रकार करनी चाहिए कि सामने वाला चर्चा की दिशा को समझ जाये। विचार व्यक्त करने से पहले सोच लें कि क्या एक श्रोता के रूप में आप भी विचार सुनना पसंद करेंगे। आप श्रोता के दृष्टिकोण को समझ जाइये। श्रोता आपके दृष्टिकोण को अपने आप समझ लेगा।

मुझे घर के समीप वाले पार्क में घुड़सवारी करना तथा घूमना अच्छा लगता है। एक ओक-ट्री से मुझे बहुत ज्यादा लगाव है, लेकिन दु:ख भी होता है, क्योंकि हर साल कई पेड़ों में आग लग जाती है और वे, राख हो जाते हैं। आग अपने आप नहीं लगती न किसी सिगरेट पीने वाले की लापरवाही से लगती है, बल्कि जंगल में आग पिकनिक मनाने वालों की वजह से लगती है, जो वहाँ अंडे तथा फ्रैंकपर्टर बनाते हैं। कभी आग इतनी भयंकर होती है कि दमकल को बुलाना पड़ता है।

वैसे पार्क के एक से कोने में बोर्ड भी लगा हुआ है, जिस पर साफ लिखा है कि यहाँ आग जलाने पर जुर्माना किया जायेगा, लेकिन एक कोने में लगे होने के कारण लोगों की नजर इस बोर्ड पर पड़ती ही नहीं थी। सुरक्षा के लिए एक पुलिस वाला भी तैनात रहता, लेकिन वह लापरवाह इंसान था, इसलिए जिसकी जो मर्जी होती है, वह वही करता है। एक बार मैंने पुलिस वाले को बताया कि पार्क में आग लग रही है, वह तुरंत दमकल विभाग को फोन कर दे, लेकिन पुलिस वाले ने कह दिया कि यह स्थान उसके एरिया में नहीं आता, इसलिए फोन नहीं करेगा। मैं बहुत बेचैन हो गया और तभी सुरक्षा का जिम्मा अपने हाथ में ले लिया। प्रारंभ में मैं किसी दूसरे के दृष्टिकोण को समझना ही नहीं चाहता था। जब भी किसी को आग जलाते देखता था, तो दु:खी हो जाता। पार्क को बचाने के चक्कर में कभी मैं बहुत उतावला हो जाता। मैं घोड़े पर चढ़कर उन युवाओं के पास जाता और कहता था कि यदि एक मिनट के अंदर ही उन्होंने आग नहीं बुझाई तो पुलिस को सूचित कर दूँगा, जुर्माना भी भरना पड़ेगा। मैं दूसरे का नजरिया समझे बिना, अपने दिल का गुबार निकालना प्रारंभ कर देता था।

परिणाम? उस समय तो पुलिस के डर से वे मेरी बात मान लेते, लेकिन अंदर से बहुत चिढ़ जाते। शायद मेरे चले जाने पर दोबारा भी आग जला लेते हो कि अच्छा है, सारे जंगल में आग लग जाये।

कई साल गुजर जाने के बाद मुझे मानवीय संबंधों कार ज्ञान हुआ तथा मैंने सामने वाले के दृष्टिकोण से चीजों को देखने की कला समझी और मैंने कूटनीति पूर्वक व्यवहार करना शुरू कर दिया। आदेश देने के बजाय मैं इस प्रकार कहता था-

'वाह, क्या बात है! खूब मजे में रहो, मेरे प्यारे बच्चों! क्या बनाया है आज खाने में, क्या बन रहा है? जब मैं तुम्हारे जितना था। मुझे भी आग जलाना पसंद था। सच कहूँ मुझे आज भी बहुत अच्छा लगता है, जंगल में आग जलाकर खाना बनाना, लेकिन आप शायद नहीं जानते कि पार्क में आग जलाना बहुत खतरनाक होता है। आप समझदार हैं, लेकिन सभी बच्चे आपकी तरह नहीं होते। वे आग जलाते हैं, खाना बनाते हैं, मौज-मस्ती करते हैं, लेकिन जाते समय आग को बुझाना भूल जाते हैं। यही आग सूखी पत्तियों से होती हुई बड़े-बड़े पेड़ों तक पहुँच जाती है। जंगल में आग जलाना कानूनी अपराध है। इसके लिए आपको सजा भी हो सकती है। मैं आपको आदेश नहीं दे रहा हूँ न ही आपके आनंद में बाधा डालना चाहता हूँ। बेहतर यही होगा कि आप पिकनिक मनाए और जाते समय आग बुझाकर उसके ऊपर धूल डाल दें। अगली बार भी आप आग जलाओ, तो पहाड़ी पर बने सैंडविच में ही आग जलाना। इससे कोई भी नुकसान नहीं होगा। अच्छा बॉय बच्चों, सुनने के लिए शुक्रिया !'

सोचिए, बात दोनों बार एक थी, लेकिन उस बात को कहने की शैली में जमीन-आसमान का अंतर था। इस तरह से बच्चों में सहयोग की भावना पैदा होती वे मुझसे चिढ़ते भी नहीं थे। उन्हें किसी आदेश को मानने के लिए बाध्य नहीं किया गया। उन्हें जंगल को बचाने की सीख दी।

हम जब सामने वाले के नजरिये से चीजों का अवलोकन करते हैं, तो हमारी व्यक्तिगत .समस्याएँ तथा तनाव बहुत कम हो जाते हैं। एक बार न्यू साउथ वेल्स आस्ट्रेलिया की एलिजाबेथ नोवाक अपनी कार की किस्त जमा कराने में छह हफ्ते लेट हो गयीं।

उन्होंने हमें बताया, 'शुक्रवार को अकाउंटेंट ने फोन किया तथा कहा कि यदि सोमवार तक मैंने 122 डॉलर जमा नहीं किये, तो कंपनी कानूनी कार्यवाही करने पर मजबूर हो जायेगी, लेकिन सोमवार तक पैसों का बंदोबस्त नहीं हो सका। जब सोमवार को दोबारा उस अकाउंटेंट का फोन आया, तो मैं बुरे परिणाम के बारे में सोचने लगी। मैं विचलित नहीं हुई, बल्कि उसके दृष्टिकोण से समस्या को देखा। मैंने असुविधा के लिए माफी माँगी। यह भी कहा कि शायद मेरी वजह से उन्हें ज्यादा कष्ट उठाना पड़ता है, क्योंकि पेटेंट करने में हमेशा लेट हो जाती हूँ। यह सुनना था कि उसकी आवाज की टोन एकदम बदल गयी। उसने मुझसे कहा कि ऐसी बात नहीं है, कई लोग तो इससे भी ज्यादा देर से पेटेंट करते हैं और बदतमीज़ी पर भी उतर आते हैं, झूठ बोलते हैं तथा सौ तरह के बहाने बनाते हैं। मैं कुछ भी नहीं बोली, उसे उसकी समस्याओं के बारे में बताने का पूरा मौका दिया। उसने यह भी कहा कि यदि मैं तुरंत पूरा पैसा न दे सकूँ तो कोई परेशानी नहीं। बस इस महीने के अंत तक 20 डॉलर जमा कर दूँ और बाकी अपनी सुविधानुसार जमा करा दूँ।

आगे से जब आपको किसी को आग जलाने से रोकना हो, कोई सामान खरीदना हो या किसी चैरिटी में पैसा जमा कराना हो, तो थोड़ी देर ठहरें! कुछ क्षणों के लिए आँखें मूँदकर सामने वाले के नजरिये को समझने की कोशिश करें? खुद से प्रश्न करें, 'सामने वाला यह काम क्यों करना चाहता है?' इसमें समय तो बर्बाद होगा, लेकिन परिणाम सुखद आएंगे। आपके दुश्मनों की संख्या नहीं बढ़ेगी, तनाव बहुत कम हो जायेगा तथा काम भी इच्छानुसार ही हो जायेगा।

हारवर्ड बिजनेस स्कूल के डीन डानहैम का कथन है, 'मैं किसी मीटिंग में जाने से पहले किसी व्यक्ति के ऑफिस के सामने वाले पैदल-पथ पर दो-तीन घंटे घूमना पसंद करूँगा, लेकिन मैं बिना इस बात को सोचे-समझे प्रवेश नहीं करूँगा कि अंदर जाकर मुझे क्या कहना है तथा उसकी रुचियों, उपलब्धियों तथा उसके लक्ष्यों के बारे में मेरी जानकारी के अनुसार सामने वाले का क्या जवाब होगा।' ये शब्द इतने महत्त्वपूर्ण हैं कि बार-बार दोहराए जाने चाहिए।

अब यदि इस पूरी किताब से आप केवल एक ही महत्त्वपूर्ण सबक ले लें कि हमेशा अपने दृष्टिकोण के साथ-साथ सामने वाले के दृष्टिकोण से सोचना तथा देखना है, तो यह आपके केरियर में काफी उन्नति कर सकती है।

## सिद्धांत- 8

## पूरी ईमानदारी से समाने वाले इंसान का दृष्टिकोण समझने की कोशिश करें।

# 9

# मनुष्य क्या चाहता है?

क्या आपको भी ऐसे करिश्माई वाक्य की खोज है, जो बहस को समाप्त कर दे, सद्भावना तथा मैत्री कायम कर दे तथा सामने वाले को आपकी बात ध्यान से सुनने के लिए मजबूर कर दे।

बिलकुल, यह रहा वह करिश्माई वाक्य, 'मैं आपको बिल्कुल दोष नहीं देना चाहता। यदि आपकी जगह मैं होता, तो निःसंदेह ऐसे ही सोचता तथा ऐसे ही करता।'

इस प्रकार के शब्दों से कठोर दिल वाला आलोचक भी मोम की तरह पिघल जायेगा। जब आप ऐसा कहते हैं, तो एकदम सही कहते हैं। अल केपोन का ही उदाहरण लें। यदि आपके पास उसके जैसा शरीर, दिमाग तथा स्वभाव होता, वैसा ही वातावरण मिलता, वैसे ही अनुभव मिलते, तो निश्चित रूप से वैसे ही हो, जैसा वह था। इन्हीं सब बातों के कारण ही तो वह अल केपोन बन गया था। एक और उदाहरण, यदि आप साँप या मगरमच्छ नहीं हैं, तो इसका मुख्य कारण केवल इतना-सा है कि आपके माता-पिता साँप या मगरमच्छ नहीं थे। इंसान थे, तो आपको भी इंसान बनना था।

आप जो कुछ भी हैं, उसका श्रेय आपको न के बराबर जाता है। लोग असभ्य, चिड़चिड़े, अतार्किक होते हैं, इसमें भी उनका दोष बहुत कम होता है। हमें उन दुर्भाग्यशाली व्यक्तियों के प्रति सहानुभूति रखना चाहिए। स्वयं से कहिए, 'ईश्वर का लाख-लाख शुक्र है कि मैं उसकी जगह पर नहीं हूँ।'

जितने लोगों से आपका सामना होता है, उनमें से ज्यादातर तो सहानुभूति, प्रेम, सराहना आदि के भूखे हैं।

एक बार मैंने 'लिटिल विमेन' की लेखिका लुइसा मे अलकीट पर एक रेडियो वार्ता प्रस्तुत की। मुझे मालूम था कि वे मैसेच्यूट्स के कनोई में रहा करती थी। वहीं रहकर उन्होंने अपना लेखन किया था, लेकिन बिना सोचे-समझे मैंने कह दिया कि मैं उनसे न्यू हैम्पशायर के कोन्कोर्ड में मिला था। यह गलती मैंने दो तीन बार की। इसके बाद मेरे पास ढेरों पत्र तथा टेलीग्राम आदि आ गये, जिनमें मेरी गलती के लिए बहुत बुरा-भला कहा गया था। कॉलोनियल डेम, जो कोन्कोर्ड में ही बड़ी हुई थी और अब फिलाडेल्फिया में रह रहती थी, उसने मुझ पर गुस्से के सारे तीर छोड़ दिये। यदि मैंने यह कहा होता कि मिस अलकीट न्यू गिनी की नरभक्षी है, तो भी इससे ज्यादा मेरा अपमान नहीं कर सकती थी। उसका पत्र पढ़ने के बाद मैंने ईश्वर को धन्यवाद दिया तथा कहा, ''मैं बहुत खुशकिस्मत हूँ कि मेरी शादी उससे नहीं हुई। 'मेरा दिल चाह रहा था कि मैं उसे बता दूँ कि मैंने केवल भूगोल संबंधी भूल की है, लेकिन उसकी भूल मुझसे कहीं ज्यादा बड़ी थी। उसे तो मानवीय संबंधों की जरा-सी भी समझ नहीं थी, लेकिन मैंने ऐसा नहीं किया। खुद पर नियंत्रण रखा। अनुभव किया कि कोई भी मूर्ख ऐसा कर सकता है। अधिकतर मूर्ख यही तो करते हैं, एक-दूसरे पर कीचड़ उछालते रहते हैं।

मुझे मूर्खों की श्रेणी से ऊपर उठना था। इसीलिए उसकी दुश्मनी को दोस्ती में परिवर्तित करने का निश्चय किया। यह मेरे लिए चुनौती भरा खेल था। मैंने स्वयं से कहा, 'उसकी जैसी परिस्थितियों में शायद मैंने भी ऐसा ही पत्र लिखा होता।' मैंने उसके नजरिये के प्रति सहानुभूतिपूर्ण दृष्टिकोण अपनाया। अगली बार जब फिलाडेल्फिया गया, तो उसे फोन किया और फिर हमारी बातचीत इस प्रकार हुई-

मैं बोला, श्रीमती डेम, कुछ हफ्ते पहले आपने मुझे एक पत्र लिखा था, उसके लिए मैं धन्यवाद देना चाहता हूँ।

वह बोली- (शालीनता पूर्ण लहजे में) आप कौन बोल रहे हैं? मैं बोला-आपके लिए मैं अजनबी हूँ। मेरा पूरा नाम डेल कारनेगी है। कुछ समय पूर्व आपने लुईसा मे अल्कॉट पर मेरी रेडियो वार्ता सुनी थी। मुझसे एक भूल हो गई थी कि लुईसा मे अस्कॉट हैंपशायर के कोन्कोर्ड में रहती थी। वाकई में यह मूर्खतापूर्ण गलती थी। इसीलिए मैं दिल से माफी माँगना चाहता हूँ। मैं शुक्रगुजार हूँ कि आपने मेरी गलती बताने के लिए समय निकाला। वह बोली-मि. कारनेगी, इतना कड़क पत्र लिखने के लिए बहुत शर्मिंदा हूँ। मैं खुद आपसे क्षमा चाहती हूँ। सही में मैं कुछ ज्यादा ही आपा खो बैठी थी।

मैं बोला-अरे नहीं, आप क्या कह रही हैं? माफी तो मुझे माँगना चाहिये। किसी स्कूली बच्चे को भी इतना ज्ञान जरूर होगा। हालाँकि उस वार्ता के अगले रविवार को मैंने रेडियो पर माफी माँग ली थी, लेकिन मैं व्यक्तिगत रूप से आपसे माफी माँगना चाहता हूँ इसीलिए आपको फोन किया।

वह बोली-मेरा जन्म मैसेच्यूट्स के कोन्कोर्ड में हुआ था। मेरा परिवार करीब दो सदियों से वहाँ का महत्त्वपूर्ण परिवार रहा है और इसीलिए अपनी जन्मभूमि पर बहुत गर्व है। यही कारण था कि सुनकर इतनी परेशान हो गयी कि मिस अल्कॉट हैम्पशायर में रहती थी, लेकिन अब मैं अपने लिखे पत्र पर बेहद एवं शर्मिंदा हूँ।

मैं बोला-लेकिन जितनी शर्मिंदा आप हैं, उससे कहीं ज्यादा मैं हूँ। मेरी वजह से मैसेच्युट्स को उतनी चोट नहीं पहुँची, जितनी मुझे आप जैसे सुसंस्कृत लोग जब रेडियो पर बोलने वालों को पत्र लिखने का समय निकालते हैं, तो हम जैसे लोग धन्य हो जाते हैं, मैं आशा करता हूँ कि भविष्य में भी आप मेरी गलतियों से अवगत कराने का कष्ट करेंगी।

वह बोली-जिस प्रकार से आपने अपनी आलोचना को स्वीकार किया है, मैं खुद को धन्य मान रही हूँ कि आप जैसे व्यक्ति से बात करने का मौका मिला, मेरी दिली ख्वाहिश है कि एक बार आप जैसे भले इंसान से मिल सकूँ।

मैंने उस महिला के नजरिये के प्रति सहानुभूति प्रकट की थी तथा माफी मांगी थी, इसलिए उसने भी मेरे नजरिये के प्रति सहानुभूति दिखाते हुए मुझसे माफी माँग ली। मैंने क्रोध पर काबू रखकर संतोष पाया तथा साथ ही अपमान के बदले दया दिखाने का सुख भी पा लिया। उसे श्यूल्किल नदी में कूदने का सुझाव देने के स्थान पर मुझे अपना प्रशंसक बनाने में अधिक आनंद की अनुभूति हुई।

व्हाइट हाउस में रहने वाले प्रत्येक प्रेसीडेंट के सामने मानवीय संबंधों को समझने की दुखदायी समस्याएं हर दिन आती हैं। प्रेसिडेंट टैफ्ट के सामने भी ऐसी ही समस्याएँ कई बार आई थीं।

अनुभवों ने उन्हें सिखा दिया था कि कटु भावनाओं को सहानुभूति से बेअसर किया जा सकता है। पुस्तक में टैफ्ट कहते हैं कि किस प्रकार उन्होंने एक निराश तथा महत्त्वाकांक्षी माँ के गुस्से को शान्त किया।

टैफ्ट बताते हैं, 'वाशिंगटन की एक महिला मेरे पास आयी और छह सप्ताह तक लगातार मुझसे कहती रही कि मैं उसके बेटे को एक महत्त्वपूर्ण पद पर नियुक्त कर लूँ। शायद उसके पति की कुछ राजनीतिक जान-पहचान भी थी, इसी वजह से उसने कई सीनेटर्स तथा संसद सदस्यों की मदद ली थी, उसने यह बात भी निश्चित कर ली थी कि वे सब उसी के समर्थन में बोलें, लेकिन मैंने किसी और व्यक्ति को इस पद पर रख लिया था, क्योंकि इस पद के लिए तकनीकी योग्यता की बहुत आवश्यकता थी। मैंने ब्यूरो प्रमुख की अनुशंसा का पालन किया था। उसके बाद उस माँ ने एक पत्र लिखा, जिसमें कहा कि मैं बहुत कृतघ्न हूँ। मैंने उसकी खुशियाँ छीन ली हैं। यह भी शिकायत की कि उसने अपने स्टेट डेलीगेशन के साथ मेहनत करके एक प्रशासनिक विधेयक के लिए सारे वोट जुटा लिये थे, जिसमें मेरी बहुत दिलचस्पी थी और बदले में मैंने उसे यह पुरस्कार दिया। उसने मुझे बहुत उलाहने दिए।

'जैसे ही आप इस तरह का कोई पत्र प्राप्त करते हैं, तो सबसे पहले आपके मन में यही बात आती है कि आप ऐसे व्यक्ति के साथ कैसा व्यवहार करेंगे, जो आपके साथ बदतमीज़ी से पेश आया हो। तुरंत आप कागज-कलम लेकर जवाब लिखने बैठ जाते हैं, लेकिन आप समझदार हैं, तो उस पत्र को आलमारी में रखकर ताला लगा देते हैं, फिर जब दो-चार दिन बाद आप दोबारा उस पत्र को पढ़ते हैं, तब तक सारे गुस्से पर काबू पा चुके होते हैं। समझदार तथा व्यवहार-कुशल व्यक्ति ऐसा ही करता है। मैंने भी यही रास्ता अपनाया। मैंने एक विनम्रतापूर्ण पत्र लिखा। कि मैं समझता हूँ कि माँ होने के नाते आपके दिल पर क्या गुजरी होगी, लेकिन इस नियुक्ति में मेरी व्यक्तिगत भावनाओं के लिए कोई स्थान नहीं था। मैंने आशा व्यक्त की कि उसका पुत्र वर्तमान पद भी ऊँची उपलब्धियाँ हासिल करेगा। उस महिला का गुस्सा शांत हो गया और उसने एक और पत्र लिखकर मुझसे माफी माँगी।

'लेकिन जो नियुक्ति मैंने की थी, संसद की मंजूरी मिलने में उसे कुछ समय लग गया। मुझे एक और पत्र मिला, जिसे उसके पति के नाम से लिखा गया था। उसकी लिखाई महिला द्वारा लिखे पत्रों जैसी थी। इस पत्र में मुझे यह जानकारी दी गयी थी कि वह महिला इतनी निराश हो गयी थी कि बुरी तरह बीमार पड़ गयी। उसने बिस्तर पकड़ लिया था और उसे आमाशय का कैंसर हो गया। क्या मैं अपने द्वारा सुझाये गये पहले नाम को वापस लेकर उसके बेटे को नियुक्ति देकर महिला को स्वस्थ नहीं करना चाहेंगे? मैंने एक और पत्र लिखा। इस बार यह पत्र उसके पति को लिखा कि शायद टेस्ट के बाद उसका कैंसर गलत साबित हो जाये। मैंने सहानुभूति व्यक्त करते हुए लिखा कि दिल से भगवान से प्रार्थना करूंगा कि आपकी पत्नी को शीघ्र ठीक कर दें, लेकिन मैं अपने सुझाये गये नाम को वापस नहीं ले सकता। मेरे सुझाये नाम को संसद में मंजूरी मिल गयी। पत्र मिलने के दो दिन बाद हमने व्हाइट हाउस में एक संगीत समारोह रखा। सबसे पहले मुझे तथा मिसेज टैफ्टू को जिसने बधाई दी, वह वही पति-पत्नी थे। हालाँकि यह महिला हाल ही में गंभीर रूप से बीमार बिस्तर में पड़ी थी।'

जिम मैग्नम ओक्लाहामा के टुलसा में लिस्ट मेंटिनेंस कंपनी के प्रतिनिधि थे। उनके पास टुलसा के एक बड़े होटल में लिफ्ट के मेंटिनेंस का कान्ट्रैन्ट था। मैनेजर नहीं चाहता था कि होटल की

लिस्ट दो घंटे से अधिक बंद न हो, क्योंकि इससे ग्राहकों को परेशानी हो सकती थी। लिस्ट की मरम्मत में आठ घंटे का समय जरूर लगता। मेंटेनेंस कंपनी में विशेष प्रशिक्षित व्यक्ति हमेशा होटल की सुविधानुसार उपलब्ध नहीं रहता था।

मि. मैग्नम ने एक कुशल मेकेनिक को तैयार कर लिया, उन्होंने होटल मैनेजर को फोन किया एवं उससे इच्छानुसार समय के लिए बहस के स्थान पर ये बातें कीं-

'रिक, मुझे मालूम है कि आपका होटल हमेशा व्यस्त रहता है। आप नहीं चाहते कि लिफ्ट बंद होने आपके ग्राहकों को परेशानी का सामना करना पड़े। हम आपकी परेशानी समझते हैं, लेकिन यदि लिफ्ट अभी ठीक नहीं करायी गयी, तो बाद में इसकी मरम्मत में और अधिक समय लग सकता है। आप यह बिल्कुल नहीं चाहोगे कि आपके ग्राहकों को कई दिनों तक असुविधा का सामना करना पड़े।' मैनेजर समझ गया कि कई दिनों की असुविधा से कुछ घंटों की परेशानी ठीक है। ग्राहकों को खुश रखने की मैनेजर की इच्छा के साथ सहानुभूति जताकर मि. मैग्नम ने होटल के मैनेजर से बिना किसी कटुता के बात मनवा ली।

मिसूरी के सेंट लुई में पियानो टीचर जॉयस नॉरिस ने मुझे अपना अनुभव बताया कि किस प्रकार किशोरियों की समस्याओं को सुलझाया। उनकी कक्षा में एक बैबेट नाम की लड़की थी। उसके नाखून कुछ ज्यादा लंबे थे। पियानो बजाने का उचित प्रशिक्षण लेने में लंबे नाखून बड़ी बाधा साबित होते हैं।

मिसेज नॉरिस ने बताया, ''मुझे पता था कि लंबे नाखून अच्छे पियानो-वादक के सबसे बड़े दुश्मन होते हैं और वह लड़की कुशल पियानो वादक बनना चाहती थी। पहले मैंने उसके नाखूनों के विषय में कोई बात नहीं की। मुझे पता था कि वह किसी हालत में नाखून काटना नहीं चाहेगी। उसने अपने नाखूनों को बड़े जतन से बढ़ाया था।

मुझे लगा कि अब चर्चा करने का सही समय आ गया है। इसलिए उससे कहा, बैबेट, तुम्हारे हाथ बहुत सुंदर है और नाखून सबसे ज्यादा आकर्षक हैं, लेकिन यदि नाखून थोड़े छोटे हों, तो तुम ज्यादा अच्छी तरह पियानो बजा पाओगी। इस बारे में जरूर सोचना।' उसके चेहरे से निराशा साफ झलक रही थी। नाखूनों के बारे में उसकी माँ से भी बातें की। वहाँ भी नकारात्मक प्रतिक्रिया का सामना करना पड़ा। साफ बात थी कि बेबट के खूबसूरत लंबे नाखून उसके लिये बहुत महत्त्व रखते थे, जैसे उसकी अनमोल संपत्ति हों।

'अगले हफ्ते बेबेट दूसरे सबक के लिए आयी, तो यह देखकर चकित रह गयी कि उसने अपने नाखून छोटे कर लिए थे। मैंने उसकी सराहना की कि वाकई इतनी प्यारी चीज को कटवाकर उसने बहुत त्याग किया है। मैंने उसकी माँ को भी बेटी को प्रेरित करने के लिये धन्यवाद दिया। माँ का जवाब था, 'अरे, नहीं, ये तो बेबेट ने अपनी मर्जी से काटे हैं और ऐसा पहली बार है, जब उसने किसी के कहने पर नाखून छोटे किये हैं।'

मिसेज नॉरिस ने बैबेट को न धमकाया और न यह कहा कि वह लंबे नाखूनों वाली विद्यार्थी को पियानों नहीं सिखा सकती। उन्होंने बैबेट को यही बताया था कि उसके नाखून बहुत सुंदर हैं। उन्हें काटकर उसने बहुत बड़े त्याग का परिचय दिया है।

सॉल हुरांक अमेरिका के पहले दर्जे के इम्प्रेसेरियो थे। लगभग आधी सदी तक उनका वास्ता ऐसे कलाकारों से रहा, जिनमें चालियापिन, इजाडोरा डंकन तथा पाप्लोवा जैसे मशहूर कलाकार

शामिल थे। इन सनकी सितारों से व्यवहार करने की जो पहली चीज लीक ने सीखी, वह यह थी कि उनके साथ सहानुभूतिपूर्ण रवैया अपनाया जाये।

तीन सालों तक वे फ्योदोर चालियापिन के इम्प्रेसेरियो थे, जिन्होंने अपनी संगीत प्रतिभा से सारी दुनिया को रोमांचित कर दिया था, लेकिन चालियापिन बिगड़े बच्चे की तरह व्यवहार करते थे। यह बड़ी समस्या थी। मि. हूराक के अनुसार, 'वे किसी तूफान से कम नहीं थे।'

उदाहरणतया, चालियापिन मि. हूराक को संगीत कार्यक्रम के दिन दोपहर को बुलाकर कहने लगते 'सील, मेरी तबियत खराब है और गला कच्चे हैमबर्गर की तरह हो गया है। मुझे नहीं लगता कि आज रात के कार्यक्रम मैं गाना गा पाऊँगा।' लेकिन क्या मि. हूरॉक उनसे बहस करते ? मतलब ही नहीं। वे जानते थे, मैनेजर को अपने कलाकार के साथ कैसा व्यवहार करना चाहिए। वे चालियापिन के होटल पहुँचे थे और सहानुभूति भरे लहजे में अफसोस जताते हुए कहा, 'बड़े दु:ख की बात है कि रात को आप गा नहीं पायेंगे। मैं तुरंत इस कार्यक्रम को रद कर देता हूँ। आपको दो हजार डॉलर का नुकसान जरूर होगा, लेकिन आपकी प्रतिष्ठा बची रहेगी।'

चालियापिन आह भरते हुए कहा- 'देखो, शाम तक रुक जाओ। पाँच, साढ़े पाँच बजे के करीब आ जाना। हो सकता है, मेरी हालत में कुछ सुधार आ जाये। 'फिर वह महान गायक गाने के लिए इस शर्त पर तैयार हो गया कि मि. हूरॉक मंच पर घोषणा कर दें कि चालियापिन को जुकाम हो रहा है और उनका गला भी ठीक नहीं है। मि. हूरॉक भी उनकी हाँ-में-हाँ मिला देते, क्योंकि जानते थे कि इस सनकी गायक को नये तरीके आजमाकर ही गाने के लिए राजी किया जा सकता है।

अपनी शानदार पुस्तक 'एजुकेशनल साइक्लाजी' में डी. आर्थर आई, गेट्स ने लिखा है- 'पूरी मनुष्य जाति सहानुभूति की भूखी है। बच्चा अपनी चोट कई बार दिखाता है और कभी जबरदस्ती चोट मार लेता है, जिससे दूसरों की सहानुभूति बटोर सके। वयस्क भी अपनी चोटें दिखाते हैं, दुर्घटनाओं के किस्से सबको सुनाते हैं, अपनी बीमारी का दर्द सबको बताते हैं, अपने काल्पनिक तथा वास्तविक कष्टों के लिए 'आत्म-दया' दिखाना काफी हद तक पूरी मानव-जाति के स्वभाव में है।' यदि आप अपनी बात मनवाना चाहते हैं, तो इस नुस्खे पर जरूर अमल करें।

## सिद्धान्त- 9

## सामने वाले व्यक्ति के विचारों तथा इच्छाओं के बारे में सहानुभूति जरूर दर्शायें।

# 10

# वह जो हर व्यक्ति पसंद करता है

मैं मिसूरी में जेसी जेम्स के इलाके में बड़ा हुआ था। मिसूरी के कियने में जेम्स के फॉर्म गया, जहाँ जेसी जेम्स का पुत्र रहता था।

उसकी पत्नी ने कई घटनायें बतायीं कि किस प्रकार जेसी रेलगाड़ियों तथा बैंकों को लूटकर पैसों को गरीबों में बाँट देता था, ताकि गिरवी रखी चीजों को छुड़ा सकें।

जेसी जेम्स स्वयं को उसी प्रकार परोपकारी समझता था, जैसे डच शुल्टज, 'दुनाली बंदूक' क्राले या फिर अल केपोन या दूसरे कई 'गॉडफादर' खुद को समझते हैं। यही सत्य है कि हर इंसान खुद को सबसे अच्छा, ईमानदार तथा नि:स्वार्थ समझता है।

जे. पियरपोंट मॉरगन ने एक बार कहा था कि हर काम को करने के पीछे इंसान के पास दो कारण अवश्य होते हैं। पहला वास्तविकता के करीब होता है तथा दूसरा कहने-सुनने में बड़ा रोचक लगता है।

यह बताने की कोई आवश्यकता नहीं कि हर व्यक्ति वास्तविक कारण जरूर जानता है, लेकिन हम सभी दिल से आदर्शवादी होते हैं, इसीलिए उन कारणों के विषय में सोचना पसंद करते हैं, जो सुनने में अच्छे लगते हैं। इसीलिए आपको आदर्शवादी कारणों का सहारा लेकर लोगों को बदलने की कोशिश करना चाहिए।

यह आदर्शवादी तरीका बिजनेस में बहुत काम का साबित होता है। इसको साबित करने के लिए हम ग्लेनोल्डन, पेनसिल्वेनिया में फैरेल-मिशेल कंपनी के हैमिल्टन जे. फैरेल का उदाहरण लेते है। फैरेल के एक नकचढ़े किरायेदार ने उन्हें घर खाली करके चले जाने की धमकी दे दी। वैसे समझौते के मुताबिक उसे चार महीनों तक वहीं पर रहना था, लेकिन फिर भी उसने नोटिस लगा दिया कि वह घर तुरंत खाली करना चाहता था।

फैरेल ने आगे बताया, 'ये लोग मकान में सर्दियाँ गुजार चुके थे और इसी समय में मकान महंगे होते हैं। कोई नया किरायेदार दूसरी सर्दियों से पहले नहीं मिलने वाला। मुझे साफ नुकसान दिखायी दे रहा था। मैं पागल-सा महसूस कर रहा था।'

'वैसे मैं भी उसके पास जाकर उसे भला-बुरा कह सकता था और बता सकता था कि यदि उसने समझौता तोड़ा, तो कानून की शरण में जायेगा, लेकिन जानता था कि गुस्से में आकर विवाद उठाने से कोई फायदा नहीं, इसलिए मैंने दूसरी तकनीक अपनाई। मैं उससे बोला, 'मिस्टर मैं वर्षों से मकान किराये पर देता आ रहा हूँ इसीलिए मुझे मानव-स्वभाव का काफी ज्ञान है। आप जब पहली बार आए थे, तो आपको देखते ही समझ गया था कि अपनी जुबान के बहुत पक्के हैं। मुझे अब भी यही लगता है, इसलिए मैं एक प्रस्ताव आपके समक्ष रखना चाहता हूँ।'

'यह है प्रस्ताव। इस पर कुछ दिन विचार करने के बाद जवाब देना। यदि पहली तारीख तक आप कहेंगे कि अभी भी मकान खाली करना चाहते हैं, तो आपके निर्णय को अन्तिम मान लूँगा। मैं मान लूँगा कि आपके बारे में मेरी सोच गलत थी, लेकिन मुझे अभी भी विश्वास है कि आप अपना वायदा निभायेंगे। हर इन्सान या तो आदमी होता है या फिर बंदर और हम क्या हैं, यह चुनना हमारे अपने हाथों में होता है।'

'दूसरे महीने उस किरायेदार ने आकर मेरा किराया चुकता कर दिया। कहने लगा कि उसकी पत्नी तथा वह इसी निष्कर्ष पर पहुँचे हैं कि अपने आत्म-सम्मान की रक्षा हेतु हमें अपना वायदा निभाना चाहिए।'

एक बार लॉर्ड नॉर्थक्लिफ चाहते थे कि उनकी एक तस्वीर अखबार में न छपे। इसके लिए उन्होंने संपादक को एक पत्र लिखा- 'कृपया मेरी वह तस्वीर मत छापना, क्योंकि वह तस्वीर मेरी माँ को बिल्कुल भी अच्छी नहीं लगती।' अगर वे साफ लिख देते कि वह तस्वीर मत छापे, क्योंकि मुझे पसंद नहीं है, तो क्या वह संपादक उनकी बात मानता ? शायद नहीं ? लेकिन उन्होंने आदर्शवादी व्यक्ति की भाँति मातृ-प्रेम तथा सम्मान की भावना का सहारा लिया था।

जॉन डी. रॉकफेलर, जूनियर चाहते थे कि अखबार वाले उनके बच्चों की तस्वीरें न लें। उन्होंने साफ तौर पर नहीं कहा कि अपने बच्चों की तस्वीरें छपवाना अच्छा नहीं लगता, बल्कि उन्होंने कहा, 'आपके भी बच्चे होंगे और आप अच्छी तरह जानते हैं कि बच्चों को कम उम्र में इतना प्रचार मिलना उनके भविष्य के लिए दुखदायी होता है।'

मैन के निर्धन लड़के साइरस एच. के कर्टिस अपने कैरियर के शुरू में लेखकों को उतनी राशि नहीं दे पाते थे, जितनी दूसरे प्रतिद्वंद्वी दे सकते थे। वे केवल पैसों के लिए प्रसिद्ध लेखकों के लेख नहीं लिखवा सकते थे, इसलिए उन्होंने आदर्शवादी कारणों का सहारा लिया। उदाहरण के लिए 'लिटिल विमेन' की लेखिका अल्लट को भी समाचार-पत्र में लिखने के लिए राजी कर लिया उस समय अल्कॉट अपनी प्रसिद्धि के उच्चतम शिखर पर थी। इसके लिए उन्होंने सौ डॉलर का चेक उनके नहीं, बल्कि उनकी पसंदीदी चैरिटी के नाम पर दिया था।

कोई भी शक्की आदमी यहाँ यह कहेगा, 'ये बातें नॉर्थक्लिफ तथा रॉकफेलर जैसे भावुक उपन्यासकारों के लिए सही हो सकती हैं, लेकिन मैं तो यह देखना चाहूँगा कि क्या ये बातें कठोर दिल वाले लोगों पर भी सही साबित होंगी, जिनसे मुझे बहुत सारा पैसा वसूलना है। '

आपकी बात सही है। कोई भी सिद्धांत सभी पर एक समान काम नहीं करता। यदि आप उन परिणामों से पूर्णतया संतुष्ट हैं, जो आपको मिल रहे हैं, बदलना क्यों चाहते हैं ? यदि संतुष्ट नहीं हैं, तो प्रयोग करके देखने में क्या हर्ज है।

इसके लिए आपको मेरे एक पूर्व विद्यार्थी जेम्स एल. थॉमस की यह सच्ची कहानी को पढ़ने में बहुत मजा आयेगा-

एक ऑटोमोबाइल कंपनी के छह ग्राहकों ने सर्विसिंग बिल अदा करने से इंकार कर दिया। सभी को कोई-न-कोई परेशानी थी, लेकिन बिल-कार्ड पर ग्राहक के हस्ताक्षर होने के कारण कंपनी को मालूम था कि उनका दावा सही है। कंपनी ने पहली गलती यही कि कि उन्होंने यही बात ग्राहकों को पत्र में लिखकर भिजवा दी।

क्या आपको लगता है कि क्रेडिट डिपार्टमेंट के आदमियों द्वारा वसूली के लिए उठाये गये कदम सही थे?

1. कंपनी के एजेंट ने हर ग्राहक के घर जाकर साफ कह दिया कि वे बिल वसूली के लिये आये हैं, जिसका भुगतान उन्होंने लंबे समय से नहीं किया है।
2. उन्होंने स्पष्ट कर दिया कि ग्राहक गलत थे और कंपनी पूरी तरह सही थी।
3. यह भी बता दिया कि ऑटोमोबाइल की जितनी समझ कंपनी के कर्मचारियों को है, उतनी ग्राहकों को नहीं है, इसीलिये ग्राहकों को बहस में नहीं पड़ना चाहिए।
4. परिणामस्वरूप, बहस घंटों खिंचती रही।

क्या आपको लगता है कि कोई ग्राहक बिल चुकाने लिए मान गया होगा? इसका जवाब खुद से पूछकर देखिये कि इस स्थिति में आप क्या करते? ऐसी स्थिति में क्रेडिट मैनेजर कानूनी कार्यवाही का मन बना चुका था, तभी यह मामला जनरल मैनेजर की नजर में आ गया। मैनेजर ने ग्राहकों की पूरी जाँच की और इससे यह पता चला कि आमतौर पर ग्राहक तुरंत पैसों का भुगतान कर देते थे, इसलिये इस बात की संभावना थी कि वसूली के तरीके में ही कहीं कोई परेशानी थी। उस जनरल मैनेजर ने जेम्स एल. थॉमस को बुलाकर बिलों की वसूली की जिम्मेदारी सौंपी।

**मि. थॉमस द्वारा उठाये कदमों के विषय में उन्हीं की जुबानी सुनिये-**

1. हर ग्राहक के पास मैं एक पुराना बिल वसूलने गया था, एक ऐसा बिल, जिसके बारे में मालूम था कि हम पूर्णतया सही हैं, लेकिन फिर भी मैंने इस बारे में एक शब्द नहीं कहा। उनसे बस, यही कहा कि मैं यहाँ केवल यह जानने आया हूँ कि कंपनी ने उनके लिए कुछ किया है या नहीं।
2. मैंने यह भी स्पष्ट कर दिया कि मैं ग्राहक की पूरी बात सुनकर ही अपनी कोई राय बनाता हूँ। यह भी कहा कि कंपनी भी कभी गलत हो सकती है।
3. मैंने उसे बताया कि मेरी दिलचस्पी केवल उसकी कार में थी। अपनी कार के बारे में वह जितना जानता है, उतना कोई और नहीं जानता। अपनी कार का वह सबसे बड़ा विशेषज्ञ है।
4. फिर वह बोलता रहा। मैं उसकी बात दिलचस्पी से सुनता रहा। वह यही चाहता था।
5. अन्त में माहौल दोस्ताना हो गया, तब मैंने मामले को उसके विवेक तथा अंतरात्मा की आवाज पर छोड़ दिया। मैं बोला, 'सबसे पहले मैं आपको बताना चाहता हूँ कि इस मामले को कंपनी ने ठीक प्रकार से नहीं सँभाला। इसीलिए परेशानियों का सामना करना पड़ा। इसका मुझे खेद है और आपसे क्षमा चाहता हूँ। आपसे बातचीत करके मैं समझ गया हूँ कि आपमें बहुत धीरज है, इसलिए मैं आपसे एक मदद चाहता हूँ। यह काम जितनी अच्छी तरह आप कर सकते हैं, दूसरा कोई नहीं कर सकता। यह आपका बिल है और यह मैं आप पर छोड़ता हूँ कि आप कितना -भुगतान करना चाहेंगे। आपका फैसला हमें मान्य होगा।

ऐसा हो नहीं सकता था कि ग्राहकों ने बिल का भुगतान न किया हो। उन्होंने बिल का भुगतान किया तथा रोमांचित भी हो गये। राशि 150 डॉलर से 400 डॉलर के बीच थी, लेकिन एक ग्राहक ने स्वार्थपूर्ण रवैया अपनाया। एक आदमी ने विवादित राशि नहीं चुकायी, लेकिन और सभी ने पूरा बिल चुकता कर दिया। इससे भी महत्त्वपूर्ण बात यह हुई कि उन्होंने दोबारा हमारी कंपनी से नयी कारें खरीदी।

थॉमस के अनुसार, 'मेरा अनुभव कहता है कि आपको किसी ग्राहक की पूरी जानकारी न हो, तो उसे एक ईमानदार, सच्चा तथा बिल का भुगतान करने का इच्छुक व्यक्ति मान लेना चाहिए। हर ग्राहक आमतौर पर ईमानदार तथा सच्चा होता है तथा पैसे के लेन-देन का इच्छुक भी होता है। इस नियम के कुछ अपवाद भी होते हैं, लेकिन बहुत कम। ऐसे व्यक्तियों को आप एहसास दिला दें कि आप उन्हें ईमानदार मानते है, तो वे ईमानदारी से ही पेश आयेंगे।'

## सिद्धांत- 10

## आदर्शवादी सिद्धांतों का आश्रय लेकर चलें

# 11

# जब फिल्मों में हो सकता है तो हकीकत में क्यों नहीं

कुछ साल पहले फिलाडेल्फिया के अखबार 'ईवनिंग बुलेटिन' के विरोध में एक दुखदायी अफवाह फैलायीं जा रही थी। विज्ञापन देने वालों को सचेत किया जा रहा था कि पाठक इस अखबार में कोई दिलचस्पी नहीं ले रहे, क्योंकि इसमें ढेरों विज्ञापन होते हैं, पढ़ने की सामग्री नाममात्र को ही होती है। इस अफवाह को तुरंत रोकने की आवश्यकता थी, लेकिन यह कैसे? अखबार ने अफवाह का जवाब इस प्रकार दिया-

'ईवनिंग बुलेटिन' ने एक दिन के अखबार से सभी प्रकार की खबरों को काटकर उनका वर्गीकरण किया तथा उसे पुस्तक के रूप में प्रकाशित किया। इस किताब का नाम रखा 'वन डे'। 307 पेज की किताब हार्ड कवर पुस्तक की तरह लग रही थी। इसे एक पुस्तक के रूप में बेचा जाए, तो इसकी कीमत कुछ डॉलर नहीं, वरन् कुछ सेंट थी।

इस पुस्तक से यह तथ्य सामने आया कि 'बुलेटिन' अपने पाठकों के लिए बेहद रोचक जानकारियाँ छापता है। इससे तथ्य अधिक रोचकता से तथा अधिक प्रभावी ढंग से पाठकों के सामने आए। कड़े या खोखली बातें 'बुलेटिन' की साख को इतनी अच्छी तरह से कभी नहीं बचा सकती थीं।

इस नाटकीयता के दौर में सच कहना ही काफी नहीं है। यह जमाना तो 'शोमैनशिप' का है। यह सब टी. वी. में, फिल्मों में होता है। लोग ऐसा ही आकर्षण वास्तविक जिंदगी में चाहते हैं।

विण्डो डिस्प्ले के विशेषज्ञ नाटकीयता की इस अद्भुत शक्ति को भली भाँति जानते हैं। उदाहरण के लिए एक नई चूहामार दवाई के निर्माताओं ने अपने डीलर्स को विण्डो डिस्प्ले के सामान के साथ दो जिंदा चूहे भी दिये थे। जिस हफ्ते जिंदा चूहों को शोकेस में रखा गया, बिक्री कई गुना बढ़ गई।

आप टी. वी. विज्ञापनों की नाटकीयता से परिचित हैं। एक बार फुर्सत से टेलीविजन के सामने बैठकर देखिये कि किस प्रकार कंपनियाँ सामान को बेचने के लिए नये-नये तरीके अपनाती हैं। साबुन का एक मामूली-सा ब्रांड मैली-कुचैली कमीज को भी नयी कर देता है, जबकि दूसरे ब्रांड की सफाई में पीलापन रह जाता है, जो लोग सामान खरीद रहे होते हैं, उनके चेहरे पर खुशी होती है, दर्शकों के समक्ष उस प्राडॅक्ट के गुणों का बखान बड़ी नाटकीयता से किया जाता है। यही नाटक लोगों को सामान खरीदने के लिए उत्साहित करता है।

हम अपने विचारों को बिजनेस या जीवन के किसी दूसरे पक्ष में नाटकीयता के साथ पेश कर सकते हैं। यह तरीका काफी सरल है। जिम ईमैन्स रिकमंड वर्जीनिया में एन. सी. आर. (नेशनल कैश रजिस्टर) कंपनी के कुशल सेल्समैन हैं। वे अपना अनुभव बताते हैं-

'पिछले हफ्ते अपने पड़ोस की एक ग्रॉसरी शॉप गया। मैंने देखा कि दुकान का मालिक चेकआउट काउंटरों पर जो कैश रजिस्टर इस्तेमाल कर रहा था, वे पुराने हो चुके थे। मैंने मालिक

से कहा, 'हर बार ग्राहक को डील करते हुए आप कुछ सिक्के गिरा देते हैं। मैंने कुछ सिक्के सचमुच जमीन पर गिरा दिये। मालिक मेरी बात ध्यान से सुनने लगा। मैं केवल शब्दों से ही उसके मन में दिलचस्पी जाग्रत कर सकता था, लेकिन फर्श पर सिक्कों के गिरने की आवाज ने पूर्णतया उसे मेरे वश में कर दिया। आखिर मैंने उससे सारी पुरानी मशीनें बदलने का ऑर्डर ले ही लिया।'

यह तकनीक घरेलू जीवन में कारगर साबित होती है, पुराने जमाने में प्रेमी प्रेमिका से प्यार का इजहार केवल शब्दों से नहीं करता था, बल्कि जमीन पर घुटनों के बल बैठ जाता था। प्रेमी की यही भावनायें देखकर प्रेमिका भी पिघल जाती थी और हां कर देती थी। नये जमाने में प्रेम का इजहार करते समय प्रेमी घुटनों के बल नहीं बैठता, परंतु वह माहौल को रोमांटिक बनाता ही है, जिससे प्रेमिका उसके प्रस्ताव को स्वीकार कर ले।

नाटकीयता से पेश आने पर बच्चे भी आपकी बात आसानी से मान जाते हैं। बर्मिंघम, अलबामा के बी. फैट जूनियर को बच्चों की ओर से कुछ समस्या आ रही थी। उनका पाँच वर्षीय पुत्र तथा तीन वर्षीय पुत्री अपने खिलौने फर्श पर ही छोड़ देते थे। उन्होंने एक 'ट्रेन' बनायी। कैप्टन कैसी जोन्स तीन पहियों की साइकिल पर इंजीनियर बन गये। जैनेट का वैगन जुड़ा हुआ था। शाम को वह 'कोयले' वैगन में रख देती और उसका भाई उसे पूरे कमरे के चक्कर लगवाता था। कमरा साफ रहने लगा, बिना किसी डर, लेक्चर या धमकी के।

मिशावाका, इण्डियाना की मेरी कैथरीन वुल्फ को नौकरी में कुछ दिक्कतें आ रही थीं। उसने अपने बॉस से बातचीत करने का निर्णय लिया। सोमवार सुबह बीस से अपॉइंटमेंट का अनुरोध किया, लेकिन उनसे कह दिया कि बाँस के पास अभी समय नहीं है, उसे किसी और दिन अपाइंटमेंट के लिए सेक्रेटरी से संपर्क करना चाहिए। सेक्रेटरी ने यही कहा कि बीस का शेड्यूल अभी बहुत व्यस्त है, लेकिन वह पूरी कोशिश करेगी कि वह उनसे मिल सके। आगे की कहानी मिस वुल्फ ने इस प्रकार बतायी-

'पूरे हफ्ते उस सेक्रेटरी का जवाब नहीं मिल पाया। जब भी जानने की कोशिश करती थी, तो वह कोई-न-कोई कारण बता देती कि बॉस क्यों नहीं मिल सकते। शुक्रवार भी आ गया और कोई जवाब नहीं मिल सका। मैं हर हाल मे वीकएंड से पहले बॉस से समस्याओं के बारे में बात करना चाहती थी, इसलिए मैंने खुद से पूछा कि ऐसा क्या करूँ कि वे मुझसे मिलने के लिए राजी हो जाएं। '

मैंने बॉस को एक औपचारिक पत्र लिखा, पत्र में मैंने लिखा कि मैं उनकी व्यस्तता से परिचित हूँ लेकिन मुझे एक बहुत जरूरी काम से उनसे मिलना है। पत्र में खुद का पता लिखा लिफाफा भी रख दिया, उसमें एक फॉर्म भी रखा, जिसे वे सेक्रेटरी से भी भरवा सकते थे। फॉर्म में मैंने लिखा था-

मिस वुल्फ... .मैं आपको... .को... .बजे... .मिनट का समय देता हूँ।'

'पत्र को मैने 11 बजे बॉस के पास भिजवाया और 2 बजे के करीब मैंने अपना मेल-बॉक्स देखा। उसमें वह पता लिखा लिफाफा भी था। उन्होंने खुद ही उस फॉर्म को भरा था, जिसमें सूचित किया गया था कि मैं उसी दोपहर को उनसे मिल सकती थी, मेरे पास दस मिनट का समय था। मैं उनसे मिली, तो हमने एक घंटे से भी ज्यादा समय तक समस्याओं का अवलोकन किया तथा उन्हें सुलझाया।

'यदि मैंने पूरी नाटकीयता से यह न जताया होता कि मैं सही में उनसे मिलना चाहती हूँ तो मैं अपाईमेंट का इंतजार ही कर रही होती।

जेम्स बी. बॉयन्टन की फर्म ने कोल्ड क्रीम की एक उच्चतम ब्रांड का बृहद् अध्ययन किया था। उनको एक लंबी मार्केट रिपोर्ट देनी थी। इस व्यवसाय में प्रतियोगिता के विषय में सारे तथ्य तुरंत चाहिए थे। संभावित ग्राहक विज्ञापन जगत का एक बड़ा घाघ भयानक व्यक्ति था।

मि. बॉयन्टन ने बताया, 'मैं उस व्यक्ति से पहली बार मिलने गया। हम शोध की तकनीकों पर निरर्थक बहस में घंटों उलझे रहे। न वह हार मानने को तैयार था, न मैं। उसने मुझे गलत साबित करने की कोशिश की और मैं खुद को सही साबित करने में लगा रहा।'

'जीत मेरी हुई। मैं काफी खुश था, लेकिन साक्षात्कार का सारा समय निरर्थक बातों में बर्बाद हो चुका था और मुझे अपने उद्देश्य में कामयाबी नहीं 'मिल पायी थी।'

'दूसरी मुलाकात में मैंने आंकड़ों के बारे में बात ही नहीं की, बल्कि तथ्यों को बड़े नाटकीय ढंग से पेश किया। '

'जब मैंने उसके ऑफिस में प्रवेश किया, तो वह फोन पर बातें करने में व्यस्त था। मैंने अपने सूटकेस से कोल्ड क्रीम के बत्तीस डिब्बे निकालकर उसकी बड़ी-सी मेज़ पर रख दिये। ज्यादातर कंपनियों के बारे में वह जानता था, क्योंकि सारी कंपनियाँ उसकी व्यावसायिक प्रतिद्वंद्वी थीं।'

'प्रत्येक डिब्बे पर एक टैग लगा था, जिस पर हमारे सर्वे के परिणाम लिखे थे। हर टैग पर लिखी कहानी को मैं नाटकीय अंदाज में कहता गया।

'उसके बाद क्या हुआ ?'

'अब बहस की तो कोई गुंजाइश नहीं बची थी। तरीका एकदम अलग और नया था। उसने हर शीशी पर लगे टैग को पढ़ डाला। उसके बाद बातचीत प्रारंभ हो गयी। उसने मुझसे कुछ प्रश्न पूछे। मैं समझ गया कि उसे मेरी बातों में दिलचस्पी हो गई। पहले उसने मेरे सामने शर्त रखी थी कि सारे तथ्यों को दस मिनट में स्पष्ट कर दूँ लेकिन अब समय का पता ही नहीं चला और हम डेढ़-दो घंटे तक बातें करते रहे।

'इस बार भी मैंने वही तथ्य प्रस्तुत किये थे, जो पहली बार किये थे, लेकिन इस बार प्रस्तुत करने का मेरा तरीका नाटकीय था। मैंने शोमैनशिप का सहारा लिया और फर्क आपकी आंखों के सामने है।'

## सिद्धांत- 11

## अपनी बातों को नाटकीय अंदाज में पेश करें।

# 12

## जब काम न बने, तो ऐसा करें

चार्ल्स- श्वाब के मिल का एक मैनेजर था, जिसके मिल में मजदूर पर्याप्त मात्रा में उत्पादन नहीं कर पा रहे थे।

श्वाब ने मैनेजर से पूछ लिया कि आप जैसा कुशल तथा योग्य मैनेजर होने के बावजूद मिल में पर्याप्त उत्पादन क्यों नहीं हो रहा है?

मैनेजर ने निराश होकर जवाब दिया, 'मैं खुद नहीं समझ पा रहा हूँ। मैंने मजदूरों को समझाया, प्रोत्साहित किया, हर तरह का लालच दिया, धमकाया भी, यहाँ तक कि नौकरी से निकालने का डर भी दिखाया, लेकिन उन पर कोई असर नहीं हुआ। वे पर्याप्त उत्पादन कर ही नहीं पा रहे हैं।

यह चर्चा शाम को हो रही थी और रात वाली शिफ्ट काम पर आने वाली थी। श्वाब ने मैनेजर से एक चाक लाने के लिए कहा। उसके बाद पास खड़े मजदूर से पूछा, ' 'आज तुम्हारी शिफ्ट ने कितनी हीट्स पूरी कीं?'

'छह।' मजदूर ने जवाब दिया।

श्वाब ने चाक से जमीन पर बड़े अक्षरों में '6' लिखा और चलते बने।

रात वाली शिफ्ट के मजदूर आते ही बोले कि इस '6' का क्या मतलब

दिन की शिष्ट वाले मजदूरों ने बताया, 'आज हमारे बड़े बॉस आये थे। उन्होंने पूछा कि हमने कितनी हीट्स कीं, तो बता दिया '6'। उन्होंने यही '6' नंबर जमीन पर लिख दिया। देखा कि रात की शिफ्ट वाले मजदूरों ने '6' को मिटाकर '7' कर दिया था।

जब सुबह की शिफ्ट वाले आये, तो देखा, फर्श पर '7' लिखा था। अच्छा, तो रात की शिफ्ट वाले समझते हैं कि हमसे ज्यादा योग्य हैं! लगता है, उन्हें सबक सिखाना ही पड़ेगा। सारा दिन उन्होंने जोश से काम किया और शाम होने पर जाते समय बड़े-बड़े अक्षरों में '10' लिख दिया। काम ने एकदम तेजी पकड़ ली थी। कुछ समय पूर्व जिस मिल का उत्पादन कम था, उसमें अचानक इतनी तेजी कैसे आ गयी?

आप क्या सीख ले सकते हैं इस घटना से? श्वाब ही इस बात को ज्यादा अच्छी तरह बता सकते हैं, 'अच्छा काम करवाने का सबसे बढ़िया तरीका है, प्रतियोगिता के लिए प्रेरित करना। यहाँ मेरा मतलब केवल पैसा कमाने वाली घटिया प्रतियोगिता नहीं है, बल्कि श्रेष्ठतम काम करवाने की अभिलाषा से है।'

श्रेष्ठतम होने की अभिलाषा! चुनौतियाँ! उत्साही लोगों को प्रेरित करने का सबसे कारगर तरीका!

थियोडोर रूजवेल्ट कभी भी अमेरिका के राष्ट्रपति नहीं बने होते, यदि उन्होंने चुनौतियों को स्वीकार नहीं किया होता। क्यूबा से वापस लौटने के पश्चात् उन्हें न्यूयॉर्क के गवर्नर पद का उम्मीदवार बना दिया, गया। किसी तरह विपक्षी पार्टी को पता चल गया कि वे इस राज्य के वैध नागरिक नहीं हैं। रूजवेल्ट घबरा गये और नाम वापस लेने की सोचने लगे थे, लेकिन तभी न्यूयॉर्क के अमेरिकी सीनेटर थॉमस कलियर प्लैट ने उनके सामने एक चुनौती रख दी। उन्होंने जोरदार आवाज में कहा, 'मुझे लगता है, सान जुआन हिल का हीरो डरपोक तथा कमजोर है। ' रूजवेल्ट ने मैदान नहीं छोड़ा और बाकी इतिहास गवाह है। एक चुनौती ने उनकी जिंदगी बदल डाली। उनके देश के भविष्य पर भी इसका बहुत अधिक प्रभाव पड़ा।

प्राचीन ग्रीस में किंग्स गार्ड का आदर्श वाक्य था- 'डर सभी को लगता है, लेकिन बहादुर लोग डर एक तरफ रखकर आगे बढ़ जाते हैं। कई बार मर भी जाते हैं, लेकिन जीत हमेशा बहादुरों की होती है।' और इससे बड़ी चुनौती क्या हो सकती है कि कोई अपने डर पर विजय हासिल कर ले।

अल स्मिथ न्यूयॉर्क के गवर्नर थे, तब उन्होंने भी चुनौतियाँ देने की सोची। उस समय की सबसे कुख्यात जेल सिंग-सिंग में कोई वार्डन न था। जेल के बारे में कई अफवाहें थीं। उसी सिंग-सिंग जेल के लिए स्मिथ को एक दमदार व्यक्ति की वार्डन के रूप में आवश्यकता थी, लेकिन कौन! उन्होंने न्यू हमन के लुईस आर. लीज को बुलवाया।

उन्होंने लुईस से पूछा, 'सिंग-सिंग के वार्डन बनने के बारे में आपका क्या विचार है? वहीं किसी कुशल एवं अनुभवी व्यक्ति की आवश्यकता है।'

लुईस तो यह सुनकर भौचक्का रह गया। वह सिंग-सिंग के खतरों से वाकिफ था। यह एक राजनीतिक अपॉइंटमेंट था तथा पूरी तरह राजनेताओं पर निर्भर करता था। कितने ही वार्डन आये और चले गये। एक वार्डन तो केवल दो-तीन हफ्ते ही रुका। वह अपने कैरियर को लेकर बहुत चिंतित था। शायद खतरा मोल नहीं लेना चाहता था।

स्मिथ समझ गया कि वह झिझक रहा था। वह कुर्सी पर आराम से टिका रहा, फिर बोला, 'मैं समझता हूँ तुम्हारे डर की वजह क्या है। वाकई काम बहुत कठिन है। काम करने वाले का दमदार होना तथा निडर होना जरूरी है। 'चुनौती भरे शब्दों को सुनकर लुईस वहाँ गया और अपने समय का सबसे प्रसिद्ध वार्डन बन गया। पुस्तक '20,000 इयर्स इन सिंग सिंग' की लाखों कापियाँ बिकीं। उनकी रेडियो वार्ताओं तथा जेल के जीवन की कहानियों ने दर्जनों फिल्मों को प्रेरणा दी। अपराधियों के 'मानवीकरण' के नये अभ्यास जेल सुधार के क्षेत्र में चमत्कारी साबित हुए।

हार्वे एस. फायरस्टोन, महान फायरस्टोन टायर एंड रबर कंपनी के संस्थापक हार्वे एस. फायरस्टोन ने कहा है, 'मेरा मानना है कि केवल अच्छी तनखाह पर अच्छे लोगों को अपनी कंपनी में नहीं रखा जा सकता। मेरे अनुसार असली आकर्षण तो काम की प्रकृति है।'

महान एवं प्रसिद्ध बिहेवरियल साइंटिस्ट फ्रेडरिक हार्ज़बर्ग भी इसी बात से सहमत हैं। उन्होंने फैक्ट्री के मामूली से मजदूर से लेकर सीनियर एक्जीक्यूटिव तक काम के नजरिये का गहराई से अध्ययन किया। क्या आपको लगता है कि उनके शोध में कौन सा तत्व सबसे प्रेरक रहा होगा, पैसा? काम का अच्छा वातावरण? अनगिनत सुविधाएं? नहीं, सबसे अनमोल तत्व, जिससे

लोगों को प्रेरणा मिलती थी, वह था काम की प्रकृति। यदि काम रोचक तथा चुनौतीपूर्ण है, तो लोग उस को करने के लिए प्रेरित होंगे तथा अच्छी तरह से करने के लिए प्रोत्साहित होंगे। हर सफल व्यक्ति को चुनौतियां पसंद हैं। वह चाहता है कि उसे आत्म-अभिव्यक्ति का मौका मिले। जिससे वह अपना मूल्य, अपनी श्रेष्ठता साबित कर सके और लोगों को जीतकर दिखा सके। इसीलिए प्रतियोगिताएँ इतनी सफल होती हैं। हरेक श्रेष्ठ बनना चाहता है, महत्त्वपूर्ण बनने की आकाँक्षा रखता है।

## सिद्धांत- 12

## चुनौतियां दीजिए

# भाग — चार

# बिना ठेस पहुँचाये लोगों को कैसे बदला जाय

# 1

# गलतियों का पता कैसे लगाएं

कैल्विन कूलिज के राष्ट्रपति पद के दौरान मेरा एक मित्र व्हाइट हाउस में मेहमान बन गया। वह राष्ट्रपति के प्राइवेट ऑफिस में प्रवेश करने वाला था, उसने सुना कि कूलिज अपनी सेक्रेटरी की प्रशंसा कर रहे थे, ''आज तुमने बहुत सुंदर ड्रेस पहनी है और तुम बहुत खूबसूरत लग रही हो।'

नाप-तोलकर बोलने वाले राष्ट्रपति ने पहले कभी किसी सेक्रेटरी की इतनी अधिक प्रशंसा नहीं की थी। तारीफ सुनकर सेक्रेटरी शर्मा गयी, क्योंकि उसके लिए यह एकदम अनापेक्षित सी बात थी, फिर कूलिज कहने लगे, 'खुशी से ज्यादा उछलने की जरूरत नहीं हैं। मुझे तुमसे कोई और बात कहनी है। तुम्हारे पत्रों में विराम चिह्नों की बहुत गलतियाँ होती हैं। मैं चाहता हूँ कि ये गलतियाँ न किया करो।

उन्होंने ज्यादा ही स्पष्ट शब्दों में बात की थी, लेकिन उनका मनोविज्ञान शानदार था। यदि पहले हम अपनी अच्छाईयों की तारीफ सुन लेते हैं, तो फिर बुराई सुनना बहुत आसान हो जाता है।

दाढ़ी बनाने से पहले नाई भी तो साबुन मलता है। बिल्कुल यही तरीका मैकिन्ले ने सन् 1896 के प्रेसीडेंट का चुनाव लड़ते समय आजमाया था। विख्यात रिपब्लिकन नेता ने एक चुनावी भाषण तैयार किया, जो उसके अनुसार सिसरो, डेनियल बेस्टर एवं पैट्रिक हेनरी के भाषणों से कई गुना बेहतर था। उस व्यक्ति ने पूरी गर्म जोशी के साथ अपने भाषण को मैकिन्ले के समक्ष पढ़कर सुनाया। भाषण में कुछ अच्छी बातें तो जरूर थीं, लेकिन उस मौके के हिसाब से उचित नहीं थीं। मैकिन्ले उसकी भावनाओं को आहत नहीं करना चाहते थे, लेकिन उन्हें 'नहीं' तो कहना ही था, इसलिए उन्होंने कूटनीति से काम लिया।

'मेरे प्रिय मित्र, वाकई यह बहुत शानदार भाषण है। शायद ही कोई और इतना अच्छा लिख सके। दूसरे मौकों के लिए यह एक उचित भाषण होता, लेकिन शायद इस मौके के लिए नहीं है। आप एक कष्ट करें कि इस भाषण को मेरे द्वारा सुझाये गये तरीकों से दोबारा लिखकर, इसकी एक प्रति मुझे भिजवा दें।' उसने बिल्कुल वैसा ही किया। मैकिन्ले के मार्गदर्शन एवं संशोधनों पर अमल करके उसने दोबारा भाषण लिखा और फिर वह उस अभियान का प्रभावी एवं कुशल वक्ता बन गया।

यहाँ पर अब्राहम लिंकन द्वारा लिखा गया दूसरा सबसे प्रसिद्ध पत्र दिया जा रहा है। पहला सबसे प्रसिद्ध पत्र मिसेज बिक्सबी को लिखा गया था, जिसमें उन्होंने युद्ध में उसके पाँच बेटों की मौत पर दु:ख व्यक्त किया था। लिंकन को इस पत्र को लिखने में शायद पाँच मिनट लगे होंगे, लेकिन सन् 1926 में सार्वजनिक नीलामी में यह पत्र करीब बारह हजार डॉलर में बिका था। आश्चर्यजनक तथ्य यह है कि यह रकम उस सारी राशि से अधिक थी, जो लिंकन पचास

सालों की जी तोड़ मेहनत के बाद बचा पाये थे। यह पत्र 26 अप्रैल, 1863 को गृहयुद्ध के निराशाजनक समय में जनरल जोसफ हूकर को लिखा गया था। लिंकन की सेनायें अठारह महीनों तक लगातार एक के बाद एक हर मोर्चे पर हार रही थीं। सारे प्रयास व्यर्थ जा रहे थे और कितने ही सैनिक मौत के घाट उतर चुके थे। पूरा देश हैरान था। बात इतनी बढ़ चुकी थी कि सीनेट के रिपब्लिकन सदस्य भी विद्रोह पर उतर आये थे तथा वे लिंकन को व्हाइट हाउस से बाहर निकालना चाहते थे। लिंकन ने कहा, 'निश्चित ही हम आज पूर्ण विनाश के कगार पर खड़े हैं। लगता है, ईश्वर भी हमारे खिलाफ है। मुझे आशा की छोटी-सी भी किरण दिखाई नहीं देती।'

जो पत्र मैं यहाँ पर छापने जा रहा हूँ उससे पता चलता है कि किस प्रकार लिंकन ने एक कट्टर जनरल को बदलने की कोशिश की थी, जबकि देश का सारा भाग्य उसके कार्यों पर ही निर्भर था।

राष्ट्रपति बनने के बाद लिंकन का यह सबसे तीखा पत्र था, लेकिन इससे साफ पता चलता है कि उन्होंने जनरल हूकर की गंभीर गलतियों की निंदा करने से पहले उसकी तारीफ भी की।

गलतियाँ वाकई बहुत गंभीर थीं, लेकिन लिंकन ने ऐसी बात साफ-साफ नहीं कही, लिंकन ने लिखा था, ' 'कुछ ऐसी बातें हैं, जिन पर मैं आप से पूर्णतया राजी नहीं हूँ। 'सही में वे बहुत बड़े कूटनीतिज्ञ थे।

यह है लिंकन द्वारा जनरल हुकर को लिखा वह पत्र-

'मैंने ही आपको पोटोमैक की सेना का सेनापति नियुक्त किया है और ऐसा करने के कारण भी हैं, लेकिन फिर भी कुछ ऐसी बातें हैं, जिनको लेकर मैं पूरी तरह से आपसे संतुष्ट नहीं हूँ।'

'मैं आपकी कुशलता एवं बहादुरी की दिल से प्रशंसा करता हूँ। मुझे पता है कि आप अपने राजनीतिक जीवन तथा प्रोफेशन को एकदम अलग-अलग रखते हैं। आप बिलकुल सही करते हैं। आपके अंदर बहुत आत्मविश्वास है, जो बहुमूल्य है।'

'आप महत्वाकाँक्षी हैं, जो कुछ हद तक ठीक है, लेकिन मुझे लगता है कि जनरल बर्नसाइड की कमान में आपने आवश्यकता से अधिक महत्त्वाकाँक्षा का परिचय दिया है तथा उसके साथ यथा संभव असहयोग किया है। ऐसा करके आपने अपने देश के साथ न्याय नहीं किया तथा एक कुशल एवं सम्मानित सैनिक साथी के साथ भी।

मैंने अति विश्वस्त सूत्रों से सुना है कि अभी कुछ दिनों पहले आपने कहा है कि सेना तथा सरकार दोनों को ही तानाशाह की आवश्यकता है। बात साफ है, मैंने आपको इस कारण नहीं, बल्कि इसके बावजूद सेना की कमान सौंप दी है।

यह बात भी सच है कि केवल वही जनरल तानाशाह बन पाते हैं, जो सफलता के शिखर पर पहुँचते हैं। अब मैं आपसे सैनिक सफलता चाहता हूँ और तानाशाही का खतरा लेने के लिए एकदम तैयार हूँ।

'सरकार अपने दूसरे सेनापतियों की भाँति आपको भी अपनी तरफ से पूरा समर्थन देगी। मुझे डर है कि आपने अपनी सेना में गलत भावनाओं को बढ़ावा दिया है। अपने कमांडर की आलोचना करने तथा अविश्वास करने की आदत को अब आपको सहन करना ही होगा। आपकी इस आदत को दूर करने में मैं पूर्ण सहयोग करूँगा।

यदि सेना का मनोबल इस प्रकार का रहा, तो न आप, न ही नेपोलियन फिर जिंदा हो जाएं, तो इस सेना से बड़ी सफलता हासिल कर सकते हैं। हमेशा आप जल्दबाजी की आदत से सावधान रहे। अपनी पूरी ऊर्जा एवं सतर्कता से आगे बढ़ते रहें और हमें विजय दिलाये।'

आप मैकिन्ले, कूलिज या लिंकन तो नहीं हैं। आप जानना चाहते हैं कि क्या यह दार्शनिकता आपके दैनिक बिजनेस में भी आपकी मदद करेगी। हम फिलाडेल्फिया की वार्क कंपनी के डब्ल्यू पी. गॉ का उदाहरण लेते हैं-

एक बार वार्क कंपनी को फिलाडेल्फिया में एक निश्चित तारीख तक एक ऑफिस का निर्माण करवाना था। सभी ठीक चल रहा था कि अचानक इस इमारत के बाहर का काम कर रहे ब्रांज सबकान्ट्रैक्टर ने कह दिया कि इस तारीख तक वह माल नहीं भिजवा सकेगा। ऐसे तो बिल्डिंग का काम ही रुक जायेगा। भारी जुर्माना होगा और इतना-सा नुकसान केवल एक आदमी की वजह से होगा।

बहसों तथा टेलीफोन चर्चाओं का कोई सुखद परिणाम नहीं निकल पाया, फिर मि. गॉ को उस सबकान्ट्रैक्टर से मिलने के लिये न्यूयॉर्क भेजा गया, जिससे वे स्वयं मिलकर बात कर सकें।

सबकान्ट्रैक्टिंग फर्म के प्रेसीडेंट से मिलते ही मिस्टर गॉ बोले, 'क्या आपको पता है कि सारे बुकलिन में आप अपने नाम के अकेले व्यक्ति हैं?

'प्रेसिडेंट ने एकदम हैरत में कहा, 'नहीं, मुझे तो नहीं मालूम।

मिस्टर गॉ ने आगे कहा, 'मुझे भी नहीं पता था, लेकिन मैं आज सुबह ट्रेन से उतरा, तो आपका पता देखने के लिए टेलीफोन डायरेक्टरी देखी और मुझे इस बात का पता चला कि आप बुकलिन में इकलौते व्यक्ति हैं।'

'मुझे इस बात की जानकारी बिलकुल नहीं थी। ' सबकान्ट्रैक्टर ने कहा, उसने बड़ी दिलचस्पी से टेलीफोन डायरेक्टरी की जाँच कर डाली, फिर उसने बड़े गर्व से कहा, 'वैसे यह साधारण नाम नहीं है। दो सौ वर्ष पहले हमारे पूर्वज हॉलैंड से आकर न्यूयॉर्क में बस गये थे।' वह दस-पंद्रह मिनट तक अपने परिवार तथा पूर्वजों के बारे में बातें करता रहा। उसकी बात समाप्त हो गयी, तो मि. गॉ ने प्रशंसा करते हुए कहा कि वाकई यह प्लांट किसी दूसरे प्लांटस की तुलना में काफी बेहतर है। इतनी साफ-सुथरी तथा बड़ी ब्रांज फैक्ट्री तो मैंने आज तक नहीं देखी।

' मि. गॉ ने कहा।

सबकान्ट्रैक्टर कुछ अकड़ते हुए बोला, ' 'इस फैक्ट्री को बनाने में मैंने अपना जीवन लगा दिया। इसकी सफलता पर मुझे गर्व है। क्या आप फैक्ट्री देखना चाहेंगे ?'

फैक्ट्री घूमते हुए मि. गॉ ने निर्माण संबंधी अनेक बातों की प्रशंसा की तथा बताया कि किसलिए उसकी निर्माण प्रक्रिया उसके अन्य प्रतिद्वंद्वियों से बेहतर थी। गॉ ने कई मशीनों को देखकर कहा कि उसने ऐसी मशीनें किसी दूसरी फैक्ट्री में नहीं देखीं। सबकान्ट्रैक्टर ने बताया कि ये मशीनें उसी के द्वारा तैयार की गयी हैं, फिर वह काफी देर तक गॉ को मशीनों के काम करने की प्रक्रिया समझता रहा, ताकि उसे यह पता चल जाये कि उनके यहाँ कितना बेहतर काम होता है, फिर उसने गॉ को लंच पर आमंत्रित किया। अभी तक गॉ ने अपनी मुलाकात का असली उद्देश्य उस सबकान्ट्रैक्टर को नहीं बताया था।

लंच के बाद सबकान्ट्रैक्टर कहने लगा, 'अब काम की बातें करने का समय आ गया है। मुझे पता है कि आप यहाँ क्यों आये हैं। मैंने सोचा भी नहीं था कि हमारी मुलाकात इतनी अच्छी रहेगी। अब आप चिंता मुक्त होकर फिलाडेल्फिया जा सकते हैं। मैं यकीन दिलाता हूँ कि आपका माल सही समय पर पहुँच जायेगा। मैं दूसरे ग्राहकों का माल थोड़ी देर से भेज दूँगा।'

मिस्टर गॉ को तो जैसे बिना माँगे ही मुराद मिल गई। सामान सही समय पर पहुँच गया और इमारत का काम भी समय पर पूरा हो गया।

यदि मिस्टर गॉ ने भी ज्यादातर लोगों की तरह हथौड़े या डाइनामाइट वाली शैली अपनाई होती, तो ऐसा संभव नहीं था।

न्यूजर्सी के फोर्ट मॉनमाउथ में फेडरल क्रेडिट यूनियन के एक ब्रांच मैनेजर ने हमारी कक्षा में यह बताया कि किस प्रकार उसने अपने एक कर्मचारी को ज्यादा कुशल तथा योग्य बनाने में सहायता की।

'हमने एक लड़की को टेलर की ट्रेनिंग पर रखा था, जिसका ग्राहकों के साथ बहुत अच्छा व्यवहार था। सारा दिन वह आराम से काम कर लेती थी, लेकिन दिन के आखीर में उसे कुछ समस्याओं का सामना करना पड़ता, क्योंकि बैलेंस मिलाने में बहुत समय लग जाता था।'

'हेड टेलर ने साफ कह दिया कि इस लड़की को नौकरी से निकाल देना चाहिए। इसका काम बहुत धीमा है और उसी वजह से सबको देर हो जाती है। मैंने कितनी बार उसे समझाया, लेकिन वह समझती ही नहीं। उसे निकालना ही होगा।'

अगले दिन मैंने उसे काम करते देखा। उसका व्यवहार ग्राहकों के साथ बहुत मधुर था। आज काम में रफ्तार भी अच्छी थी।

'दिन के अंत में मैंने उसे बैलेंस मिलाते देखा, तो मैं समझ गया कि वह काम में इतनी देरी क्यों करती है, फिर ऑफिस बंद होने के बाद मैं उससे मिलने गयी। वह काफी दु:खी तथा परेशान लग रही थी। मैंने ग्राहकों के प्रति उसके अच्छे व्यवहार के लिए उसकी खूब सराहना की तथा काम की गति की भी प्रशंसा की। उसके बाद मैंने कैश बैलेंस मिलने का एक आसान-सा तरीका उसे बताया। मैंने उसे एहसास दिला दिया कि मुझे उस पर पूरा भरोसा है। उसने मेरे सुझावों को बिना झिझक के मान लिया तथा शीघ्र ही बताया गया तरीका आजमाने लगी, फिर तो उसे लेकर किसी को भी कोई समस्या नहीं आयी और वह भी खुश रहने लगी।

प्रशंसा द्वारा अपनी बात की शुरूआत दाँतों के उस डॉक्टर की तरह है, जो अपने काम की शुरूआत नोवोकैन से करता है। मरीज का दाँत तो जरूर उखाड़ा जाता है, लेकिन नोवोकैन के कारण उसे दर्द नहीं होता। अत: हरेक लीडर को इस सिद्धांत का पालन अवश्य करना चाहिए...

### सिद्धांत- 1

### हमेशा अपनी बात की शुरूआत सच्ची प्रशंसा से करें।

# 2

## मरीज को बचाने के लिए आलोचना करे

एक दिन चार्ल्स श्वाब अपनी स्टील कंपनी में घूम रहे थे, तभी उन्होंने देखा कि कुछ कर्मचारी सिगरेट पी रहे हैं। जबकि सामने बोर्ड लगा था, 'धूम्रपान वर्जित है। 'क्या श्वाब ने उन्हें डाँटकर कहा होगा, 'क्या तुम इस बोर्ड को पढ़ नहीं सकते?' बिल्कुल नहीं, श्वाब का यह तरीका बिल्कुल नहीं था। श्वाब उन कर्मचारियों के पास गये। उन्हें एक-एक सिगार देकर कहा कि मैं चाहता हूँ कि इस सिगार को बाहर जाकर पियो। कर्मचारी समझ गये कि उन्हें गलती करते श्वाब ने पकड़ लिया है, लेकिन वे श्वाब से इसलिए प्रभावित थे, क्योंकि उसने सबको एक छोटा-सा उपहार दिया था। उसने डाँटा-फटकारा नहीं। बस, उन्हें उनके महत्त्व का एहसास करवाया था। भला कौन ऐसे इंसान को नापसंद कर सकता है?

इसी तकनीक का प्रयोग जॉन वानामेकर ने भी किया था। वे फिलाडेल्फिया में एक दिन में कई बार अपने बड़े स्टोर का चक्कर लगाते थे। एक बार उन्होंने देखा कि एक ग्राहक काउंटर पर इंतजार कर रहा था, लेकिन कोई भी उस ग्राहक की ओर ध्यान नहीं दे रहा था, सारे सेल्समैन एक कोने में खड़े गपशप कर रहे थे। वानामेकर ने किसी से कुछ नहीं कहा। उन्होंने स्वयं काउंटर के पीछे जाकर उस महिला को सामान दे दिया तथा जाते समय वह सामान सेल्समैन को पैक करने के लिए दे गये।

एक आम व्यक्ति सरकारी अधिकारियों से आसानी से नहीं मिल पाते। वे लोग बहुत व्यस्त रहते हैं। इसीलिए कई बार अति उत्साही कर्मचारी अपने बॉस की अति व्यस्तता के कारण लोगों को अपने अधिकारी तक पहुँचने से रोकते हैं, लेकिन ऑरलैंडो, फ्लोरिडा के मेयर कार्ल लैंगफोर्ड ने अपने स्टाफ को कड़े निर्देश दे रखे थे कि जनता के किसी भी व्यक्ति को उनसे मिलने से न रोके। वे 'खुले दरवाजे' की नीति का पालन करते थे। उनके निर्देशों के बावजूद कभी-कभी उनके सेक्रेटरी तथा प्रशासक उनके समुदाय के नागरिकों को उनसे मिलने ही नहीं देते थे।

मेयर कार्ल लैंगफोर्ड ने इस समस्या का समाधान ढूँढ ही लिया। उन्होंने अपने ऑफिस का दरवाजा ही निकलवा दिया। तभी उनके स्टाफ को यह समझ आ गया कि जिस दिन से दरवाजा हटा, उसी दिन से मेयर का प्रशासन सही में 'खुले दरवाजे' की नीति का अनुसरण करने लगा।

कितनी बार तो ऐसा भी होता है कि यदि हम तीन अक्षरों के एक शब्द को बदल दें, तो बहुत फर्क पड़ जाता है। केवल एक शब्द का फेरबदल कभी-कभी आपको सफल असफल करने की ताकत रखता है। बच्चे को पढ़ाई के लिए प्रोत्साहित करने के लिए हम यह तरीका अपनाते हैं, 'हमें तुम पर बहुत गर्व है कि तुम परीक्षा में काफी अच्छे अंकों से उत्तीर्ण हुए हो, लेकिन अगर तुमने गणित में और ज्यादा मेहनत की होती, तो तुम्हारे और भी ज्यादा अंक आ सकते थे।'

यह बात सुनकर बच्चा केवल तभी तक उत्साहित रहता है, जब तक वह 'परंतु' नहीं सुनता। वह अपनी तारीफ को संदेह की नजरों से देखने लगता है। मन-ही-मन सोचता है कि शायद इस प्रशंसा के पीछे उसकी असफलता की तरफ इशारा भी है। इस प्रकार एक ओर तो हमारी विश्वसनीयता समाप्त हो जायेगी, वहीं दूसरी ओर अपने बच्चे के रवैये को बदलने के मकसद में भी कामयाब नहीं हो पायेंगे।

लेकिन 'परंतु' के स्थान पर 'और' शब्द कुछ अलग ही असर कर सकता है, 'हमें तुम पर बहुत गर्व है कि तुम परीक्षा में इतने अच्छे अंकों से उत्तीर्ण हुए हो, तुम आगे इसी प्रकार मेहनत करते रहोगे, तो बाकी विषयों के साथ-साथ गणित में भी तुम्हारे बहुत अच्छे अंक आयेंगे।'

बच्चा भी अपनी तारीफ दिल से स्वीकार करेगा, क्योंकि असफलता को नहीं मिलाया है, उसे अप्रत्यक्ष रूप से एहसास करा ही दिया है कि उसमें क्या बदलाव चाहते हैं।

अप्रत्यक्ष रूप से किसी की आलोचना तभी की जा सकती है, जब व्यक्ति सीधी या कटु आलोचना से बेहद चिढ़ने वाला हो। बूनसाकेट, रोड आइलैंड की मार्क जैकब ने हमारी कक्षा को बताया कि कैसे उन्होंने बदसलूक और लापरवाह मजदूरों से सफाई करवायी, जब वे उसके घर में एक अतिरिक्त बिल्डिंग बना रहे थे। प्रारंभिक दिनों में जब मिसेज जैकब ऑफिस से लौटती थी, तो देखती कि सारा लीन कचरे से भरा पड़ा है। उन्हें बहुत गुस्सा आता, लेकिन वे मजदूरों या निर्माताओं को नाराज बिलकुल नहीं करना चाहती थी, क्योंकि वे काम बहुत अच्छा करते थे।

जब मजदूर चले जाते थे, तो वे और उनके बच्चे सारी गन्दगी एक कोने में इकट्ठा कर देते, थे, फिर एक सुबह उन्होंने फ़ोरमैन से कहा, 'यह देखकर बहुत खुशी हुई कि आपने कल रात जाते समय लीन को साफ कर दिया। यह एक सुंदर लीन है और इससे पड़ोसियों को भी कोई परेशानी नहीं होती।' उस दिन से मजदूर कभी भी लीन की सफाई करना नहीं भूलते थे। फ़ोरमैन भी हर सुबह अपनी प्रशंसा सुनने चला आता था।

सैन्य प्रशिक्षुओं एवं प्रशिक्षकों के बीच बाल काटने के बारे में हमेशा ही विवाद होता रहता है। प्रशिक्षु, क्योंकि वे अधिकाँश समय सिविलियन रहते हैं इसलिए बाल नहीं कटवाना चाहते।

पाँच सौ बयालीसवें यू एस. ए. आर. स्कूल के मास्टर सार्जेन्ट हार्ले कैसर को इस समस्या का सामना तब करना पड़ा, जब वे रिजर्व नॉन-कमीशन अफसरों के एक समूह के साथ कार्यरत थे। वैसे तो वे पुराने सैन्य मास्टर सार्जेन्ट थे इसलिए वे इन लोगों को फटकार भी सकते थे, लेकिन इसके स्थान पर उन्होंने अपनी बात अप्रत्यक्ष रूप में कहने का निर्णय किया।

वह बोला, 'साथियों, आप लोग सब लीडर्स हो। आपका प्रभाव और भी बढ़ेगा जब आप जूनियर्स के सामने एक मिसाल पेश करेंगे। आपको ऐसे उदाहरण प्रस्तुत करने चाहिए कि वे आपका अनुसरण करने के लिए मजबूर हो जाएं। आप सब सेना के नियमों के बारे में जानते हैं। मैं तो खुद भी आज ही बाल कटवा रहा हूँ जबकि मेरे बाल आप सबसे छोटे हैं। आप सब अपने बालों को शीशे में देख लें और फिर बाल कटवाना चाहें, तो अच्छे नाई की व्यवस्था करवा देंगे।'

परिणाम भी आशा के अनुरूप निकले। पहले कुछ प्रशिक्षु उसी दोपहर नाई की दुकान में गये और 'रेगुलेशन' स्टाइल वाले बाल कटवा लिए। दूसरी सुबह सार्जेन्ट कैंसर ने देखा कि उनके स्क्वाड के कई सदस्यों में लीडरशिप के गुण विकसित हो रहे थे।

8 मार्च, 1887 को हेनरी वार्ड बीचर की मौत हो गयी। उनकी मृत्यु के विषय में अगले रविवार को चर्च में एक शोक-सभा का आयोजन किया जाना था, जिसमें लाइमैन एक्ट को बीचर के बारे में बोलने के लिए आमंत्रित किया गया। वे वहाँ पर अपना सबसे अच्छा प्रदर्शन करना चाहते थे। अपने भाषण को उन्होंने अपनी पत्नी को पढ़कर सुनाया। पत्नी समझ गयी कि उसमें कोई दम नहीं है। यदि वह कमअक्ल होती, तो शायद साफ कह देती, 'क्या लाइमैन, तुमने तो एकदम घटिया भाषण लिखा है। लोग इसे सुनकर सो जायेंगे। यह भाषण नहीं किसी एन्साइक्लोपीडिया की तरह लगता है। तुम्हें इतना अनुभव है, फिर भी इतना बेजान भाषण क्यों लिखते हो ? क्यों नहीं स्वभाविक शैली का प्रयोग करते ? यह एकदम बनावटी लग रहा हैं। यदि तुमने यह भाषण पढ़ दिया, तो सब तुम्हारी खिल्ली उड़ायेंगे, तुम्हारा नाम मिट्टी मैं मिल जायेगा।'

वह चाहती तो ऐसा कह सकती थी, लेकिन जरा सोचिए, इसका क्या परिणाम होता; इसलिए उसने केवल इतना कहा, "हो सकता है 'नार्थ अमेरिकन रिव्यू' के लिए यह बहुत बेहतरीन लेख हो।" दूसरे शब्दों मैं उसने तारीफ़ भी कर दी तथा यह भी जता दिया कि इस मौके के लिए यह भाषण ठीक नहीं। लाइमैन एक्ट ने भी उस छिपे हुए संकेत को आसानी से भाँप लिया। उन्होंने उस लिखित भाषण को फाड़ दिया और फिर बिना लिखे ही भाषण दिया।

दूसरों की गलतियाँ सुधारने का बेहतरीन तरीका यही है।

## सिद्धांत- 2

## लोगों को उनकी गलतियां सीधे ढंग से बताने की भूल भी न करें

# 3

# दूसरों की गलतियों से पहले अपनी गलतियाँ बताये

जोसेफाइन कारनेगी, जो रिश्ते में मेरी भतीजी लगती है, वह मेरी सेक्रेटरी बनने के लिए न्यूयॉर्क आयी। उसकी उम्र लगभग उन्नीस वर्ष थी तथा उसने तीन साल पहले हाईस्कूल पास किया था। बिजनेस का उसे जरा-सा भी अनुभव नहीं था, लेकिन आगे वह अमेरिका की सबसे कुशल सेक्रेटरियों में से एक बन गयी। प्रारंभिक दिनों में उसमें सुधार की बहुत गुंजाइश थी। एक दिन उसकी आलोचना करते अचानक मैंने खुद से कहा, 'जरा एक मिनट तो रुको डेल' तुम्हारी उम्र तो उस जोसेफाइन से लगभग दुगुनी है। तुम्हारे पास बिजनेस का उससे दस गुना अधिक अनुभव है, फिर तुम उससे यह उम्मीद कैसे कर सकते हो कि उसके पास भी तुम्हारे जितना विस्तृत नजरिया होगा, तुम्हारे जितनी बुद्धि या व्यवहार कुशलता होगी। जब तुम उन्नीस साल के थे, तो कितने योग्य थे? याद करो, उस समय तुमने कितनी बड़ी-बड़ी गलतियाँ की थीं। वह भी एक दो नहीं, अनगिनत।'

निष्पक्ष और ईमानदार होकर सोचने के बाद मैंने यह फैसला किया कि जोसेफाइन की आलोचना ठीक नहीं, क्योंकि उन्नीस साल की आयु में तो मैं जोसेफाइन से कहीं ज्यादा मूर्ख था। वैसे जोसेफाइन के लिए यह कोई प्रशंसा की बात नहीं थी।

अब जब भी जोसेफाइन कोई गलती करती, तो मैं अपनी बात को इस प्रकार आरंभ करता -

'तुमसे यह भूल हुई है जोसेफाइन, लेकिन ईश्वर इस बात का गवाह है कि मैं तुमसे ज्यादा गलतियाँ कर चुका हूँ। कोई आदमी सारा ज्ञान लेकर तो पैदा नहीं होता। काम करने से ही उसकी बुद्धि का विकास होता है। वैसे तुम अपनी उम्र से अधिक समझदार हो। मैं खुद जिंदगी में इतनी गलतियाँ कर चुका हूँ कि तुम्हारी या किसी और की बुराई नहीं कर सकता, लेकिन क्या तुम्हें ऐसा नहीं लगता कि अगर तुमने इस कार्य को इस प्रकार से किया होता,तो ज्यादा बेहतर परिणाम सामने आते।'

हर कोई अपनी आलोचना को आसानी से पचा सकता है, यदि सामने वाला प्रारंभ में विनम्रता से हमें इस बात का एहसास करा दे कि गलतियाँ उसने भी की हैं या गलतियाँ सभी से होती हैं।

ई. जी. डिलिस्टोन कैनेडा के ब्रांडन मैनिटोवा में इंजीनियर थे। उन्हें अपनी नयी सेक्रेटरी के काम में परेशानी आ रही थी। जिस पत्र को वे डिक्टेट कराते, उनकी सेक्रेटरी उसमें तीन-चार गलतियाँ कर देती थी। मि. डिलिस्टोन ने इस परिस्थिति का समाधान इस प्रकार निकाला-

'अधिकतर इंजीनियरों की भाँति मेरी अंग्रेजी तथा स्पेलिंग ज्यादा अच्छी नहीं है। काफी समय से मैं अपने पास एक छोटी-सी नोटबुक रखता आ रहा हूँ जिसमें वे शब्द लिख लेता हूँ जिनकी स्पेलिंग के साथ मुझे अक्सर ही परेशानी आती है। जब यह बात स्पष्ट हो गई कि केवल गलतियाँ बताने से मेरी सेक्रेटरी न तो डिक्शनरी चेक करने का, न ही प्रुफरीडिंग का कष्ट करेगी, अत:

मैंने कोई दूसरी तकनीक अपनाने का निर्णय लिया। अगली बार जब पत्र मेरे सामने आया, जिसमें काफी गलतियाँ थीं, तो मैं टाइपिस्ट के पास जाकर बैठ गया और बोला-

'मुझे ऐसा लगता है कि यह शब्द गलत है। यह वह शब्द है, जिसके साथ मुझे हमेशा ही परेशानी आती है। इसीलिए मैंने यह स्पेलिंग बुक अपने साथ रख रखी हैं, फिर उस शब्द को मैंने नोटबुक में से ढूँढ लिया। मैं अपनी स्पेलिंग का इसलिए ध्यान रखता हूँ क्योंकि अधिकतर लोग पत्रों को पढ़कर हमारे बारे में अपनी राय बना लेते हैं और गलत स्पेलिंग हमारी व्यावसायिक छवि पर बुरा प्रभाव डालती है।'

'मुझे नहीं मालूम कि उसने मेरे सिस्टम का अनुसरण किया या नहीं, लेकिन अब पत्रों में स्पेलिंग की काफी कम गलतियाँ होने लगी हैं।'

सन् 1909 में सुसंस्कृत प्रिंस बर्नहाड वॉन बुलो ने भी कुछ यही सबक सीखा था। उस समय वॉन बुलो जर्मनी के इंपीरियल चांसलर थे और विल्हेम द्वितीय सिंहासन पर विराजमान थे। विल्हेम, जो काफी अक्खड़ तथा तुनकमिजाज थे, अंतिम जर्मन कैसर थे, जो ऐसी सेना तथा नौसेना बना रहे थे, जिसके बारे में उन्हें घमंड था कि वह किसी को भी धूल चटा सकती हैं।

तभी एक आश्चर्यजनक घटना घटित हुई। कैसर ने कुछ अविश्वसनीय बातें कहीं, जिनके कारण महाद्वीप में तूफान आ गया तथा सारे संसार में आक्रोश ने विस्फोटक रूप ले लिया। तभी स्थिति को और अधिक बिगाड़ते हुए कैसर ने सार्वजनिक रूप मूर्खतापूर्ण, घमंडी तथा अतिशयोक्तिपूर्ण वक्तव्य दिये। वे वक्तव्य उन्होंने तब दिये, जिस समय इंग्लैंड में मेहमान थे तथा 'डेली टेलीग्राफ' को इन वक्तव्यों को छापने की शाही अनुमति भी दे दी। उदाहरण के लिए, उन्होंने घोषणा कर दी कि सारी जर्मनी में वही एक व्यक्ति है, जो अंग्रेजों के प्रति मैत्रीपूर्ण रवैया रखता है, क्योंकि वह जापान के खतरे से उबरने के लिए नौसेना तैयार कर रहा है, क्योंकि केवल उसी ने इंग्लैंड को रूस तथा फ्रांस के हाथों मात खाने से बचाया, क्योंकि उसी की युद्ध की योजना के कारण इंग्लैंड के लॉर्ड रॉबर्ट्स ने दक्षिण अफ्रीका में बोअर्स को पराजित किया था आदि-आदि।

सौ सालों के इतिहास में किसी भी यूरोपियन सम्राट ने ऐसे आश्चर्यजनक शब्द नहीं कहे थे, वह भी शांति के समय में। पूरा महाद्वीप पागल हो गया। इंग्लैंड आगबबूला हो गया। जर्मन राजनेता भौचक्के रह गये। कैसर इस तूफान से इतना घबरा गया कि उसने अपने इम्पीरियल चांसलर प्रिंस वॉन बुलो को यह सुझाव दे दिया कि वह इस गलती का सारा दोष अपने सिर पर ले ले, वरना अनर्थ हो जायेगा। वह चाहता था कि वॉन बुलो यह घोषणा सरेआम कर दे कि वही इस सबके लिए जिम्मेदार हैं तथा उन्हीं की सलाह पर सम्राट ने इतनी अविश्वसनीय बातें कही थीं।

वॉन बुलो ने इस बात का प्रतिरोध करते हुए कहा, 'लेकिन महामहिम, इंग्लैंड या जर्मनी में कोई भी यह नहीं मान सकता कि मैं कभी भी आपको ऐसी बातें करने की सलाह दे सकता हूँ।'

जैसे ही वॉन बुलो के मुँह से ये शब्द निकले, वह तुरंत समझ गया कि उससे एक गंभीर गलती हुई है। कैसर जैसे ज्वालामुखी की भाँति फट पड़ा। वह शेर की तरह दहाड़ा, ' तुम क्या मुझे मूर्ख, गधा समझते हो। मैं क्या इतनी बड़ी-बड़ी गलतियाँ कर सकता हूँ जो आप नहीं कर सकते?'

वॉन बुलो को अपनी भूल का एहसास हो गया, क्योंकि उसे आलोचना करने से पहले प्रशंसा करना चाहिए थी, लेकिन अब तो बहुत देर हो चुकी थी, इसलिए उसने दूसरी अच्छी बात की। उसने आलोचना के बाद प्रशंसा की तथा इस तकनीक ने भी जादू कर दिखाया।

उसने बड़े सम्मान तथा प्यार भरे शब्दों में कहा, ' 'मेरे कहने का यह मतलब नहीं था। महामहिम, तो कई क्षेत्रों में मुझसे कहीं ज्यादा योग्य तथा बुद्धिमान हैं। न केवल सैनिक तथा नौसैनिक ज्ञान में, अपितु नेचुरल साइंस में तो ज्ञान मुझसे कई गुना अधिक है। जब कभी भी महामहिम ने बैरोमीटर या वायरलैस टेलीग्राफी या रोन्टजेन किरणों के बारे में कुछ भी बताया है, मैं तो मंत्रमुग्ध ही हो जाता हूँ। मैं तो नेचुरल साइंस की सब शाखाओं के बारे में एकदम अनजान हूँ यहाँ तक कि मैं प्राकृतिक रहस्यों से भी पूर्णतया अनजान हूँ लेकिन वॉन बुलों ने आगे कहा, ' 'इस सबके बदले मुझमें कुछ ऐतिहासिक ज्ञान तथा कूटनीतिक कुशलता काफी अधिक है।'

कैसर का चेहरा कमल की भाँति खिल उठा। वॉन बुलो ने उसकी दिल खोलकर तारीफ कर दी थी। वॉन बुलो ने उसे महान तथा खुद को बौना साबित किया था। अब कैसर बड़ी-से-बड़ी गलती को भी माफ करने की ताकत रखता था। वह उत्साह भरे स्वर में बोला, 'मैं तुम्हें पहले ही बता चुका हूँ कि हम दोनों ही एक-दूसरे के सर्वश्रेष्ठ पूरक हैं। हमें हमेशा एक-दूसरे के साथ रहना चाहिए और हमेशा रहेंगे भी, तभी कुछ अच्छा कर पायेंगे।'

फिर उसने वॉन बुलों से एक बार नहीं, बल्कि बार-बार हाथ मिलाया और इतना उत्साही हो गया कि मुट्ठी भींचकर कहने लगा, 'अब किसी ने मेरे सामने वॉन बुलो के खिलाफ एक भी शब्द कहा, तो मैं उसकी नाक तोड़ दूँगा, टाँग तोड़ दूँगा।'

इस प्रकार सफल कूटनीतिज्ञ की तरह वॉन, बूलो ने अपने आपको समय रहते बचा लिया था, लेकिन उससे भी एक गलती हो गयी थी। उसे बातचीत की शुरूआत उसकी की खूबियाँ तथा अपनी कमियाँ गिनाते हुए करना चाहिए थी, भूलकर भी यह नहीं बताना चाहिए था कि कैसर कमजोर दिमाग का है तथा उसे पागलखाने में होना चाहिए था।

यदि क्रोधित तथा अपमानित कैसर अच्छे दोस्त में परिवर्तित हो सकता है और वह भी केवल अपनी कमियों तथा सामने वाले की खूबियों को बताकर, तो जरा कल्पना कीजिए कि प्रशंसा तथा विनम्रता के मधुर शब्द हम सबकी दिनचर्या में क्या-क्या चमत्कारिक परिवर्तन ला सकते हैं।

जरूरी नहीं कि हम अपनी गलती को सुधार लें। केवल गलती मान लेने से ही सामने वाला पिघल जाता है। इसका जीता-जागता उदाहरण हैं, टिमोनियम, मैरीलैंड के क्लैरेंस जूरहसेन-

एक दिन क्लैरेंस को पता चला कि पंद्रह वर्षीय बेटा डेविड सिगरेट पीने लगा है।

'जरहसेन ने ही हमें बताया, 'साफ सी बात है, हर माँ-बाप की तरह भी नहीं चाहता था कि मेरा बेटा सिगरेट पिये, लेकिन हम दोनों पति-पत्नी सिगरेट पीते थे, इसलिए हम खुद उसे इस बात के लिए उकसा रहे थे, फिर मैंने डेविड को समझाया कि मैंने भी उसकी आयु में सिगरेट की लत पाल ली थी और अब इसे छोड़ना मेरे लिए नामुमकिन है, क्योंकि मैं निकोटीन के सामने हार चुका हूँ फिर मैंने उसे बताया इसी बुरी लत के कारण मुझे कितनी बीमारियों, जैसे कफ, खाँसी आदि का सामना करना पड़ता है।'

'सिगरेट छोड़ने के बारे में मैंने उसे कोई लंबा-चौड़ा आदर्शवादी लेक्चर नहीं दिया। बस, उसे इस बुरी आदत के नुकसानों के बारे में बताया।

'उसने कुछ दिन सोचकर स्वयं यह निर्णय लिया कि कॉलेज की पढ़ाई पूरी होने तक वह सिगरेट को हाथ तक नहीं लगायेगा। इस बात को सालों गुजर चुके हैं, लेकिन डेविड ने अभी तक सिगरेट पीना प्रारंभ नहीं किया है और उसका ऐसा कोई इरादा भी नजर नहीं आता।

'इसके पश्चात् मैंने भी दृढ़ संकल्प किया कि सिगरेट छोड़ दूँगा। अपने परिवार वालों की मदद से हम दोनों पति-पत्नी ऐसा करने में कामयाब हुए।'

एक कुशल तथा योग्य लीडर इस सिद्धांत का पालन अवश्य करता है-

## सिद्धांत- 3

## किसी की की आलोचना से पूर्व अपनी तमाम गलतियॉ तथा कमियाँ जरूर गिनवायें।

# 4

# किसी पर हुक्म चलने से बचे

अमेरिकन बायोग्राफर्स की डीन मिस इडा टारबेल के साथ एक बार मुझे भी डिनर करने का मौका मिला। बातों-बातों में मैंने उन्हें बताया कि यह पुस्तक लिख रहा हूँ। हम दोनों इस महत्त्वपूर्ण विषय पर काफी देर तक चर्चा करते रहे कि लोगों को किस प्रकार से प्रभावित किया जा सकता है। उन्होंने मुझे बताया कि जब वे ओवेन डी. यंग की जीवनी पर कार्य कर रही थीं, तो उन्होंने उस व्यक्ति का साक्षात्कार लिया, जो तीन सालों से उसी ऑफिस में बैठ रहा था, जिसमें मिस्टर यंग बैठते थे। उसका यह कहना था कि तीन सालों में ऐसा कभी नहीं हुआ, जब मि. ओवेन डी. यंग ने किसी व्यक्ति को सीधे-सीधे आदेश दिया हो।

वे आदेश नहीं, सुझाव देने में विश्वास रखते थे। मि. यंग यह कभी नहीं कहते थे, 'यह करो या यह मत करो।' वे कहते थे, 'आप इस पर विचार कर लें।' या फिर, 'क्या आपको यकीन है कि यह तरीका कारगर साबित होगा?' आदि पत्र डिक्टेट कराने के पश्चात् वे सेक्रेटरी से पूछते थे, 'यह आपको कैसा लगा?' फिर किसी अधीनस्थ कर्मचारी द्वारा लिखे पत्र को पढ़ने के बाद वे कहते थे, 'शायद इस वाक्य को इस तरह से लिखना ज्यादा उचित रहेगा।' वे तो उन्हें उनकी गलती सुधारने का पूरा मौका देते थे। अपने अधीनस्थों को आदेश कभी नहीं दिया।

इस तकनीक पर चलने से सामने वाला व्यक्ति अपनी गलती आराम से स्वयं सुधार लेता है। उसका आत्मसम्मान आहत नहीं होता तथा उसमें महत्त्वपूर्ण होने की भावना जाग्रत होती है, महत्त्वपूर्ण यह है कि इससे विद्रोह नहीं, बल्कि सहयोग की भावना का विकास होता है।

कठोर आदेश लंबे समय तक चलने वाले आक्रोश को जन्म देता है, चाहे वह आदेश गलती सुधारने के लिए ही क्यों न दिया गया हो। डैन सांतारैली व्यॉमिंग, पेनसिल्वेनिया के एक वोकेशनल स्कूल में अध्यापक थे। उन्होंने कक्षा में बताया कि एक बार उनके एक विद्यार्थी ने अपनी कार स्कूल के बाहर गलत जगह पर खड़ी कर दी, जिससे आने-जाने वालों को परेशानी हो रही थी; एक दूसरा अध्यापक तभी अपने क्लास-रूम से बाहर आकर चिल्लाते हुए बोला, 'यह किसकी कार रास्ते में खड़ी है?' कार वाला लड़का सहमे हुए आया, तो वह और जोर से चिल्लाकर बोला, 'तुरंत अपनी कार हटा दो, वरना चैन से बँधवाकर बाहर फिकवा दूँगा।'

गलती उस विद्यार्थी की थी, लेकिन उस घटना के बाद दूसरे विद्यार्थी भी उस अध्यापक से चिढ़ने लगे। वे उस अध्यापक को तंग करने के मौके ढूँढ़ते रहते।

अध्यापक ने इसी बात को थोड़ा दोस्ताना ढंग से पूछा होता, 'रास्ते में खड़ी गाड़ी किसकी है और फिर सुझाव देता कि अगर वह कार को वहाँ से हटा लेगा, तो किसी को परेशानी नहीं होगी, तो विद्यार्थी खुशी-खुशी कार वहाँ से हटा लेता और उस अध्यापक से चिढ़ता भी नहीं।'

सुझाव देने या प्रश्न पूछने से आदेश ज्यादा आनंददायक हो जाता है। सामने वाले की रचनात्मकता भी प्रेरित होती है। यदि लोगों को एहसास हो जाये कि निर्णय लेने में उनकी इच्छा

शामिल है, तो वे काम को बेहतर तरीके से करेंगे। जोहान्सबर्ग अफ्रीका के इयान मैक्डॉनल्ड मशीनी-कलपुर्जे बनाने की फैक्ट्री में जनरल मैनेजर थे। उन्हें एक बड़ा ऑर्डर मिलने की उम्मीद थी, लेकिन एक शर्त थी कि माल को बहुत कम समय में भेजना था। उन्हें मालूम था कि वे इतने कम समय में माल नहीं भेज पायेंगे। फैक्ट्री में पहले मिले ऑर्डरों का काम चल रहा था।

इयान ने मजदूरों से थोड़ा जल्दी काम करने को नहीं कहा। इसके स्थान पर उसने सभी मजदूरों को इकट्ठा करके सारी स्थिति से अवगत कराया। उसने उन्हें बताया कि यदि यह ऑर्डर उन्हें मिल जाता है, तो इससे कंपनी के साथ उन्हें भी बहुत लाभ होगा, फिर उसने प्रश्न पूछने प्रारंभ किये-

'क्या हम ऐसा कुछ कर सकते हैं कि ऑर्डर हमारे हाथ में आ जाये।'

'क्या किसी के दिमाग में ऐसा विचार है, जिससे यह ऑर्डर लेना तथा इसे यथासमय पूरा करना मुमकिन हो सके।'

'क्या ऐसा कुछ किया जा सकता है कि यह काम निश्चित समय सीमा के अंदर पूरा हो सके।'

कर्मचारियों ने कई सुझाव दिये तथा जोश से कहा कि उन्हें ऑर्डर ले लेना चाहिए, फिर सारे कर्मचारियों ने 'हम यह कर सकते हैं' की भावना के साथ कार्य किया। अब उन्हें ऑर्डर भी मिल गया तथा डिलीवरी की भी निश्चित समय सीमा में हो गयी।

कुशल और योग्य लीडर यह करता है-

## सिद्धान्त- 4

## सीधे सीधे हुक्म चलाने के स्थान पर प्रश्न पूछिये।

# 5

# सामने वाले को सम्मान बचाने का अवसर दें

यह कई साल पहले की बात है, जनरल इलेक्ट्रिक कंपनी को चार्ल्स स्टीनमेट्ज को विभाग प्रमुख के पद से हटाने के लिए कहा गया। स्टीनमेट्ज बिजली के संबंध में गुरु था, लेकिन कैल्कुलेटिंग विभाग के प्रमुख के रूप में वह सफल नहीं हो पाया था। कंपनी नहीं चाहती थी कि वह नाराज हो, क्योंकि वह बहुत योग्य व्यक्ति था, साथ ही बहुत संवेदनशील भी था। अत: उन्होंने उसे कंपनी के कंसल्टिंग इंजीनियर का पदभार सौंप दिया। काम तो उसका अब भी वही था। हां, उसका पदनाम जरूर बदल गया था और उसके स्थान पर एक कुशल व्यक्ति को विभाग का प्रमुख बना दिया था।

जी. ई. कंपनी के ऑफिसर तथा स्टीनमेंट्ज भी खुश थे। उन्होंने अपने योग्य तथा संवेदनशील कर्मचारी को बिना कोई चोट पहुँचाये विभाग प्रमुख के पद से हटा दिया था तथा उसे अपनी लाज बचाने का मौका भी मिल गया।

कितने लोग ऐसे हैं, जो दूसरों की भावनाओं का ख्याल रखते हैं? शायद बहुत कम। अधिकतर दूसरों की इज्जत को ऐसे रौंद देते हैं, जैसे जमीन पर से रहे किसी कीड़े को रौंदते निकल जाते हैं। हम दूसरों की गलतियाँ निकालते हैं, उन्हें धमकियाँ देते हैं, दूसरों के सामने कर्मचारियों, बच्चों की ऐसे आलोचना कर देते हैं, जैसे उनकी कोई इज्जत ही न हो। हमें केवल मनमानी का आनंद आता है, लेकिन यदि हम कुछ मिनट रुककर विचार करें और सामने वाले के नजरिये को शांतिपूर्वक समझने की कोशिश करें, तो समस्या को काबू में किया जा सकता है।

जब भी हम अपने किसी अधीनस्थ कर्मचारी को डाँट रहे हों या उसे नौकरी से निकालने की धमकी दे रहे हों, तो हमें हमेशा ध्यान रखना चाहिए-

'नौकरी से निकालने का काम रुचिपूर्ण तो होता नहीं है। जिस को नौकरी से हटाया जा रहा है, उसके लिए तो यह और भी अरुचिपूर्ण होता है। (यहाँ मैं एक सर्टिफाइड पब्लिक अकाउंटेंट मार्शल ए. सेक्टर के पत्र के अंश प्रस्तुत कर रहा हूँ ) ' 'हमारा बिजनेस पूरे साल न चलकर सीजनल चलता है। इसीलिए जब काम मंदा पड़ जाता है, तो बहुत से कर्मचारियों को काम से हटाना पड़ता है।'

'हमारे बिजनेस की एक प्रसिद्ध कहावत है कि कुल्हाड़ी चलाने में किसी को मजा नहीं आता। इसलिये काम को जितनी जल्दी हो निम्न तरीके द्वारा निबटा लेना चाहिए, 'बैठ जाइये मि. स्मिथ, यह बात तो आप भी जानते हैं कि सीजन समाप्त हो चुका है, इसलिए हमारे पास आपके लिए कोई काम नहीं है।'

'इनका प्रभाव निराशाजनक होता था और वे सोचते थे कि उन्हें नीचा दिखाया गया है। उनमें ज्यादातर जीवन-भर अकाउंटिंग फील्ड से जुड़े होते हैं। वे ऐसी कंपनी के प्रति कोई विशेष लगाव नहीं रखते, जो कहकर उन्हें काम से हटा देती हैं।

'मैंने कुछ दिन पहले यह फैसला किया कि सीजनल कर्मचारियों को काम से निकालते समय बहुत ज्यादा समझदारी तथा कूटनीति का प्रयोग करना चाहिए। इसीलिए मैं सर्दियों में उनके काम का बहुत सावधानीपूर्वक अवलोकन करता था, फिर कर्मचारी से इस प्रकार बात करता, 'मिस्टर स्मिथ, वाकई आपका काम काबिले-तारीफ है। मैं सच्ची प्रशंसा करता हूँ। जब आपको नेवार्क भेजा था, तो आपका काम काफी कठिन था। वहाँ आपने बहुत बढ़िया काम करके स्वयं को श्रेष्ठ साबित कर दिया था। फर्म को आप पर नाज है। आपकी क्षमता तथा योग्यता का जवाब नहीं है। आप चाहे जहाँ काम करें, बहुत आगे तक जायेंगे। फर्म को आप पर बहुत विश्वास है तथा आपको छोड़ना नहीं चाहती। हम चाहते हैं कि यह आप भी न भूलें।'

'नतीजा? लोग नौकरी से जाने के बाद भी खुद को लज्जित महसूस नहीं करते। यह नहीं लगता कि उन्हें नीचा दिखाकर निकाला गया है। वे जानते थे कि यदि काम होता, तो हम उन्हें बिलकुल नहीं निकालते। वे हमारी मजबूरी समझते हैं। इस तरह जब भी उनकी दोबारा जरूरत होती, तो वे प्रेमपूर्वक वापस लौट आते हैं। '

कोर्स के दौरान कक्षा में दो सदस्य चर्चा कर रहे थे। चर्चा का विषय था, 'गलतियाँ ढूंढ़ने के नकारात्मक प्रभाव एवं सामने वाले व्यक्ति को इज्जत बचाने के अवसर देने के सकारात्मक प्रभाव।'

'हैरिसबर्ग, पेनसिल्वेनिया के फ्रेड क्लार्क ने हमारी कक्षा में अपनी कंपनी की एक घटना बतायी, 'हमारी कंपनी में एक प्रॉडक्शन मीटिंग चल रही थी, जिसमें वाइस प्रेसीडेंट उत्पादन की कार्यप्रणाली के बारे में सुपरवाइजर से सीधे प्रश्न पूछे जा रहे थे। उनकी आवाज में आक्रामकता थी, जो यह दर्शा रही थी कि सुपरवाइजर से ही गलती हुई थी। वह सुपरवाइजर अपने समकक्षों के सामने डांट खाने में स्वयं को लज्जित महसूस कर रहा था, इसलिए वह भी उत्तर नहीं दे पा रहा था। इससे वाइस प्रेसीडेंट को गुस्सा आ गया और उसने सुपरवाइजर और ज्यादा डाँटा तथा उस पर झूठ बोलने का इल्जाम भी लगा दिया।'

'इस बातचीत का परिणाम यह निकला कि उस कर्मचारी से हमारे सारे रिश्ते समाप्त हो गये। सुपरवाइजर काफी मेहनती कर्मचारी था, लेकिन अब काम का नहीं रहा, फिर कुछ महीनों बाद उसने नौकरी छोड़कर हमारी प्रतिद्वंद्वी कंपनी में नौकरी प्रारंभ कर दी, वहाँ वह बहुत अच्छे तरीके से काम कर रहा है।'

कक्षा की एक और सदस्य आन्ना मैजोन ने भी अपनी कंपनी की एक घटना के विषय में बताया, लेकिन उसके तरीके एवं परिणाम भिन्न थे। मिस मैजोन फूड पैक करने वाली एक कंपनी में मार्केटिंग स्पेशलिस्ट थी। एक बार उन्हें एक नये उत्पाद की टेस्ट मार्केटिंग रिपोर्ट प्रस्तुत करने का काम सौंपा। उन्होंने आगे बताया 'टेस्ट की रिपोर्ट देखकर मेरा दिमाग घूम गया, क्योंकि योजना तैयार करने में मैंने एक बड़ी गलती कर दी थी, जिस कारण पूरा टैस्ट दोबारा करना होगा। मेरे पास इतना समय नहीं था कि यह बात मीटिंग से पहले मैं बीस को बता सकूँ क्योंकि जिस मीटिंग में मुझे रिपोर्ट प्रस्तुत करनी थी, वह मीटिंग शुरू होने ही वाली थी।'

'जैसे ही रिपोर्ट प्रस्तुत करने का समय आया, मैं मारे डर के काँपने लगी। तभी मैंने निश्चय किया कि मैं बिलकुल नहीं रोऊँगी। मैं लोगों को यह कहने का मौका नहीं दूँगी कि महिलाएँ भावुक होने की वजह से मैनेजमेंट का कार्य ठीक से नहीं सँभाल पातीं। मैंने अपनी रिपोर्ट संक्षेप में प्रस्तुत करते हुए कहा कि मुझसे कुछ गलती हो गयी थी, इस कारण इस टेस्ट को अगली

मीटिंग से पहले एक बार फिर करना होगा। मैं चुपचाप बैठ गयी, क्योंकि मुझे उम्मीद थी कि बॉस मुझ पर बहुत गुस्सा होंगे।

'लेकिन आश्चर्य की सीमा न रही, जब उन्होंने मेरे काम के लिए धन्यवाद दिया। वे बोले कि किसी भी नये प्रोजेक्ट में गलतियाँ होना साधारण-सी बात है। उन्होंने आगे कहा कि उन्हें मुझ पर पूरा भरोसा है कि जो टेस्ट मैं दुबारा करूँगी, वह सफल व सही होगा तथा कंपनी के बहुत काम आयेगा। उन्होंने साथियों के सामने कहा कि वे मुझ पर एवं मेरी कबिलियत पर भरोसा करते हैं। उन्होंने यह भी कहा कि जो गलती मैंने की है, उसकी वजह यह नहीं कि मुझमें योग्यता की कमी है, बल्कि यह गलती तो मेरे कम अनुभव के कारण हुई थी।'

'मीटिंग से लौटते समय मैं खुद को सातवें आसमान पर महसूस कर रही थी, फिर मैंने संकल्प किया कि मैं इतने अच्छे बॉस का विश्वास कभी भी नहीं तोड़ूंगी, न ही उन्हें नीचा देखने दूँगी।

चाहे सामने वाला गलत हो और हम सही हों, फिर भी किसी के मन को घायल करने का हमें कोई हक नहीं। हमें उसको इज्जत बचाने का पूरा अवसर देना चाहिए। फ्रांसीसी एवियेशन पायोनियर एवं लेखक अंतोनियो द सेंत एग्ज्यूपेरी ने लिखा था, मुझे ऐसी बात कहने या करने का कोई हक नहीं, जो उसको उसकी ही नजरों में तुच्छ बना दे। इससे कोई फर्क नहीं पड़ता कि मेरी सोच उसके बारे में क्या है। हां, इस बात से बहुत फर्क पड़ता है कि वह स्वयं के बारे में क्या सोचता है। किसी भी व्यक्ति के आत्मसम्मान को ठेस पहुँचाकर उसे आहत करना जघन्य अपराध है। '

एक कुशल तथा योग्य लीडर हमेशा ही इस सिद्धांत का पालन करेगा-

## सिद्धांत- 5

## सामने वाले व्यक्ति को लज्जित न होने दें।

# 6

# सफलता हासिल करने की कारगर तकनीक

सर्कस में काम करने वाला पीट बारलो मेरा काफी पुराना मित्र था। सारी जिंदगी उसने सर्कस तथा मनोरंजक शो करने में बिता दी। जब भी पीट नये कुत्ते को प्रशिक्षण देता, तो उस दृश्य को देखने में मुझे बहुत मजा आता। जब कुत्ता जरा-सा भी सुधार करता था, तो पीट बड़े प्यार से उसकी पीठ थपथपाते हुए एक गोश्त का टुकड़ा उसके मुँह में दे देता था।

यह कोई नयी बात नहीं थी। सभी प्रशिक्षित करने वाले जानवरों पर इसी तकनीक का प्रयोग करते हैं।

इस तथ्य के बारे में चौंकाने वाली बात यह है कि जब हम देखते हैं कि यह तकनीक कुत्तों पर इतनी जल्दी असर करती है, तो हम इस का प्रयोग इंसानों पर क्यों नहीं करते? क्यों नहीं हम कोड़ों के स्थान पर गोश्त का इस्तेमाल करते? आलोचना के स्थान पर प्रशंसा का इस्तेमाल क्यों नहीं करते? हमें जरा से सुधार पर भी प्रशंसा करना चाहिए। इसी प्रशंसा से व्यक्ति को प्रोत्साहन तथा प्रेरणा मिलती है।

प्रसिद्ध मनोवैज्ञानिक जेस लायर अपनी पुस्तक 'आई हैवन्ट मच बेबी; बट आई एम आई गॉट' में लिखते हैं, 'प्रशंसा हृदय के लिए सूरज के सुखदायी प्रकाश की भाँति होती हैं। प्रशंसा के बिना व्यक्तित्व का पुष्प विकसित नहीं हो सकता, लेकिन फिर भी अधिकतर लोग दूसरों के साथ व्यवहार करते समय आलोचना की शीत हवाओं को बढ़ावा देते हैं तथा साथियों को प्रशंसा की सुखद धूप से वंचित रखते हैं।

जब कभी मैं अपने अतीत में झाँकता हूँ तो मुझे इस बात का एहसास होता है कि किस प्रकार प्रशंसा के कुछ शब्दों ने मेरे भविष्य को बदल डाला। क्या यही बात आपके जीवन पर भी खरी उतरती है या नहीं? इतिहास ऐसे उदाहरणों से भरा पड़ा है कि प्रशंसा रूपी जादुई छड़ी ने लोगों के सम्पूर्ण जीवन को बदलकर रख दिया।

उदाहरणतया, दस साल का एक बच्चा कुछ सालों पहले नेपल्स की एक फैक्ट्री में काम कर रहा था। उसकी दिली इच्छा थी कि वह गायक बने, लेकिन संगीत शिक्षक ने उसके उत्साह पर पानी फेर दिया, 'तुम्हारी आवाज में नाम का भी दम नहीं है, जब गाते हो, तो लगता है कि कोई शटर हवा से गिर रहा हो। तुम कभी गायक बन ही नहीं सकते।'

उसकी माँ बेहद निर्धन थी। उसने उस बालक को अपनी बाँहों में भींच लिया और उसकी प्रशंसा करते हुए कहा कि उसमें सुधार हो रहा है और एक दिन वह गायक जरूर बनेगा। बच्चे को संगीत की शिक्षा के लिए माँ ने बहुत मेहनत की। उनके प्रोत्साहन तथा प्रशंसा ने मिलकर बच्चे की जिंदगी बदल दी। वह बच्चा था एनरिको कैरुसो, जो आगे चलकर अपने जमाने का महानतम तथा प्रसिद्ध ओपेरा गायक बना था।

उन्नीसवीं सदी के शुरू की बात है, जब लंदन का एक युवक लेखक बनना चाहता था, लेकिन उसे लगता कि हर चीज उसके विरुद्ध है। वह चार-पाँच साल ही स्कूल जा पाया था। कर्ज न चुका पाने के कारण पिता जेल में कैद थे और युवक अक्सर भूखा रह जाता था। उसे चूहों से भरे एक वेयर हाउस में बोतलों पर लेबल लगाने का काम मिल गया। वह अपनी जिंदगी अंधेरों में गुजार रहा था। अपनी लेखन योग्यता पर उसे जरा भी विश्वास नहीं था, इसलिए उसने अपनी हस्तलिखित पांडुलिपि रात के अंधेरे में एक डाक के डिब्बे में डाल दी, ताकि कोई उसकी खिल्ली न उड़ाये। एक के बाद एक कहानी रिजेक्ट कर दी गयी। अंत में वह महान दिन आ गया, जब उसकी एक कहानी स्वीकार कर ली गयी। उस कहानी के बदले उसे एक भी पैसा नहीं मिला, लेकिन एक संपादक ने उसकी प्रशंसा की। वह खुशी से पागल हो गया और सड़कों पर बौराया सा घूमता रहा। उसकी आँखों से खुशी के आँसू छलक पड़े।

एक प्रशंसा, एक सम्मान ने उसकी जिंदगी बदल दी। यदि उसे यह प्रशंसा न मिली होती, तो वह सारी उम्र चूहों से भरी फैक्ट्रियों में बोतलों पर लेबल लगाने में ही गुजार देता। आप भी उस युवक का नाम जरूर सुना होगा और उसका नाम था, चार्ल्स डिकेंस।

लंदन का ही एक युवक हाई-गुड्स स्टोर में क्लर्क था। सुबह पाँच बजे उठकर सारे स्टोर की सफाई करता और फिर दिन में चौदह-पंद्रह घंटे लगातार काम करता था। दो साल तक यही करते-करते वह बोर हो गया। एक दिन सुबह बिना नाश्ता किए वह पंद्रह मील पैदल चलकर अपनी माँ से मिलने पहुँचा, जो हाउस कीपर का काम करती थी।

वह बेहद दु:खी व परेशान था। उसने सारा दुखड़ा माँ के सामने रो दिया। साथ ही कह दिया कि अगर कुछ समय और उसी स्टोर से काम करता रहा, तो वह आत्महत्या कर लेगा। उसके बाद उसने पुराने स्कूल टीचर को एक दुख-भरा लंबा पत्र लिखा। पत्र में साफ-साफ लिख दिया कि वह पूरी तरह टूट चुका है और आगे जीना नहीं चाहता। पत्र के जवाब में टीचर ने उसकी प्रशंसा करते हुए लिखा कि वह बहुत बुद्धिमान है तथा बेहतर जिंदगी का हकदार है। उन्होंने उसके समक्ष टीचर का काम करने का प्रस्ताव रख दिया।

प्रशंसा रूपी दो-चार शब्दों ने उस बच्चे का जीवन बदल डाला तथा अंग्रेजी साहित्य के इतिहास पर भी अमिट प्रभाव छोड़ा। आगे जाकर इसी किशोर ने अनगिनत बेस्टसेलिंग पुस्तकें लिख डालीं और अपनी कलम के जादू से लाखों-करोड़ों डॉलर कमा डाले। आपने इनका नाम भी जरूर सुना होगा। इनका नाम है, एच. जी. वेल्स।

बी. एफ. स्किनर की शिक्षा की मूल अवधारणा आलोचना के बजाय प्रशंसा थी। उन्होंने जानवरों तथा मनुष्यों पर प्रयोगों से यह सिद्ध कर दिया कि जब प्रशंसा अधिक तथा आलोचना कम मिलती है, तो सभी को अच्छा व बेहतर काम करने की प्रेरणा मिलती है।

रॉकी माउन्ट, नॉर्थ कैरोलिना के जॉन रिंगेल्सपॉ ने अपने बच्चों के साथ इसी तकनीक को अपनाया। अधिकतर माँ-बाप की तरह इस परिवार में बच्चों से बातें चीखते-चिल्लाते हुए होती थीं, जिससे बच्चे बदतर बन रहे थे और माँ-बाप भी खुश नहीं रह पाते थे। मि. जॉन को इस समस्या का कोई हल नजर नहीं आ रहा था।

उन्होंने इस स्थिति से निबटने के लिए हमारे कोर्स में सिखाये गये सिद्धांतों को अपनाने का निर्णय किया। उन्होंने बताया, 'हमने बच्चों की गलतियाँ ढूँढने के स्थान पर उनकी प्रशंसा करने

का निश्चय किया। यह आसान काम नहीं था, क्योंकि वे अक्सर गलतियाँ करते थे और हमें प्रशंसात्मक कार्य ढूँढने में काफी परेशानी होती थी। हमने सब से काम लिया, फिर उनकी तारीफ करने वाली बातें ढूँढ ही ली। एक दो दिन में ही उनकी शैतानियाँ काफी कम हो गयीं। वे प्रशंसा की चाह में अच्छे बच्चे बनने की कोशिश करने लगे। बहुत मेहनत कर रहे थे, हमें विश्वास भी नहीं हो रहा था। यह सब ज्यादा दिन तक नहीं चला, लेकिन फिर भी उनके अंदर जो सामान्य व्यवहार विकसित हुआ, वह कई गुना बेहतर था।' यह सुधार कैसे हुआ? क्योंकि उनके थोड़े से सुधार पर उनकी खूब प्रशंसा की थी।

यह तकनीक नौकरी में भी कारगर होती है। बुडलैंड हिल्स, कैलिफोर्निया के कीथ रोपर ने इसी सिद्धांत को अपनी कंपनी में आजमाकर देखा। उसकी प्रिंट शॉप में एक बहुत अच्छी क्वॉलिटी का काम आया। जिस प्रिंटर ने वह काम किया था, उसके यहाँ एक नया कर्मचारी आया था, जो नौकरी से सही तालमेल नहीं बिठा पा रहा था और सुपरवाइजर इस नकारात्मक रवैये से परेशान था और उसे नौकरी से निकालने का मन बना रहा था।

मि. रोपर को इस स्थिति के बारे में पता चला, वे स्वयं ही प्रिंट शॉप गये तथा नौजवान से बात की। उन्होंने बताया कि वह उसके काम को देखकर बहुत खुश हुए और यह भी बता दिया कि उनकी दुकान में होने वाला यह अब तक का सर्वश्रेष्ठ काम है।

आपको क्या लगता है? क्या इस प्रशंसा से कंपनी के प्रति युवा प्रिंटर के रवैये में परिवर्तन आया होगा? कुछ ही समय में चमत्कार हो गया। उसने सभी सहकर्मियों को बता दिया कि कंपनी में कोई ऐसा भी है, जो अच्छे काम की कद्र करना जानता है। अब वह एक वफादार तथा समर्पित योग्य कर्मचारी है।

मि. रोपर ने उस युवा प्रिंटर की चापलूसी नहीं की थी कि 'तुम्हारा काम अच्छा है।' उन्होंने प्रशंसा की थी कि 'उसका काम क्यों अच्छा था।' उसे चापलूसी भरी बातों के स्थान पर विशेष उपलब्धि के लिए सराहना मिली थी। इसीलिये तारीफ प्रिंटर के लिए ज्यादा महत्त्वपूर्ण बन गयी। प्रशंसा हर व्यक्ति को अच्छी लगती है, लेकिन जब किसी विशेष काम के लिए की जाती है, तो उसका महत्त्व कई गुना बढ़ जाता है। हर इंसान प्रशंसा तथा चापलूसी में अंतर समझता है। एक वाक्य सुनते ही हम समझ जाते हैं कि सामने वाला सिर्फ अपना उल्लू सीधा कर रहा है या दिल की गहराइयों से प्रशंसा कर रहा है।

हमेशा याद रखिये, पूरी दुनिया प्रशंसा तथा सम्मान की इच्छुक है, इन्हें हासिल करने के लिए कुछ भी करने की तैयार रहती है। झूठी चापलूसी से सब घृणा करते हैं।

इस बात को मैं दोहराना चाहता हूँ कि इस पुस्तक के सिखाये गये सभी सिद्धांत तभी काम करेंगे, जब आप किसी भी बात को सच्चे दिल से कहेंगे या करेंगे। मैं आपको चालाकी रूपी घुट्टी नहीं पिला रहा, मैं केवल सफल जीवन जीने के कुछ नवीन तो कुछ मूलभूत सिद्धांत सिखा रहा हूँ।

क्या आपने भी लोगों को बदलने का बीड़ा उठाया है? यदि हम अपने सम्पर्क में आने वाले लोगों को प्रेरित करें, जान जायेंगे कि हर इंसान में बहुत सारी विशेषताएं, बहुत सारी भावनायें छिपी होती हैं।

आपको यह सब अतिशयोक्तिपूर्ण लगता है, तो विलियम जेम्स के बुद्धिमानी भरे शब्द सुनिये। वे तो अमेरिका के श्रेष्ठ मनोवैज्ञानिक तथा उच्चकोटि के दार्शनिक थे।

'जो कुछ हम हैं, उसकी तुलना में हम केवल आधे जागे हुए हैं। अपनी क्षमताओं को ठीक से पहचान नहीं पाते। अपनी मानसिकता तथा शारीरिक योग्यताओं का छोटा-सा हिस्सा ही इस्तेमाल कर पाते हैं। मनुष्य अपनी समस्त क्षमताओं का दोहन नहीं करता। हर इंसान के पास बहुत-सी ऐसी क्षमताएं तथा शक्तियाँ होती हैं, जिनका उपयोग करने में वे ज्यादातर असफल रहते हैं।'

आप सभी जो इन पंक्तियों को पढ़ रहे हैं, आपमें भी वे शक्तियाँ तथा क्षमताएं हैं, जिनका उपयोग आप सफलतापूर्वक नहीं कर पाते। जिन शक्तियों का आप पूर्णरूप से उपयोग नहीं कर रहे हैं, उनमें से एक है, लोगों की प्रशंसा करने की तथा उन्हें प्रेरणा देने की चमत्कारी क्षमता, जिससे उनकी निहित समर्थताओं तथा संभावनाओं का दोहन हो सके।

भी आलोचना रूपी तुषार से योग्यताएं जल्दी ही कुम्हला जाती हैं, लेकिन प्रोत्साहन तथा प्रशंसा रूपी खाद मिलते ही वे दिन दूनी रात चौगुनी फलने-फूलने लगती है।

एक कुशल तथा योग्य लीडर इस सिद्धांत का पालन करता है-

## सिद्धांत- 6

## थोड़े से ही सही, हर सुधार की दिल खोलकर तारीफ करें।

# 7

# बुरे को भी अच्छा ही नाम दें

जब कोई योग्य कर्मचारी अचानक अपने काम के प्रति लापरवाह हो या फिर काम ही खराब करने लगे, तो आप क्या करेंगे? आप उसे तुरंत नौकरी से निकाल देंगे, लेकिन यह समस्या का सही हल नहीं है या फिर उसकी खूब आलोचना कर सकते हैं, जिससे उसका मन आपके प्रति द्वेष से भर जायेगा।

हेनरी हैक लॉवेल को इन्डियाना में एक बड़ी ट्रक डीलरशिप का मैनेजर नियुक्त किया गया था, लेकिन इन दिनों वह अपने एक मेकेनिक बिल से काफी परेशान था, क्योंकि काम उसकी इच्छा के अनुरूप नहीं हो रहा था। मि. हैक ने अपने ऑफिस में बुलाकर उससे बातचीत की।

'तुम एक कुशल मेकेनिक हो बिल, काफी सालों से यहाँ काम कर रहे हो और काफी अच्छे तरीके से। तुमने कई वाहनों की अच्छी तरह रिपेयरिंग की है। कई ग्राहक भी तुम्हारी तारीफ करते हैं, लेकिन पिछले कुछ दिनों से वैसा काम नहीं कर पा रहे हो, जैसे कि हम तुमसे उम्मीद करते हैं। वाकई तुम एक अच्छे मेकेनिक हो, इसीलिए तुम्हें बताना चाहता हूँ कि इससे मैं नाखुश हूँ तथा हम बैठकर इस समस्या का बेहतर समाधान ढूँढ सकते हैं।

बिल ने आश्चर्य से जवाब दिया कि उसे यह बात मालूम नहीं थी कि वह पहले जितना बढ़िया काम नहीं कर पा रहा है, फिर उसने बॉस को आश्वासन दिया कि वह पहले से भी बेहतर करके दिखाएगा तथा भविष्य में कभी शिकायत का मौका नहीं देगा।

आपको क्या लगता है कि क्या भविष्य में कभी उसने शिकायत का मौका दिया होगा? शायद नहीं। वह फिर वही पुराना कुशल मेकेनिक बन गया। मि हैक ने अतीत के काम की जो छवि बना दी थी, उसको बिल धूमिल नहीं करना चाहता था।

वाल्डविन लोकोमोटिव वर्क्स के प्रेसीडेंट सेम्युअल वॉक्लैन ने एक बार कहा था 'एक आम इंसान को बड़ी सरलता से प्रेरित किया जा सकता है। यदि वह आपका आदर करता है और आप उसे बता दें कि आप भी विशेष गुण के कारण उसका सम्मान करते हैं।'

इस बात को इस प्रकार कहा जा सकता है कि यदि आप किसी की कोई बात सुधारना चाहते हैं, तो उसे यह एहसास करायें, जैसे वह ही उसका श्रेष्ठतम गुण हो। शेक्सपियर ने भी कहा था, 'यदि आपके अंदर कोई गुण नहीं है, तो ऐसे व्यवहार करें, जैसे वह गुण आपमें पहले से ही हो।' दूसरे लोगों को यही बता दें कि आप व्यक्ति में जो गुण देखना चाहते हैं, वह गुण उनके अंदर पहले से ही मौजूद है। उनकी छवि अच्छी बना दें, फिर वे उस छवि को सही साबित करके दिखाने के लिए बहुत प्रयास करेंगे।

अपनी पुस्तक सॉवेनियर्स, 'माई लाइफ विद मैटरलिंक' में जॉर्जेट लेब्लांक ने कहा है कि किस प्रकार उन्होंने एक बेल्जियन सिन्ड्रैला की अनोखी कायापलट कर दी थी।

वे पुस्तक में लिखती हैं, 'मेरी नौकरानी पड़ोस के एक होटल से भोजन लाती थी। उस नौकरानी को सब 'मैरी द डिशवाशर' कहते थे, क्योंकि उसने अपने कैरियर की शुरूआत बर्तन माँजने वाली असिस्टेंट के रूप में की थी। वह बदसूरत-सी थी, उसकी आंखों भेंगी थीं तथा पैर एकदम पतले। वह बेहद कमजोर थी और आत्मविश्वास बिल्कुल नहीं था।'

'एक दिन वह अपने हाथ में 'कैकेरानी की प्लेट लिये खड़ी थी, तभी मैंने उससे कहा, 'मैरी, तुम्हें नहीं मालूम कि तुम्हारे अंदर कितने अनमोल खजाने छिपे।

'मैरी कुछ पल ठहर-सी गयी, क्योंकि उसे अपनी भावनाओं को छिपाकर रखने की आदत थी। उसने डिश को मेज़ पर रखने के बाद भोलेपन से कहा, 'मैडम, मुझे इस बात पर विश्वास ही नहीं हो पा रहा है।' उसे इस विषय में कोई शक नहीं था, उसने एक भी प्रश्न नहीं किया। वह रसोई तक गयी और मेरी बात को दोहराया तथा आस्था की महान शक्ति के कारण किसी ने भी उसकी हँसी नहीं उड़ाई। तब से सभी लोग उसके साथ विशेष तरह से व्यवहार करने लगे, लेकिन सबसे अधिक परिवर्तन तो उस शालीन मैरी में हुआ था। शायद उसे इस बात का पूरा विश्वास हो चला था कि उसके अंदर कुछ छिपे हुए चमत्कार भी हैं इसलिए वह अपने शरीर का कुछ ज्यादा ही ध्यान, रखने लगी।' फिर उसकी सुस्त जवानी चमक उठी और उसकी बदसूरती एकदम गायब हो गयी।'

'इस घटना के दो-ढाई महीने बाद उसने बताया कि वह शेफ के भतीजे के साथ विवाह करने जा रही है। वह बहुत खुश थी, क्योंकि लेडी बनने जा रही थी। एक संक्षिप्त से वाक्य ने उसका जीवन बदल डाला था।'

बिल पार्कर डेटोनो बीच फ्लोरिडा में एक कंपनी के सेल्स रिप्रजेन्टेटिव के रूप में कार्यरत थे। उनकी कंपनी द्वारा कुछ नये उत्पाद लांच किये जाने वाले थे, जिनके कारण वे काफी रोमांचित थे, लेकिन तभी पता चला कि बड़े फूड मार्केट के मैनेजर ने उत्पादों को अपने स्टोर में रखने से मना कर दिया। उन्हें बहुत दुख हुआ। बिल पार्कर सारा दिन इनकार की वजह ढूँढता रहा और फिर शाम को एक बार फिर उस स्टोर मैनेजर से मिलने का फैसला किया।

बिल ने मैनेजर से कहा, ''जैक, जब सुबह मैं आपको हमारे नये उत्पादों की जानकारी दे रहा था, तब मैं कुछ तथ्यों के बारे में बताना भूल गया था। मैं आपका थोड़ा-सा समय और चाहता हूँ ताकि वे सभी तथ्य प्रस्तुत कर सकूँ जो सुबह छूट गये थे। मैं आपके इस गुण का आदर करता हूँ कि आप बहुत अच्छे श्रोता हैं तथा यदि तथ्यों से सहमत हो जाते हैं, तो आप अपना फैसला भी आसानी से बदल लेते हैं।

एक सुबह डबलिन, आयरलैंड के एक प्रसिद्ध दंत चिकित्सक डॉ. मार्टिन फिट्ज्ह्यू स्तब्ध रह गये, क्योंकि उनके एक मरीज ने बताया कि जिस धातु के कप के होल्डर से वह अपना मुँह साफ कर रहा था, वह एकदम गंदा था। सच यह था कि मरीज पानी कप से पी रहा था, होल्डर से नहीं, लेकिन निश्चित तौर पर यह प्रोफेशनल नहीं था कि गंदे होल्डर का प्रयोग कैसे किया जाये।

मरीज के चले जाने पर डो. फिट्जह्यू ने अपने व्यक्तिगत ऑफिस में जाकर सफाई करने वाली ब्रिजिट को एक नोट लिखा-मेरी मुलाकात आपसे बहुत कम हो पाती है, क्योंकि आप केवल हफ्ते में दो बार हमारे ऑफिस में आ पाती हो। आपका सफाई कार्य बहुत अच्छा है, इसके लिए मैं आपको धन्यवाद देना चाहता हूँ। वैसे सप्ताह में दो दिन, दो घंटे का समय सफाई के लिए

काफी कम होता है। यदि आप चाहें, तो कभी-कभी साफ करने वाली वस्तुओं, जैसे कप होल्डर आदि की सफाई के लिए आप आधे घंटे का अतिरिक्त समय और ले सकती हैं। इस आधे घंटे के लिए आपको अलग से भुगतान जरूर करूंगा।

डॉ. फिट्ज्ह्यू ने हमें आगे बताया, ''जब अगले दिन मैं ऑफिस पहुँचा, तो मेरी मेज़ शीशे की भाँति चमक रही थी। सारा फर्नीचर एकदम धूल रहित या। मैंने ट्रीटमेंट रूम का मुआयना किया, तो वहाँ पर जितने कप होल्डर रखे थे, उनमें से क्रोमप्लेटेड कप सबसे अधिक चमचमा रहा था। मैंने केवल सफाई कर्मचारी के सामने उसकी एक अच्छी छवि निर्धारित कर दी, जिसे वह हर कीमत पर संभालकर रखना चाहती थी। उसने इस काम में कितना अतिरिक्त समय लगाया होगा? शायद बिल्कुल भी नहीं।'

एक प्राचीन कहावत है, ''किसी भी कुत्ते को आप बुरा नाम दे दो, फिर देखो, वह इतना बुरा बर्ताव करेगा कि आपका दिल चाहेगा कि उसे खत्म कर दे।' लेकिन आप उसे अच्छा नाम दे दें, तो फिर देखिये, वह ही आपके लिए जान न्यौछावर करने को तैयार रहेगा।

मिसेज रूथ हॉपकिंस बुकलिन न्यूयॉर्क में कक्षा चार को पढ़ाती थीं। स्कूल के पहले ही दिन उन्होंने अपनी कक्षा के उपस्थिति रजिस्टर को देखा, तो उसका उत्साह एकदम ठंडा पड़ गया। कारण इस वर्ष उनकी कक्षा में टॉमी टी. नामक बच्चा भी आ गया था, जिसकी छवि एक शैतान तथा बिगड़े बच्चे की थी। तीसरी कक्षा की अध्यापिका हमेशा अपनी सहकर्मियों तथा प्रधानाचार्या आदि से उस बच्चे की शैतानियों की चर्चा करती रहती थी। अनुशासन से उस बच्चे का कोई लेना-देना नहीं था। वह सब लड़कों से बुरी तरह मार-पीट करता था, लड़कियों से छेड़छाड़ करता था, यहाँ तक कि अध्यापिकाओं को भी परेशान करता था। जैसे-जैसे वह बड़ा हो रहा था, उसकी शरारतें बढ़ती जा रही थीं लेकिन उसमें एक गुण भी था। वह पढ़ाई में होशियार था तथा बहुत तेजी से हर चीज को सीख लेता था।

'टॉमी की समस्या' से निपटने के लिए मिसेज हॉपकिंस ने निर्णय लिया। अपने नये विद्यार्थियों का स्वागत उन्होंने इस प्रकार किया, 'रोज, तुम्हारी ड्रेस वाकई बहुत खूबसूरत है, मम्मी लायी या पापा?' 'मैंने सुना है 'एतिसिमा, तुम्हारी ड्राइंग तो गजब की है।' जब टॉमी का नंबर आया, तो वे बोलीं, 'टॉमी, मुझे ऐसा लगता है कि तुम एक अच्छे लीडर हो। मैं चाहती हूँ कि तुम कक्षा के मॉनीटर बन जाओ। बच्चों को सम्भालने में तुम मेरी मदद करो, जिससे इस वर्ष कक्षा चार इस विद्यालय की सबसे अच्छी कक्षा बन जाये।' प्रारंभिक दिनों में टीचर ने टॉमी के हर छोटे-से-छोटे कार्य की भी दिल खोलकर तारीफ की, फिर वह नौ वर्षीय बच्चा भी अपनी छवि में खरा उतरने के भरपूर प्रयास करने लगा।

यदि आप भी किसी के व्यवहार को बदलना चाहते हैं, तो एक कुशल लीडर की तरह यह करें-

## सिद्धांत- 7

## व्यक्ति को एक ऐसी छवि के अन्दर बाँध दें, जिसे वह बदलना न चाहे।

# 8

# गलती सुधारना मुश्किल नहीं

मेरे एक मित्र की सगाई उस समय हुई, जब वह चालीस साल का था। उसकी मंगेतर ने उससे डाँस सीखने का अनुरोध किया, जिसे उसने मान लिया। उसने अपनी कहानी हमारी कक्षा में इस प्रकार सुनायी, ''चालीस साल की उम्र में भी मैं वैसे ही डाँस करता था, जैसे बीस साल पहले करता था, इसका मतलब हुआ कि मुझे डाँस बिल्कुल नहीं आता था। मेरी डांस टीचर ने मुझसे यही कहा था। उस टीचर ने मुझसे कहा कि अपना पुराना सब भूलकर नये सिरे से डाँस सीखना होगा। यह सुनकर मेरा दिल टूट गया। डाँस सीखने की इच्छा ही नहीं बची थी। तभी मैंने वह टीचर बदलने की सोची।'

'दूसरी टीचर की बातें मुझे अच्छी लगीं क्योंकि उसने मेरा दिल रखने के लिए झूठी तसल्ली जो दी थी। वह कहने लगी कि मेरा डाँस करने का तरीका कुछ पुराना-सा है, फिर भी मुझमें डाँस की काफी समझ है, इसलिए डाँस को सुधारने में ज्यादा परेशानी नहीं आयेगी। फर्क इतना-सा था कि पहली टीचर की बातों से मेरा सारा जोश ठंडा पड़ गया था, क्योंकि उसने मेरी गलतियों पर जोर दिया था, लेकिन दूसरी टीचर मेरी गलतियों को कम करके बताती थी तथा साथ ही मेरे सही कामों की प्रशंसा भी करती थी। वह तो मुझसे यही कहती थी, 'आप में यह गुण जन्मजात है, आपको लय तथा ताल की काफी सूझ-बूझ है।'

मुझे मालूम था कि मैं डांस में एकदम नौसिखुआ हूँ और हमेशा ऐसा ही रहूँगा, लेकिन फिर भी मुझे इस सबके बारे में सोचना अच्छा लगता है कि शायद वह सही कह रही हो। यह बात तो निश्चित है कि उसे यह कहने के पैसे मिल रहे हैं, लेकिन यह सोचने से क्या लाभ ?'

'लेकिन चाहे जैसे भी यह मुमकिन हुआ, अब मैं बेहतर डांसर बन गया हूँ जो उसके प्रोत्साहन के बिना मुमकिन नहीं था। उसकी बातों से मेरे अंदर आशा की किरण जागी, मुझे सच्ची प्रेरणा मिली।आत्म-सुधार की इच्छा जाग्रत हुई।' यदि आप अपने बच्चे या कर्मचारी को हमेशा इसी बात के लिए कोसते रहे कि वह जो भी करता है, सब गलत है और उसमें सुधार की गुंजाइश नहीं है, तो

वह सुधर ही नहीं सकता, लेकिन यदि आप उसे उदारतापूर्वक प्रोत्साहित करें, हर चीज को आसान बनाकर उसके समक्ष प्रस्तुत करें, उसे यह एहसास दिलाते रहें कि उसकी क्षमताओं पर कोई शक नहीं है, तो नतीजा भी सकारात्मक निकलेगा।वह दिन रात खूब प्रयास करेगा कि अपने प्रदर्शन में सुधार ला सके।

मानवीय संबंधों के कुशल ज्ञाता लॉवेल थॉमस भी इसी तकनीक का प्रयोग करते थे। वे आपके अंदर आत्मविश्वास जगाकर आपको साहस तथा आस्था के माध्यम से प्रेरित करते थे। एक बार मुझे मिस्टर एंड मिसेज थॉमस के साथ वीकएंड गुजारने का मौका मिला। उन्होंने मुझे ब्रिज खेलने के लिए आमंत्रित किया। ब्रिज! अरे, नहीं-नहीं, मुझे ब्रिज की जरा-सी समझ नहीं। मुझे यह खेल एक गोपनीय रहस्य-सा प्रतीत होता था। नहीं, नहीं, नामुमकिन।

लेकिन लॉवेल ने मुझसे कहा, ' 'अरे, इस खेल में किसी दाव-पेंच की जरूरत नहीं हैं। ब्रिज में केवल कॉमनसेन्स तथा अच्छी याददाश्त की जरूरत होती है, आप भी स्मरण शक्ति के विषय में कई

लेख लिख चुके हैं और आपकी बुद्धि के हम सभी कायल हैं। मुझे लगता है ब्रिज आपके बायें हाथ का खेल है। आप बड़ी कुशलता से इसे खेल सकते हैं।'

मैं कुछ समझ ही नहीं पा रहा था कि क्या करूँ, क्या न करूँ। जिंदगी में पहली बार मैं ब्रिज खेलने के लिए बैठा था और वह भी केवल इसलिए, क्योंकि लॉवेल ने मुझे यह बता दिया था कि ब्रिज खेलना मेरे लिए कोई मुश्किल काम नहीं है।

ब्रिज खेल से मुझे अचानक ही एली कल्बर्टसन की याद आ जाती है, जिनकी ब्रिज के बारे में लिखी पुस्तकों का कई भाषाओं में अनुवाद हो चुका है। उसकी लाखों प्रतियाँ बिक चुकी हैं। उन्होंने ही मुझे बताया कि वे कभी भी ब्रिज खेल को अपना व्यवसाय नहीं बना पाते, यदि एक युवा महिला ने उन्हें इस बात का आश्वासन न दिया होता कि उनमें गजब की छिपी हुई प्रतिभा है।

सन् 1922 में वे अमेरिका आकर समाजशास्त्र तथा फिलॉसफी के अध्यापक के रूप में नौकरी ढूंढ़ने की कोशिश कर रहे थे, लेकिन उन्हें कोई भी नौकरी नहीं मिल सकी थी।

असफलता के बाद उन्होंने कोयला बेचने की कोशिश की, लेकिन यहाँ भी वे सफल नहीं हो सके। तीसरी कोशिश उन्होंने कॉफी बेचने की भी की, लेकिन उसमें भी सफल नहीं हो पाए।

उन्हें थोड़ा-बहुत ब्रिज खेलना आता था, लेकिन उस वक्त तक उन्हें यह एहसास नहीं था कि वे ब्रिज सिखा भी सकते हैं। वे ब्रिज के एक खराब खिलाड़ी थे। बहुत जिद्दी भी थे। वे इतने सारे सवाल पूछते थे कि कोई भी उनके साथ खेलना पसंद नहीं करता था।

इसके बाद उनकी मुलाकात एक खूबसूरत ब्रिज टीचर जोसेफाइन डिल्लन से हुई। दोनों में प्यार हो गया और उन्होंने शादी कर ली। जोसेफाइन ने नोटिस किया कि अक्सर उसका पति अपने पत्तों का सावधानी पूर्वक विश्लेषण करता है, तभी उसने उसे एहसास दिलाया कि उसमें कार्ड टेबल की प्रतिभा छिपी हुई है। कल्बर्टसन के अनुसार इसी प्रोत्साहन तथा प्रेरणा ने उन्हें ब्रिज को अपने व्यवसाय के रूप में चुनने में मदद की।

क्लेरईंस एम. जोन्स सिनसिनाटी,ओहियो में हमारे कोर्स के प्रशिक्षक थे। उन्होंने अपने अनुभव के बारे में बताया कि प्रोत्साहन तथा गलतियों में सुधार के बारे में बताने से किस प्रकार उनके बेटे का संपूर्ण जीवन ही बदल गया था।

'सन् 1970 में मेरा पंद्रह वर्षीय प्यारा बेटा डेविड मेरे साथ रहने के लिए सिनसिनाटी आया था। उसे जीवन में कई समस्याओं से जूझना पड़ा था। सन् 1958 में एक कार दुर्घटना में उसका सिर फट गया था तथा उसी की वजह से उसके माथे पर एक अजीब बुरा-सा निशान बन गया था, फिर सन् 1960 में उसकी माँ और मेरे बीच तलाक हो गया था, फिर डेविड अपनी माँ के साथ डल्लास, टेक्सस में रहने लगा था। पंद्रह वर्ष तक उसने अपना ज्यादातर स्कूली जीवन उन स्कूलों में व्यतीत किया, जहाँ धीरे सीखने वालों के लिए विशेष कक्षाओं का आयोजन किया जाता है। शायद उसके माथे के निशान को देखकर स्कूल वालों ने यह सोच लिया हो कि उसके दिमाग पर चोट आई है, इसलिए वह सामान्य बच्चों की भाँति नहीं सीख पायेगा। अपनी उम्र के बच्चों से वह दो साल पीछे चल रहा था, इसलिए वह पंद्रह साल की उम्र में भी सातवीं कक्षा का छात्र था। वह अभी पहाड़े भी नहीं सीख पाया था, अपनी उँगलियों पर गिन नहीं पाता था तथा पड़ता भी बहुत कठिनाई से था।

'लेकिन उसमें एक अच्छी बात भी थी। उसे टी. वी. सेट तथा रेडियो पर काम करना अच्छा लगता था। उसकी रुचि टी. वी. टेकनीशियन बनने में थी। मैंने उसे भरपूर प्रोत्साहन दिया तथा उसे बताया कि

ट्रेनिंग में सफल होने के लिए गणित का अच्छा होना जरूरी हैं। मैंने उसकी मदद करने की पूरी-पूरी कोशिश की। हम चार सेट फ्लैश कार्ड लेकर आयें, जोड़ने, घटाने, भाग और गुणा करने के सेट। उन कार्डों का प्रयोग करते समय हम सही जवाबों को एक अलग जगह पर रखते थे। जब भी डेविड किसी कार्ड का सही उत्तर नहीं दे पाता था, तो हम उस कार्ड को फिर से रिपीट करने वाले ढेर में मिला देते थे। यह प्रक्रिया तब तक चलती रहती थी, जब तब सारे कार्ड समाप्त नहीं हो जाते थे। जब भी वह सही जवाब देता था, तो मैं जोर-जोर से ताली बजाकर उसकी खूब प्रशंसा करता था। हर रात हम एक ही प्रक्रिया को दोहराते थे, सारे कार्ड समाप्त करते थे। हर रात हम एक स्टॉप वॉच लेकर इस काम का पूरा लेखा-जोखा रखते थे, फिर मैंने उसके सामने एक शर्त रखी कि जिस रात को वह सभी कार्डों का सही उत्तर आठ मिनट के अंदर दे देगा, तो हम इस प्रक्रिया को हर रात दोहराना बंद कर देंगे। डेविड के लिए इस लक्ष्य को पाना लगभग नामुमकिन था। पहली रात की इस प्रक्रिया में बावन मिनट लगे, दूसरी रात अड़तालीस, फिर पैंतालीस, उसके बाद चवालीस, इकतालीस और फिर चालीस मिनट। कम होने वाले समय को हम हर बार जश्न मनाने में बिताते थे। मैं अपनी पत्नी को भी इस बात की सूचना देता रहता था, फिर तो महीने के अंत में वह सभी कार्डों का उत्तर आठ मिनट से भी कम अवधि में देने लगा। जब भी इसमें कोई छोटा-सा सुधार होता, वह उसे एक बार फिर दोहराने के लिए कहने लगा, उसे इस अद्भुत तथ्य का ज्ञान हो गया कि सीखना कोई मुश्किल काम नहीं है।

'साफ तौर पर इस बार गणित में उसके बहुत अच्छे अंक आए। जब आपको गुणा करना आता है, तो गणित कितना आसान हो जाता है। गणित में 'बी' ग्रेड पाकर वह बहुत खुश था, क्योंकि आज तक तो वह 'सी' या 'सी प्लस' से आगे नहीं बढ़ पाया था। अब उसके बाकी बदलाव भी काफी तेजी से हो रहे थे। उसमें पढ़ने की गति तीव्र हो गई तथा वह ड्राइंग की अपनी जन्मजात प्रतिभा का बेहतर प्रयोग करने लगा, फिर कुछ दिनों बाद उसे स्कूल की तरफ से एक साइंस का मॉडल बनाने का काम सौंपा गया। उसने लीवर के प्रभाव को प्रदर्शित करने वाले अत्यधिक कठिन मॉडल को बनाने का निर्णय किया। उसने मेहनत से इस मॉडल को तैयार किया तथा स्कूल के विज्ञान मेले में उसके बनाये मॉडल को प्रथम पुरस्कार मिला, फिर उसे शहर की प्रतियोगिता में भी रखा गया। जहाँ सारे सिनसिनाटी शहर में उसके मॉडल को तीसरा पुरस्कार मिला।

'अब तो उसका पूरा नक्शा ही बदल चुका था। यह वही बच्चा था, जो कुछ समय पहले दो क्लास पीछे चल रहा था, जिसे दिमागी तौर पर कमजोर समझा जाता था। जिसके सहपाठी उसे 'फ्रेंकेन्स्टीन' कहकर उसका मजाक उड़ाते थे तथा कहते थे कि जोर लगने से उसका दिमाग निकलकर बाहर आ गया है, इसीलिए उसकी खोपड़ी खाली है, लेकिन अचानक उसे पता चला कि वह भी सीख सकता है, कुछ करके दिखा सकता है और नतीजा आठवीं कक्षा के अंतिम भाग से लेकर दसवीं तक उसे सदा ही ऑनर्स रोल मिले, फिर हाईस्कूल में उसे 'नेशनल ऑनर सोसाइटी' के लिए चुन लिया गया। एक बार उसे इस बात का पता चल गया कि सीखना आसान था, तो फिर उसका सारा जीवन ही बदल गया।'

अब यदि आप दूसरों को सुधारने में उनकी मदद करना चाहते हैं, तो हमेशा इस बात को याद रखें

## सिद्धांत-8

## दूसरी को प्रोत्साहित करें। यह बतायें कि गलतियों को सुधारना मुश्किल काम नहीं है।

# 9

# सही तकनीक वही जिससे लोग आपका काम करने लगे

सन् 1915 में अमेरिका में चारों ओर दहशत फैली हुई थी, क्योंकि विश्वयुद्ध को चलते एक साल से अधिक हो चुका था। यूरोपीय देश एक-दूसरे की जान के दुश्मन बने हुए थे। शायद मानव जाति के इतिहास में इतनी हिंसा पहले कभी नहीं हुई थी। हर कोई जानना चाहता था कि क्या एक बार फिर शांति स्थापित हो सकती है या नहीं। तभी वुडरो विल्सन ने एक कोशिश करने का निश्चय किया। उन्होंने यूरोप के सभी शासकों एवं सेनापतियों के पास शांति का संदेश लेकर एक प्रतिनिधि 'शांतिदूत' के रूप में भेजा।

विलियम जेनिंग्स ब्रायन, जो सेक्रेटरी ऑफ स्टेट थे, शांतिदूत बनकर जाना चाहते थे। वे मानवता की सेवा करके इतिहास के पन्नों पर अपना नाम अमर करना चाहते थे, लेकिन विल्सन ने अपने नजदीकी सलाहकार एवं दोस्त कर्नल एडवर्ड एम. हाउस को शांतिदूत बनाकर भेज दिया। इस खबर को ब्रायन को सुनाने की जिम्मेदारी भी कर्नल हाउस को दी गई, ताकि ब्रायन को शांतिदूत के रूप में न भेजे जाने पर बुरा न लगे।

कर्नल हाउस ने अपनी डायरी के पन्नों में लिखा है, 'जब ब्रायन को मैंने बताया कि शांतिदूत के रूप में मुझे यूरोप भेजा जा रहा है, तो निराश हो गये। वे यह काम स्वयं करना चाहते थे।'

'मैंने उन्हें बताया कि राष्ट्रपति के अनुसार इस कार्य को आधिकारिक रूप से करना अनुचित था और यदि ब्रायन शांतिदूत के रूप में जाते, तो दुनिया का ध्यान उसी ओर आकर्षित हो जाता और लोग आश्चर्य करते कि वे वहाँ क्यों गये।

कितनी कुशलतापूर्वक हाउस ने ब्रायन को इस बात का एहसास दिला दिया कि वह काम इतना महत्त्वपूर्ण नहीं था कि उन्हें सौंपा जाये और ब्रायन भी इस बात से संतुष्ट हो गये।

कर्नल हाउस दुनियादारी की कला में निपुण थे। उनके पास अपार अनुभव था। साथ ही कूटनीति में भी पारंगत थे। वे इसी नियम पर चलते थे, 'सामने वाले व्यक्ति को कोई भी काम सौंपते समय ध्यान रखें कि वह खुश होकर आपका कहा मान ले।'

विलियम गिग्स मैकाड को अपनी कैबिनेट का सदस्य बनाते समय वुडरो विल्सन ने भी इसी नीति का पालन किया था। यही वह श्रेष्ठतम सम्मान था, जो किसी को दे सकते थे, लेकिन विल्सन ने इस प्रस्ताव को इस प्रकार रखा, जिससे मैकाड को दोगुना सम्मान मिल सके। यह कहानी मैकाड के शब्दों में कुछ इस प्रकार है- 'उन्होंने (वुडरो विल्सन) बोला कि वे अपनी केबिनेट का निर्माण कर रहे हैं और यदि मैं वित्त मंत्री का पदभार सँभाल लूँ तो उन्हें बेहद खुशी होगी। इस बात को उन्होंने बहुत आनंददायक लहजे में कहा था। उन्होंने यह प्रदर्शित करने की कोशिश की, मानो उनके प्रस्ताव को स्वीकार करके मैं उन पर कोई एहसान कर रहा हूँ।'

लेकिन विल्सन हमेशा इतने व्यवहार कुशल नहीं रह पाते थे। यदि ऐसा होता, तो आज इतिहास के पन्नों पर कुछ और ही लिखा होता। इसके लिए हम अमेरिका के लीग ऑफ नेशन्स

में शामिल करने की घटना ले सकते हैं। विल्सन सीनेट तथा रिपब्लिकन पार्टी को इस प्रकरण में खुश नहीं रख सके। शांति वार्ता में जाते समय वे अपने साथ प्रख्यात रिपब्लिकन नेताओं, जैसे एलिहू रूट, चार्ल्स इवान्स सूज़ृ या फिर हेनरी केबाँट लीज को अपने साथ नहीं ले गये। इनके स्थान पर वे अपनी पार्टी के अनजान सदस्यों को शांति वार्ता में ले गये। इससे उन्होंने रिपब्लिकन्स का एक तरह से अपमान कर दिया और उन्हें इस बात का एहसास करा दिया कि लीग का विचार रिपब्लिकन पार्टी का न होकर स्वयं बिल्सन का है। दुहरो विल्सन ने उन्हें केक को हाथ भी नहीं लगाने दिया तथा जब मानवीय संबंधों को इतने अपरिष्कृत अंदाज में लिया, तो सारा कैरियर बर्बाद हो गया, उनका स्वास्थ्य भी बिगड़ गया और इससे उनकी जिंदगी के दिन भी कम हो गए। इसी कारण तो अमेरिका लीग से बाहर रह गया तथा विश्व का सारा इतिहास ही बदल गया।

अब केवल राजनेता या प्रसिद्ध कूटनीतिज्ञ ही सामने वाले व्यक्ति को कोई काम सौंपते समय इस बात का ध्यान नहीं रखते कि वह आपका काम करने के लिए खुशी-खुशी राजी हो जाये, बल्कि घरेलू जीवन में भी लोग इस नीति का प्रयोग करते हैं। फोर्ट वेन, इंडियाना के डेल ओ. फेरियर ने हमें बताया कि किस प्रकार उन्होंने अपने छोटे बच्चे से प्रसन्नतापूर्वक सौंपा गया काम करवाया।

'जेफ को पेड़ से गिरी हुई नाशपातियाँ एकत्रित करने का काम दिया गया था, ताकि लीन तराशने वाले को रुककर उन्हें न उठाना पड़े, लेकिन उसे यह काम बिल्कुल अच्छा नहीं लगता था, इसलिए या तो वह काम करता ही नहीं था और यदि करता था, तो कई नाशपातियाँ जमीन पर पड़ी रह जाती थीं। सीधे-सीधे उससे बहस करने के स्थान पर मैंने उससे कहा, ' 'जेफ मैं चाहता था कि हम दोनों आपस में एक समझौता कर लें। नाशपातियों से भरी हर टोकरी उठाने के लिए मैं तुम्हें एक डॉलर दूँगा, लेकिन काम समाप्त करने पर एक भी नाशपाती मुझे जमीन पर पड़ी मिल गई, तो एक नाशपाती के लिए तुमसे एक डॉलर ले लूँगा। कहो, क्या यह शर्त मंजूर है?' फिर क्या हुआ होगा, यह तो आप सभी जानते ही हैं।

मेरी मुलाकात एक ऐसे व्यक्ति से हुई, जो भाषण के आग्रहों को, दोस्तों तथा रिश्तेदारों के आमंत्रणों को इस कुशलता से अस्वीकार कर देता था कि लोग उसके जवाब से संतुष्ट हो जाते थे। उन्हें बुरा भी नहीं लगता था। क्या था उसका तरीका? वह सीधे-सीधे कभी नहीं कहता था कि काम में बहुत व्यस्त है, इसलिए नहीं आ सकता। इसके स्थान पर पहले तो वह सामने वाले व्यक्ति को आमंत्रण देने के लिए धन्यवाद देता था और फिर बताता था कि आमंत्रण स्वीकार करने में समर्थ नहीं है तथा इसके पश्चात् कोई दूसरा विकल्प सुझा देता था। सामने वाले व्यक्ति को अपनी अस्वीकृति को लेकर अप्रसन्न होने का वह जरा भी अवसर नहीं देता था। तुरंत वह सामने वाले के विचारों को किसी दूसरे व्यक्ति की ओर मोड़ देता था, जो उस समय उसके आमंत्रण को स्वीकार करने की स्थिति में था।

पश्चिम जर्मनी के हमारे कोर्स के दौरान गुन्टर श्मिट ने भी हिस्सा लिया। उन्होंने अपने फ़ूड स्टोर के एक कर्मचारी की कहानी बताई। यह महिला कर्मचारी शेल्फों पर सही प्राइस टैग लगाने के कार्य में लापरवाही कर रही थी, जहाँ आइटम डिस्प्ले किये जाते थे। इससे दुविधा हो जाती थी तथा ग्राहक भी संतुष्ट नहीं हो पाते थे। कई बार उसे समझाया भी गया, डाँटा भी गया, लेकिन फायदा नहीं हुआ। अंत में मि. श्मिट ने उसे अपने ऑफिस में बुलाकर उससे कहा कि वे उसे

स्टोर में सुपरवाइजर ऑफ प्राइस टैग पोस्टिंग के पद पर नियुक्त करना चाहते हैं और भविष्य में उसी को ध्यान रखना होगा कि सभी शेल्फों पर सही-सही टैग लगे हों। जिम्मेदारी वाला पद पाकर उसका रवैया पूरी तरह से बदल गया तथा इसके बाद वह अपने हर कार्य को संतोषजनक अंदाज में करने लगी।

किसी-किसी को यह बात बचकाना लग सकती है। नेपोलियन से भी यही कहा गया था, जब उन्होंने 'लीजियन ऑफ ऑनर' का खिताब बनाया, अपने सिपाहियों में 15000 क्रॉस बाँटे थे, अपने अठारह जनरलों को 'मार्शल्स ऑफ फ्रांस' का खिताब दे दिया था तथा अपनी सेना को 'गॉड आर्मी' का खिताब दिया था। नेपोलियन की यहाँ तक निंदा की गई थी कि उन्होंने युद्ध की अग्नि में तपते सैनिकों के हाथों में खिलौने दे दिये थे, लेकिन इसके जवाब में नेपोलियन ने कहा था, 'इंसानों पर खिलौनों से ही शासन किया जा सकता है, शस्त्रों से नहीं।'

यह नीति नेपोलियन की भाँति .आपके लिए भी बहुत कारगर सिद्ध हो सकती है। इसका उदाहरण है, स्कार्सहेल, न्यूयॉर्क की निवासी मेरी एक मित्र अर्नेस्ट जेन्ट। वे हमेशा इस बात को लेकर परेशान रहती थी कि कुछ बच्चे उसके लीन पर दौड़-दौड़कर बर्बाद कर जाते थे। उसने बच्चों को डराया-धमकाया, हर तरह से लालच दिया, लेकिन कोई अंतर नहीं पड़ा। उसने उस गैंग के लीडर को बुलाकर उसे एक पदनाम दे दिया, जिससे वह खुद को महत्त्वपूर्ण समझने लगा। उसने उसे अपना 'जासूस' बना दिया तथा उससे कहा कि वह लीन की अच्छी तरह से रखवाली कर सकता है। अब उसकी जिम्मेदारी है कि फालतू लोग इस लीन के अंदर न आने पायें, फिर तो समस्या अपने आप ही सुलझ गई।

जब कभी भी लोगों का व्यवहार या रवैया बदलने की आवश्यकता पड़े, तो एक कुशल तथा प्रभावशाली लीडर को इन तथ्यों को अवश्य ध्यान रखना चाहिए-

1. हमेशा ईमानदार बने रहें। भूलकर भी ऐसा कोई वायदा न करें, जिसे पूरा कर पाना आपकी पहुँच के बाहर हो। केवल अपने फायदों पर ध्यान केंद्रित न करके सामने वाले के फायदों पर ज्यादा ध्यान दें।

2. यह बात आपके दिमाग में एकदम साफ होना चाहिए कि आप सामने वाले से क्या करवाना चाहते हैं।

3. अपनी बात को पूरे आत्मविश्वास के साथ जोर देकर कहें। स्वयं से पूछें कि सामने वाला चाहता क्या है?

4. इस बात पर भी शांतिपूर्वक विचार करें कि आपके सुझाए काम को करने से सामने वाले को क्या फायदा हो सकता है।

5. उसके बाद इन्हीं फायदों को सामने वाले की इच्छाओं के साथ जोड़ दे। आग्रह करते समय सामने वाले को इस तरीके से बताए कि यह बात उसके लिए कितनी फायदेमंद साबित होगी। हमें इस प्रकार का संक्षिप्त-सा आग्रह करना चाहिए, ' 'जॉन, तुम तो जानते ही हो कि कल हमारे ग्राहक आने वाले हैं, इसलिए मुझे स्टॉकरूम एकदम साफ-सुथरा चाहिए। तुम ठीक प्रकार से झाड़ू लगा लो, सारे स्टॉक को ठीक प्रकार से शेल्फों पर जमा लो तथा पूरे काउंटर को चमका दो।' इसी विचार को हम इस प्रकार से भी व्यक्त कर सकते हैं कि जॉन को वह लाभ अच्छी तरह समझ में आ जाये, जो इस काम को करने से उसे प्राप्त

होगा, 'जॉन, हमारे पास एक ऐसा काम है, जिसे तुरंत पूरा किया जाना जरूरी है। यदि हम इसे तत्काल कर लेंगे, तो हम बाद में परेशानी से बच सकते हैं। मैं कल कुछ ग्राहकों को अपनी सुविधायें दिखाने के लिये ला रहा हूँ। मैं उन्हें अपना स्टॉकरूम भी दिखाना चाहता हूँ लेकिन इसकी हालत ठीक नहीं है। यदि तुम इसे झाड़ू-पोंछ दो, स्टॉक को ठीक से शेफों पर सजा दो और काउंटर को भी चमका दो, तो इससे हर चीज सही-सही दिख सकेगी। मुझे पूरा यकीन है कि हमारी कंपनी की अच्छी छवि बनाने में तुम अपनी ओर से पूरी कोशिश करोगे।'

क्या जॉन आपके द्वारा बताये गए कार्य को करके खुश हो जाएगा। शायद बहुत ज्यादा खुश तो नहीं होगा, लेकिन उस संक्षिप्त से आदेश से अधिक खुश तो जरूर हो ही जाएगा, जब आपने उसे कोई लाभ नहीं बताये थे। यदि हम यह मान लें कि जॉन को अपने स्टॉक रूम की इमेज पर गर्व है तथा वह कंपनी की बेहतरीन इमेज बनाने में योगदान देने का इयुक है, तो इस बात की ज्यादा उम्मीद है कि उसका रवैया अधिक सहयोगपूर्ण होगा। जॉन को यह भी जरूर बताना होगा कि उसे देर-सबेर इस काम को करना ही है, अब यदि वह इस काम को अभी कर लेगा, तो उसे बाद में नहीं करना पड़ेगा।

लेकिन हमें यह विश्वास करने की नादानी नहीं करना चाहिए कि इन सिद्धांतों का प्रयोग करने के पश्चात् आपके सभी परिचितों की प्रतिक्रिया हमेशा ही सकारात्मक होगी। हां, अधिकतर व्यक्तियों का अनुभव यही कहता है कि इन सिद्धांतों पर चलने से आपकी सफलता की संभावना कई प्रतिशत बढ़ जाती है और यदि यह सफलता दस प्रतिशत भी बढ़ जाती है, तो आप पहले से दस प्रतिशत ज्यादा प्रभावी लीडर साबित होंगे और इससे आपको लाभ-ही-लाभ होगा।

लोग आपके कहे अनुसार तभी काम करेंगे, जब आप इस सिद्धांत का पालन करेंगे-

## सिद्धांत- 9

**अपने सामने वाले व्यक्ति को कोई काम को इस प्रकार सौपे कि वह आपकी बात मानने के लिए खुशी खुशी राजी हो जाए।**

* * *

www.ingramcontent.com/pod-product-compliance
Ingram Content Group UK Ltd.
Pitfield, Milton Keynes, MK11 3LW, UK
UKHW040319300826
14791UKWH00003B/985

9 789390 852512